墨香财经学术文库

"十二五"辽宁省重点图书出版规划项目

Research on China Northeast

Vigorous Economic Growth under
New Economic Phenomenon

新常态下东北经济振兴研究

大连海事大学世界经济研究所 刘斌 著

东北财经大学出版社
Dongbei University of Finance & Economics Press

大连

图书在版编目（CIP）数据

新常态下东北经济振兴研究 / 刘斌著. 一大连：东北财经大学出版社，2016.12
（墨香财经学术文库）
ISBN 978-7-5654-2487-8

Ⅰ．新… Ⅱ．刘… Ⅲ．区域经济发展–研究–东北地区 Ⅳ．F127.3

中国版本图书馆CIP数据核字（2016）第216330号

东北财经大学出版社出版发行

　　大连市黑石礁尖山街217号　邮政编码　116025

　　网　　址：http：//www.dufep.cn

　　读者信箱：dufep @ dufe.edu.cn

大连图腾彩色印刷有限公司印刷

幅面尺寸：170mm×240mm　字数：237千字　印张：16.5　插页：1
2016年12月第1版　　　　　2016年12月第1次印刷
责任编辑：蔡　丽　　　　　责任校对：蓝　海
封面设计：冀贵收　　　　　版式设计·钟福建
定价：48.00元

前言

　　我们并不缺少解决方案，我们缺少的是发现问题的能力。发现我国经济存在的问题，特别是东北经济存在的问题，是我们的使命。解决东北经济增长的问题，必须从国家、世界经济的角度来发现东北经济存在的问题，这样才能对症下药，这是本书的宗旨。

　　采用收入法对比美国现阶段的产业结构后发现，美国第一产业比例为2%，第二产业比例为23%，第三产业比例为75%。2015年我国产业结构中的第一产业占9.0%，第二产业占40.5%，第三产业占50.5%。而东北地区现阶段产业结构中的第一产业比例为11%，第二产业比例为50%，第三产业比例为39%。这说明东北地区产业结构处于全国产业发展的低端阶段，与发达国家的高端阶段相距甚远。处于这一时期的经济发展特征仍是以原材料供应为基础、重工业产业相对薄弱、第三产业处于发展萌芽阶段。东北经济第一、二、三产业的经济总量增长不平衡，三产中金融地位和作用低下。过去十几年里，经济增长分为三个阶段：第一阶段为2000—2006年，经济增长保持在10%以上的高水平；第二阶段为2007—2011年，经济开始出现明显的通货紧缩现象；第三阶段是 2012 年至今，经济结构长期没有改变，第一、二、三产业长期结构失衡，市场扭曲，经济深度萧条。

通过支出法我们发现东北经济过度依赖投资。投资比重从 2000 年的 40%上涨到 2014 年的 62%，消费比重从 2000 年的 52%下降到 2014 年的 40%，出口从 2007 年开始就出现"输入性通缩"，到 2014 年东北出口已连续 10 年衰退。投资、消费和出口"三驾马车"失衡。东北投资的 70%用于工业品的采购，投资资本多数来自于负债，畸形的投资模式导致产能过剩、库存增加和效率低下。东北经济增长的"三驾马车"陷入瘫痪，即投资增长不可持续，出口面临严重衰退，消费短期难有起色。

辽宁省的经济状况在东北三省中相对较好，但辽宁省 2014 年的第一产业低于全国均值 1.1%，农、林、牧、渔业的比重仍然偏高；第二产业高于全国平均值 7.3%，但市场覆盖率和产值效率低下，重工业基地工业增加值不高，重工业大省工业不重，难以反哺第一产业和第三产业；第三产业低于全国平均值 5.2%，科技创新和产融结合与产业相脱离，整个经济出现了投资的碎片化、消费的低端化、出口的停滞化。

研究证明，东北地区企业股权高度集中，前五大股东集中度高达 55%。不管是非国有企业还是国有企业，股权集中度越高，企业亏损越严重。国有企业的高度股权集中度形成了政府对上市公司的严格管制。对东北地区 144 家 A 股上市公司进行的财务相关性研究证明，东北地区上市公司数量少，上市公司资产少、净资产少、市场小，企业化运作难以开展，经济增长缺少核心企业支持。由于政府干预，企业缺少创新精神，财务效益长期低下，负债率高达 65%，在全球经济衰退和国内经济转型的背景下，企业营业额连续下降，财务费用剧增，产能过剩，导致市场萎缩，出口市场丢失，"僵尸"企业增多。东北地区企业的 GDP 资产证券化率很低，仅为 25%，比上海市等沿海城市要低 250%，几乎游离于主流的资本市场之外。

对世界 500 强公司的股权集中度和效益研究表明，前五大股东持股仅为 15%左右就可以绝对控制公司股权变化，拥有话语权和决策权，而东北企业大多数处于 51%以上的持股比例。同时，研究还证明，持股的混合程度越高，企业的经济效益越好。如果股权集中过度，经济效益则不高，证明了股权混合程度越高，民主、科学的决策程度越高的假设。

东北地区出现的输入性衰退极有可能是由进口大于出口所导致，主要原因是 2015 年之前人民币对美元升值。人民币自 2009 年大幅升值，2009 年年初时 6.92 元人民币兑 1 美元。到 2014 年 3 月，人民币已升值到了 6.08 元人民币兑 1 美元，之后在 6.20 元人民币兑 1 美元徘徊。6 年间人民币升值了 12.1%，每年平均升值 2%。与此同时，从 2009 年起东北地区出口开始下降，截至 2014 年年底，GDP 出口占比由 13%下降到了－4%。2015 年年初，东北地区经济出现了典型的衰退特征：市场货币供应紧缩、出口负增长、投资减少、物价下降、消费下降，GDP 增长仅为 5%，排在全国各省（直辖市、自治区）的末尾。根据国家统计局、IMF 和东北地区三省的政府官网，我们可以得出一个基本经济走势，即东北地区衰退还将继续，长期的货币紧缩会抑制投资与生产，导致失业率升高及经济衰退。

上市公司是东北地区经济的主力军。解决东北经济问题应该是组合拳、梯度式的。首先是解决东北地区上市公司的问题。整体上市和允许更多的公司上市不可能完全化解东北地区经济的输入性衰退，但可以解决企业资金短缺、财务费用过高、地方政府过度干预等难题，给企业以管理上的自由空间，解决东北地区企业规模不大、竞争力不强、经营效益不好等问题，让企业走进市场是关键。

东北地区的民营企业相对较少，难以在东北形成燎原之势。东北经济的可持续发展还是在于国有企业。政府对企业的简政放权、减少对企业的干预、培育经济发展的市场化是问题的关键。中国近 40 年的改革开放几乎经历了资本主义几百年的挫折和遭遇，无论按照什么标准，中国的改革开放都是成功的。我们相信，东北振兴也是如此。

本书试图通过收入法和支出法来研究东北经济症结所在，将东北地区三省六市的 GDP 和人均 GDP 纳入地区经济研究中来，利用统计回归方法对 2000—2014 年的经济数据进行挖掘；同时，将东北地区 144 家上市公司纳入研究框架，对其 2000—2014 年的财务状况进行回归分析，试图找到上市公司的经营状况与东北地区经济衰退的内在关系。此外，研究还将上海市的经济纳入与东北经济的对比中，从中可以发现耐人回味的问题。更重要的是，本书还将部分世界 500 强中的企业纳入本书的框架中来，产生了多维度的研究视角，从中进行多维度、历史和现代、国内和国外的全方位的战略层次的研究。

本书采用了大量的经济变量进行研究，数据丰富，涉猎广泛的东北经济发展成果，内容翔实，是一部不可多得的研究成果。现将研究成果提供给政府部门的决策者、企业的高层管理者、金融投资机构和广大关注东北经济的各界人士，以尽我们的学术微薄之力。我们想尽善尽美，但事实告诉我们，那是难以办到的，希望各位各取所需，并把各位的意见反馈给我们。

刘斌

大连海事大学世界经济研究所　所长

Liubin449@dlmu.edu.cn

2016 年 10 月于大连

目录

第 1 章　东北经济历史状况

本章主要对东北三省 2000—2014 年的经济发展状况进行研究，具体研究内容包括该期间东北三省的 GDP、人均 GDP，以及东北三省第一、二和三产业的发展。本书从东北三个省份中分别选取了大连市、沈阳市、吉林市、长春市、哈尔滨市、大庆市 6 个具有代表性的城市进行分析，旨在对东北的经济发展状况进行有效的数据挖掘，探究东北三省 2000—2014 年 GDP、人均 GDP 的走势与变动情况；通过收入法梳理东北三省第一、二和三产业的增加值，了解东北各个产业的发展状况及对东北经济所作出的贡献；通过支出法剖析东北三省的产业结构，有助于我们清楚地认识到消费、投资以及出口对东北经济的支撑作用。发现东北经济发展的制约因素，是本次研究的使命。

1.1　东北地区历史经济概况

1.1.1　东北三省 GDP 走势

2000—2014 年，东北三省的 GDP 一直处于不断上升趋势。辽宁省

GDP 由 2000 年的 4 669.06 亿元上升至 2014 年的 2.86 万亿元，人均 GDP 由 2000 年的 1.12 万元增至 2014 年的 6.52 万元；吉林省的 GDP 由 2000 年的 1 951.51 亿元上升至 2014 年的 1.38 万亿元，人均 GDP 由 2000 年的 7 351.29 元增至 2014 年的 5.02 万元；黑龙江省的 GDP 由 2000 年的 3 151.40 亿元升至 2014 年的 1.50 万亿元，人均 GDP 由 2000 年的 8 294.00 元增至 2014 年的 3.92 万元。辽宁省作为唯一的沿海省份，凭借其区位优势，经济实现持续稳定增长，在经济发展水平方面一直领先于吉林省和黑龙江省。

从图 1-1 中我们可以看到，随着时间的推移，辽宁省的经济总量与黑、吉两省之间的差距越来越明显。2000 年，辽宁省 GDP 与吉林省 GDP 绝对数值之间的差额为 2 717.55 亿元，到 2014 年该值高达 1.48 万亿元；2000 年，辽宁省 GDP 与黑龙江省 GDP 之差为 1 517.66 亿元，到 2014 年该值高达到 1.36 万亿元。

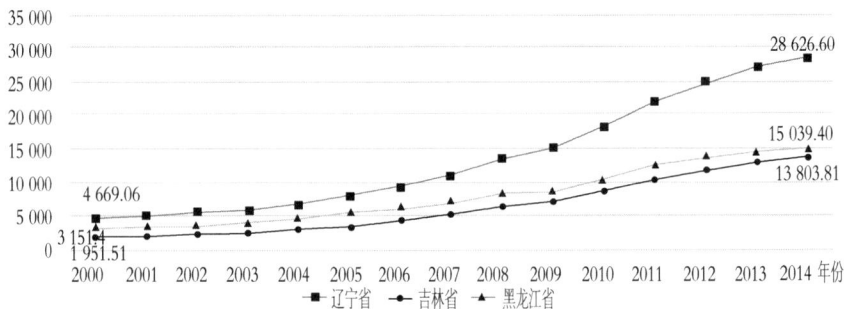

图 1-1　东北地区 2000—2014 年 GDP 趋势（单位：亿元）

1.1.2　东北三省 GDP 增长情况

吉林省 GDP 增长率在东北三省中波动幅度最大，其次是辽宁省，黑龙江省 GDP 增长率的变化情况相对稳定。2000—2014 年，我们可以将东北三省 GDP 的增长情况划分为三个阶段。

第一阶段：2000—2003 年，辽宁省 GDP 的增长率在 10%上下浮动，依次为 8.9%、9.0%、10.2%、11.5%，实现较稳定地持续缓慢增长，GDP 由 4 669 亿元上升到 6 002 亿元。第二阶段：2004—2010 年，GDP 增长率突破 12%，达到了 12.8%，GDP 上升到 6 672 亿元；在接下来的几年里，GDP 的增长率呈 M 形变动，由 2005 年的 12.3%先上升至 2007 年的 14.5%，之后降至 2008 年的 13.1%，再次上升到 2010 年的 14.1%。第三阶段：2010—2014 年，增长率一路下滑，到 2014 年增长率只有 5.8%。2000—2014 年，辽宁省 GDP 增长率在 2010 年实现最大增长率 14.1%，在 2014 年实现最小增长率 5.8%。

吉林省的增长率曲线与辽宁省的走势基本一致，但波动幅度要更大一些。第一阶段：2000—2003 年，吉林省 GDP 增长率在 10%上下浮动，依次为 9.2%、9.3%、9.5%、10.2%，实现较稳定地持续增长；GDP 由 2000 年的 1 951 亿元增加到 2003 年的 2 662 亿元。第二阶段：2004—2011 年，GDP 增长率突破 12%，达到了 12.2%，GDP 实现 3 122 亿元。在接下来的几年里，GDP 的增长率呈M形变动，且变动幅度较大，由 2005 年的 12.3%先增至 2007 年的 16.1%，接着降至 2009 年的 13.3%，再上升至 2011 年的 13.7%。第三阶段：2012—2014 年。2012 年的增长由 2011 年的 13.7%降至 5.3%，2013 年为 8.5%，2014 年降至 6.5%。总的来看，吉林省 GDP 增长率在 2007 年实现最大值 16.1%，在 2012 年实现最小值 5.3%。

黑龙江省的 GDP 增长情况在 2000—2007 年一直呈阶梯式的上涨趋势。2000 年 GDP 实现 1 951 亿元，到 2007 年实现 7 104 亿元，增长率水平由 2000 年的 8.2%升至 2007 年的 12.1%；在接下来的两年，GDP 增长率跌落至 2009 年的 11.1%，在 2010 年、2011 年有所回升，分别实现 12.6%、12.2%的增长；至此之后，GDP 增长率呈下滑的趋势，一路跌到 2014 年的 5.6%。2000—2014 年，黑龙江省 GDP 增长率在 2010 年实现最大值 12.6%，在 2014 年实现最小值 5.6%。

从图 1-2 可以清楚地看到，东北三省的 GDP 增长率自 2010 年之后呈一路下滑状，到 2014 年甚至跌到最小值。2000—2014 年，辽宁省、黑龙江省、吉林省的 GDP 平均增长率依次为 12.9%、11.0%、14%。同时，在东北三省中，吉林省的经济体量是最小的，但其增长速度较其他两省要更快一些；辽宁省的经济体量最大，经济发展速度是三个省中最快的。

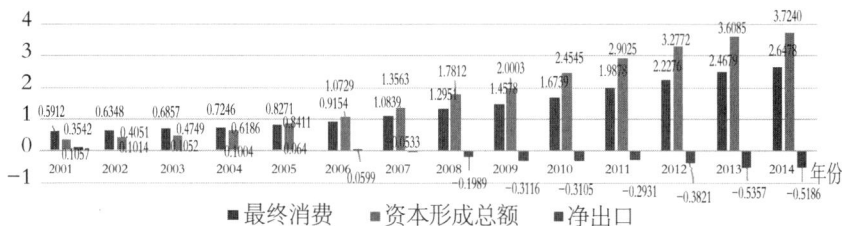

图 1-2 东北地区 2000—2014 年经济构成（单位：万亿元）

1.1.3 东北三省人均 GDP 概况

伴随着东北三省 GDP 的波动起伏，人均 GDP 水平在 2000—2014 年内实现显著增长。辽宁省在 2000 年的人均 GDP 为 11 177.51 元，到 2014 年已经达到 6.52 万元，增长了近 5 倍，人均 GDP 平均增长率实现 12.5%，且辽宁省人均 GDP 水平一直领先于吉林省和黑龙江省。吉林省 2000 年人均 GDP 为 7 351.29 元，处于东北三省的末位，但随着该省经济的发展，在 2008 年其人均 GDP 超过黑龙江省，并相较于黑龙江省一直保持着领先的地位，到 2014 年已达到 5.02 万元，实现近 6 倍的增长，人均 GDP 平均增长率达到 13.7%。黑龙江省 2000 年人均 GDP 为 8 294.00 元，在 2014 年达到 3.92 万元，人均 GDP 平均增长率为 10.9%（见图 1-3）。

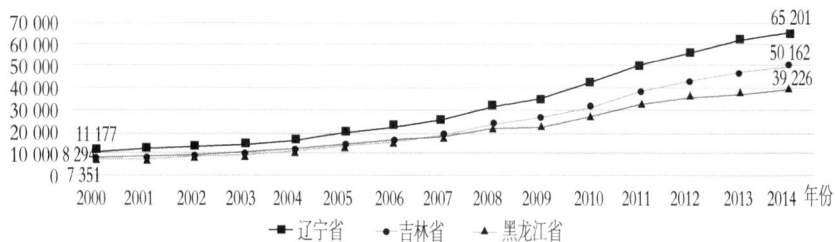

图 1-3 东北地区 2000—2014 年人均 GDP 趋势（单位：元）

辽宁省的人均 GDP 水平在东北三省中处于领先地位，在 2000 年，辽宁省人均 GDP 与吉林省、黑龙江省人均 GDP 绝对数值的差额分别为 3 826 元、2 883 元，到了 2014 年，绝对数值的差额已经分别高达 1.5 万元、2.6 万元。可见，东北三省经济发展之间的差距随着时间的推移越来越大。同时，放眼全国经济的发展，2014 年，广东省和福建省的人均 GDP 首次突破了 1 万美元大关。再加上原来的北京、天津、上海、浙江、江苏、内蒙古，全国已有 8 个省（直辖市）迈入了"人均 1 万美元俱乐部"。按照国际经验，人均 GDP 迈入 1 万美元是一个重要的门槛，这意味着经济社会发展进入一个新的阶段。通过对比我们可以看到，尽管东北地区在 2000—2014 年人均 GDP 有了显著增长，但与经济较发达的沿海地区相比，东北地区的经济仍存在巨大潜力，其经济增长质量有待提高。

1.1.4 东北三省人均 GDP 增长情况

辽宁省的人均 GDP 增长率在 2000—2014 年大致呈波浪形变动。2000 年的人均 GDP 增幅实现 12.7%，2002 年滑落到 7.7%，2005 年增至 16.4%，2006 年滑落到 15%，2008 年增至 21.5%，2009 年滑落到 11.6%，2010 年增至 21.4%，此后一路下滑，到 2014 年为 5.7%。辽宁省在 2010 年实现人均 GDP 增幅的最大值 21.4%，在 2014 年实现增幅的最小值 5.7%。

吉林省的人均 GDP 增长率在 2000—2014 年大致也呈波浪形变动，但其变动情况较辽宁省更加剧烈。2000 年的人均 GDP 增长率实现 16.9%，2001 年跌到 7.4%，2004 年增加到 17.1%，2005 年降为 15.7%，2007 年增至 24.1%，2009 年滑落到 13.1%，2011 年增长到 21.2%，而到 2014 年竟然滑落至 5.8%。吉林省在 2007 年实现人均 GDP 增幅的最大值 24.1%，在 2014 年实现增幅的最小值 5.8%。

黑龙江省的人均 GDP 增长率在 2000—2014 年的波动和上述两省的情况差不多，变化剧烈，且没有显著的变化规律可循。其在 2002 年实现人均 GDP 增长率的最小值 2.1%，在 2011 年实现增长率的最大值 21.2%。

小结如下：东北三省的人均 GDP 增长率自 2010 年之后一路下滑，到 2014 年增长率甚至跌到 2000—2014 年增长率的最小值。总体来看，东北三省人均 GDP 有了显著的提高，增长率的波动比较剧烈，说明东北地区市场干扰因素较大，市场情况比较复杂。

1.2 辽宁省历史三产概况

1.2.1 辽宁省 2000—2014 年三产增加值

我们通过收入法来探讨东北三省的经济增长情况。辽宁省在2000—2014 年的第一、二、三产业增加值逐年上升。其中，第一产业增加值由 2000 年的 503 亿元增至 2014 年的 2 285 亿元，增长了 3.5倍；第二产业增加值由 2000 年的 2 344 亿元增至 2014 年的 1.4 万亿元，实现近 5 倍的增长；第三产业增加值由 2000 年的 1 821 亿元增至2014 年的近 1.2 万亿元，实现 5.6 倍的增长；GDP 由 2000 年的 4 669亿元增至 2014 年的 2.8 万亿元，增长了 5 倍。

辽宁省第二、三产业的发展远超第一产业的发展（见图 1-4）。2000 年第二产业增加值是同年第一产业增加值的 4.7 倍，第三产业增加值是同年第一产业增加值的 3.6 倍。到 2014 年，第二产业增加值已经是同年第一产业增加值的 6.3 倍，而第三产业增加值也已经是同年第一产业增加值的 5.2 倍。第三产业增加值与第二产业增加值之间的差距随着时间的推移日益扩大，2000 年第二产业增加值与第三产业增加值之间的差额为 523 亿元，到 2014 年该差额高达 2 428 亿元；2000—2014年，第三产业的平均增长率高于第二产业和第一产业的平均增长率。

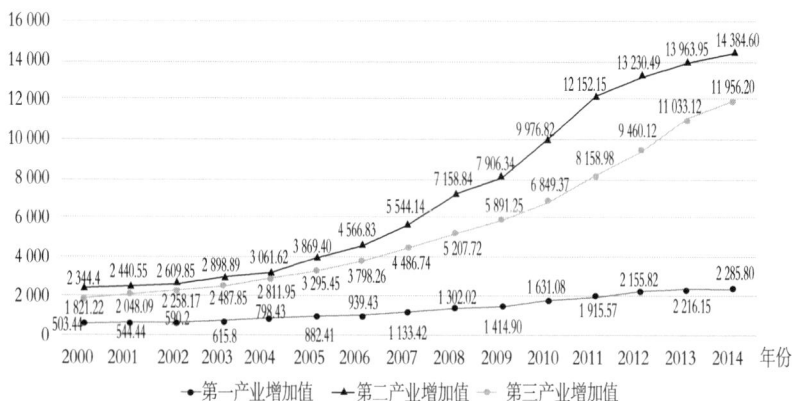

图 1-4 辽宁省 2000—2014 年三产增加值趋势线（单位：亿元）

1.2.2 辽宁省三产变动情况

对于第一产业而言，辽宁省平均增长率增长了 10.6%。2000—2014年，其增长变化相对平缓，在 2007 年首次突破 1 000 亿元，实现 1 133亿元的第一产业增加值；在 2012 年突破了 2 000 亿元，实现 2 155 亿元的第一产业增加值；至 2014 年实现 2 285 亿元。

辽宁省的第二产业增加值一路飙升，平均增长率实现 12.9%。在2000 年，第二产业增加值实现 2 344 亿元，至 2014 年第二产业增加值实现 1.4 万亿元。第二产业增加值的变化趋势 2000—2014 年大致可分为三个阶段：第一阶段，2000—2003 年，增长率在 10%上下浮动，依次为 9.9%、7.7%、9.9%、12.2%；第二阶段，到 2004 年增长率实现16%，2004—2007 年，第二产业增加值的增长势头越来越强，在 2007年实现 19.6%的增长，在 2008 年、2009 年稍有滑落，分别实现15.5%、15.6%的增长，在 2010 年稍有回升，实现 16.7%的增长；第三阶段，自 2011 年之后第二产业增长速度一路下滑，跌至 2014 年的5.2%。

对于第三产业而言，增长势头迅猛，平均增长率实现 13.4%。第三产业增加值实现由 2000 年的 1 821 亿元至 2014 年近 1.2 万亿元的 5.6 倍的增长，自 2000 年至 2013 年增长速度都在 9%～13%。2008年首次突破 5 000 亿元，实现 5 207 亿元；2013 年突破 1 万亿元，实现 1.1 万亿元；2014 年，辽宁省第三产业增加值的增速降至 7.2%，为 11 956 亿元。辽宁省三产的增长率自 2010 年之后呈一路下滑状，到 2014 年增长率甚至跌到 2000—2014 年增长率的最小值。

1.2.3 辽宁省三产结构状况

2000—2014 年，辽宁省第一产业的贡献率一直在 10%上下波动（见图 1-5），第二产业的贡献率在 50%上下波动，第三产业的贡献率在40%上下波动。2000—2014 年，辽宁省的三产结构并没有明显的变化，说明经济结构调整的困难程度较大。

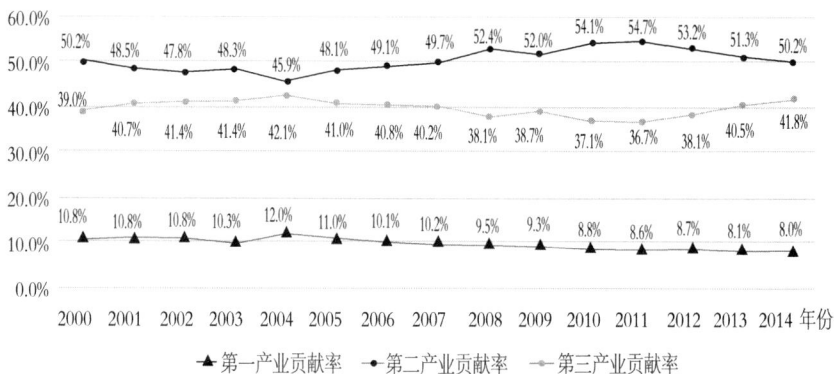

图 1-5　辽宁省 2000—2014 年三产贡献率

1.2.4　通过支出法看辽宁省经济发展

通过收入法分析，我们可以看到，辽宁省的经济除了结构性调整变化的难度之外，收入法的分析方法没有给我们更多的信息，这也许就是收入法的局限性所在。我们试图通过支出法来研究辽宁省和东北经济，以期更多地了解和剖析辽宁省和东北经济的结构矛盾（见图 1-6）。

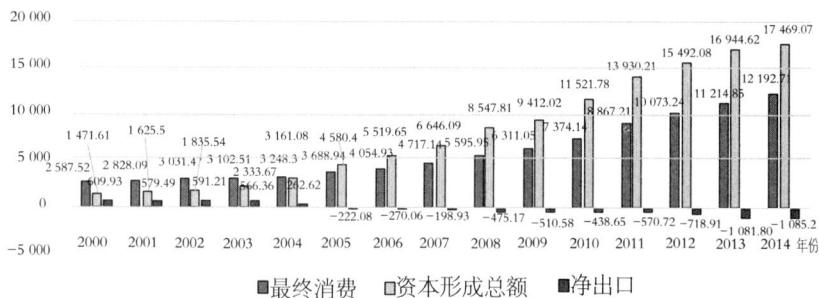

图 1-6　辽宁省 2000—2014 年经济构成（单位：亿元）

辽宁省的最终消费水平 2000 年为 2 587 亿元，2008 年首次突破 5 000 亿元，实现 5 595 亿元，在 2012 年首次突破 1 万亿元，实现 10 073 亿元，2013 年达到 1.1 万亿元。

辽宁省的投资或资本形成总额 2000 年为 1 471 亿元，在 2006 年首次突破 5 000 亿元，实现 5 519 亿元，在 2010 年首次突破 1 万亿元，实现 11 521 亿元，到 2013 年实现近 1.7 万亿元。

辽宁省的出口或净出口水平一路下滑。2000 年，辽宁省净出口额为 609 亿元，到 2004 年降至 262 亿元；2005 年，进口额首次大于出口额，净出口额实现−222 亿元；2009 年，净出口额降至−510 亿元；到 2013 年，净出口额实现−1 081 亿元。

辽宁省 2000—2014 年最终消费占 GDP 的比重逐年下降。2000 年，辽宁省最终消费占比为 55.4%，2004 年为 48.7%，2011 年为 39.9%，2012 年略有回升，实现 40.5%，2013 年为 41.2%。相比于最终消费率，辽宁省资本形成率在此期间是一路上升的。2000 年，资本形成率为 31.5%，2005 年首次突破 50% 并超过最终消费率达到 56.9%，2008 年更是达到 62.5%，2008—2013 年，投资或资本形成率都在 62% 上下波动，并一直维持到 2015 年。

1.2.5 小结

通过支出法研究，我们了解到辽宁省经济发展的瓶颈所在。辽宁省投资比例过大，占比为 62%，形成了以投资为核心的经济发展结构。同时，消费从 2000 年的 55.4% 开始萎缩，一直恶化到 2014 年的 39.9%，消费增长受到巨大遏制；同时，由于我国汇率不断升值（见表 1-1），出口遭受巨大创伤，陷入"输入性衰退"的境地。在 GDP"三驾马车"中，投资偏执地野蛮增长，消费遭受创伤，出口已陷入长期衰退，辽宁省经济已陷入畸形的经济增长状态中。

表 1-1　　　　　　　　人民币汇率中间价列表

日期	2000/1/1	2001/1/1	2002/1/1	2003/1/1	2004/1/1	2005/1/1	2006/1/1	2007/1/1	2008/1/1
美元	8.2783	8.2767	8.2766	8.2769	8.277	8.0702	8.0702	7.8087	7.3046

日期	2009/1/1	2010/1/1	2011/1/1	2012/1/1	2013/1/1	2014/1/1	2015/1/1	2016/1/1	
美元	6.8346	6.8282	6.6215	6.3001	6.2897	6.1039	6.1248	6.5032	

资料来源：中国外汇交易中心。

1.3　吉林省三产概况

1.3.1　吉林省 2000—2014 年三产增加值

我们沿用研究辽宁省的方法来研究吉林省的经济发展状况。2000—2014 年，吉林省的第一、二、三产业增加值逐年上升（见图 1-7）。在三产结构中，第一产业增加值一直处于三次产业的末位。2000 年第一产业增加值为 398 亿元，到 2014 年实现 1 524 亿元，增加了近 4 倍；第二产业增加值在 2000 年为 768 亿元，略落后于第三产业增加值，到 2014 年，第二产业增加值已增至 7 287 亿元，实现 8.5 倍的增长；第三产业增加值由 2000 年的 783 亿元增至 2014 年的近 4 991 亿元，实现近 5.4 倍的增长。GDP 由 2000 年的 1 865 亿元增至 2014 年的近 1.4 万亿元，增长了 6.5 倍。

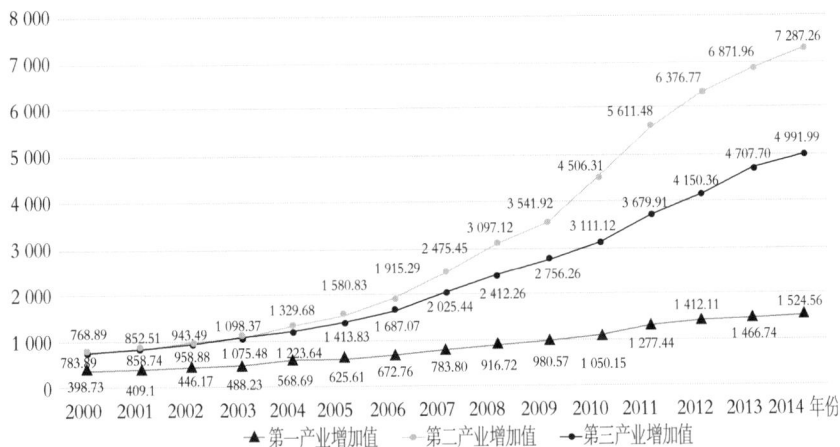

图 1-7　吉林省 2000—2014 年三次产业增加值趋势图（单位：亿元）

吉林省第二、三产业的发展远超第一产业。2000 年，第二产业增加值是同年第一产业增加值的 1.9 倍，第三产业增加值是同年第一产业增加值的 2.0 倍；到 2014 年，第二产业增加值已经是同年第一产业增加值的 4.8 倍，第三产业增加值已经是同年第一产业增加值的 3.3 倍。

2000—2002 年，吉林省的第三产业增加值略超过第二产业增加值，2003 年第二产业增加值反超第三产业增加值。在此后的期间，吉林省第二产业增加值与第三产业增加值之间的差额越来越大，2003 年差额为 23 亿元，到 2014 年达到 2 296 亿元。2000—2014 年，吉林省第二产业增加值的平均增长速度大于第三产业和第一产业的平均增速。

1.3.2 吉林省三产变动

对于第一产业而言，吉林省 2000—2014 年的增长变化较平缓，平均增长率实现 9.4%。在 2010 年第一产业增加值首次突破 1 000 亿元达到 1 050 亿元后，2014 年增至 1 524 亿元。

吉林省的第二产业增加值实现飞速增长，2000—2014 年平均增长率为 16.2%。吉林省第二产业的增长状况大致可以分为三个阶段：第一阶段，2000—2005 年，增长率在 10%～15% 浮动，增长率依次为 13.9%、10.8%、12.9%、14.8%、13.3%，2006 年实现 17.1%，2007 年增幅再创新高，达到 21.1%，实现 2000—2014 年增长率的最大值。第二阶段，2006—2011 年，第二产业增加值的增长率一直在 15%～20% 波动。第三阶段，2012 年增长率降为 14%，2013 年滑落到 8.8%，到 2014 年进一步降到 6.6%。

吉林省第三产业增长也比较迅速，2000—2014 年平均增长率实现 13.1%。吉林省第三产业增长状况大致可分为三个阶段：第一阶段，2000—2005 年，增长速度在 10%～15% 波动。第二阶段，2006—2008 年，第三产业增长速度加快，分别实现 16.3%、15.1%、16.7% 的增长。2008 年，实现 2 412 亿元的第三产业增加值。第三阶段，自 2008 年后，增速一路递减，至 2014 年实现 6.9% 的增长。

吉林省三产的增长率自 2010 年之后呈一路下滑状，到 2014 年甚至跌到 2000—2014 年增长率的最小值。在此期间，吉林省第一产业的贡献率维持在 10%～20%，第二产业的贡献率维持在 40%～50%，第三产业的贡献率维持在 30%～40%。吉林省第一产业和第三产业贡献率逐年下降，第二产业贡献率则逐年上升。吉林省第一产业增加值占 GDP 的比重由 2000 年的 20.4% 降到 2014 年的 11%；第二产业增加值占 GDP

的比重由 2000 年的 39.4% 升到 2014 年的 52.8%；第三产业贡献率由 2000 年的 40.2% 降到 2014 年的 36.2%。

1.3.3 剖析支出法下的吉林省经济

如图 1-8 所示，2000—2014 年，吉林省的最终消费由 2000 年的 1 185.61 亿元升到 2014 年的 5 407.99 亿元；资本形成总额由 2000 年的 686.58 亿元增至 2014 年的 10 330.05 亿元。吉林省净出口形势愈加恶化，净出口额由 2000 年的 −6.88 亿元跌到 2007 年的 −867 亿元，2008 年更是达到 2000—2014 年的最低值 −1 681 亿元，2014 年为 −1 261 亿元。

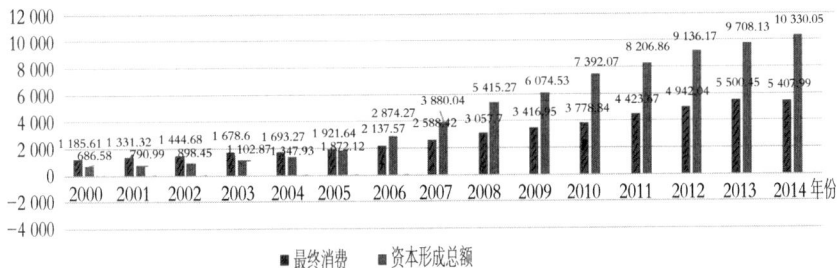

图 1-8　吉林省 2000—2014 年的最终消费和资本形成总额（单位：亿元）

吉林省最终消费占 GDP 的比重整体呈下降趋势，2000 年为 63.6%，2006 年首次跌破 50%，为 43.1%，2011 年更是跌到 39.6%，2012 年略有回升，升至 40.5%，2014 年为 39.4%。相比于最终消费率，投资或资本形成率在 2000—2014 年整体上呈上升趋势。2000 年，资本形成率为 36.8%，2006 年首次突破 50% 并超过最终消费率，达到 57.9%，2007 年为 69.3%，2008—2010 年维持在 79% 左右，2011—2014 年略有下滑，到 2014 年为 69.6%。

1.3.4 小结

通过支出法的研究，我们可以发现吉林省经济存在较大的结构问题。自 2000 年开始，吉林省的经济增长模式开始向以投资为主的发展模式转变。吉林省的经济模式和辽宁省颇为相似，但投资拉动经济增长的力度更大，消费和出口几乎处于被忽略的状态。吉林省投资几乎高达 80%，消费几乎被遏制或被转移到了未来，而出口更早出现"输入性衰退"的征兆，放弃出口、遏制消费、死保投资的经济模式更加偏执。这种透支未来、牺牲眼前的饮鸩止渴的模式将要让后人或现行政府付出更大的代价。

1.4 黑龙江省三产概况

1.4.1 黑龙江省三产增加值及其变动

2000—2014 年，黑龙江省的第一、三产业增加值逐年上升，第二产业增加值整体呈上升趋势（见图 1-9）。其中，第一产业增加值由 2000 年的 383 亿元增至 2014 年的 2 612 亿元，增加了 5.8 倍；第二产业增加值由 2000 年的 1 731 亿元增至 2014 年的 6 010 亿元，实现 2.5 倍的增长；第三产业增加值由 2000 年的 1 036 亿元增至 2014 年的 6 686 亿元，增加了 5.5 倍。GDP 由 2000 年的 3 151 亿元增至 2014 年的 1.4 万亿元，增加了 3.4 倍。

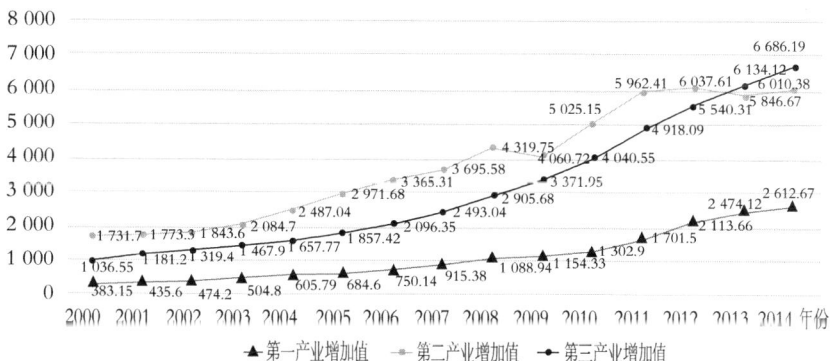

图 1-9 黑龙江省 2000—2014 年三产增加值变化趋势线（单位：亿元）

黑龙江省的第一产业增长变化较平缓，平均增长率实现 13.7%。黑龙江省 2008 年第一产业增加值首次突破 1 000 亿元，实现 1 088 亿元；2012 年突破 2 000 亿元，实现 2 113 亿元；至 2014 年实现 2 612 亿元。

黑龙江省的第二产业增加值整体呈上升趋势，平均增长率实现8.7%，由2000年的1 731亿元升至2014年的6 010亿元。黑龙江省第二产业增加值的发展趋势大致可分为两个阶段：第一阶段，2000—2012年增幅总体在10%～15%，唯独在2001年增长率为9.8%；第二阶段，2013年增长率由前一年的10.2%降为7.3%，2014年更是降至2.8%。黑龙江省的第二产业增加值在2006年首次突破2 000亿元，实现2 096亿元，在2009年突破3 000亿元，实现3 371亿元，之后继续攀升，2010年为4 040亿元，2012年为5 000亿元，2013年为6 000亿元，2014年为6 686亿元。

黑龙江省2000—2014年第三产业增加值平均增长率实现13.2%。2000—2014年增长速度都在8.8%～13.1%，而2011年则实现13.1%的最大增长。2006年第三产业增加值首次突破2 000亿元，实现2 096亿元，2009年、2010年、2012年和2013年分别突破了3 000亿元、4 000亿元、5 000亿元和6000亿元，2014年更是达到6 686亿元。

黑龙江省三产的增长率自2010年之后呈一路下滑状，到2014年甚至跌到2000—2014年增长率的最小值。2000—2014年，黑龙江省第一产业的贡献率维持在15%左右，第二产业的贡献率维持在40%～50%，第三产业的贡献率维持在30%～40%。纵观历史，黑龙江省的第一产业增加值占GDP的比重略有上升，2000年12.2%，到2014年实现17.4%。第二产业增加值占GDP的比重在2000—2014年下降了15%，由2000年的55%下降到2014年的40%。第三产业的贡献率总体呈上升趋势，2000年实现32.9%，到2014年已经实现44.5%。

黑龙江省第一产业的发展状况落后于第二产业和第三产业；2000—2012年，黑龙江省第二产业的发展一直领先于第三产业，但在2013年，第二产业增加值被第三产业增加值以287亿元之差赶超，到了2014年第三产业增加值与第二产业增加值之差达到676亿元；2000—2014年，第三产业的平均增长率分别大于第一产业的平均增长率和第二产业的平均增长率。

1.4.2 通过支出法看黑龙江省经济发展

支出法是通过投资、消费和出口来研究某一地区的经济发展。从图 1-10 可见，黑龙江省的资本形成总额 2000 年为 989 亿元，到 2013 年实现 9 432 亿元，在 2010 年首次突破 5 000 亿元，实现 5 630 亿元；最终消费由 2000 年的 1 580 亿元上升到 2013 年的 7 963 亿元，在 2010 年首次突破 5 000 亿元，实现 5 585 亿元。黑龙江省的净出口呈波动下跌趋势。2000 年，净出口数额为 582 亿元；到 2006 年，实现 2000—2014 年的最大值 915 亿元；自 2008 年起，净出口明显下滑，2008 年净出口实现 167 亿元，2013 年净出口实现 −3 013 亿元。

图 1-10 黑龙江省 2000—2014 年经济构成（单位：亿元）

数据显示，黑龙江省的最终消费占 GDP 的比重并没有明显改变，维持在 50% 左右（见图 1-11）。2000 年，最终消费率为 50.1%；2013 年，最终消费率实现 55.1%。相比于最终消费率，资本形成率在 2000—2014 年有明显的上升趋势。2000 年，资本形成率为 31.4%；到 2009 年，资本形成率首次突破 50%，实现 52.6%；2010 年，资本形成率赶超最终消费率，实现 54.3%。2013 年，资本形成率首次突破 60%，实现 65.3%。

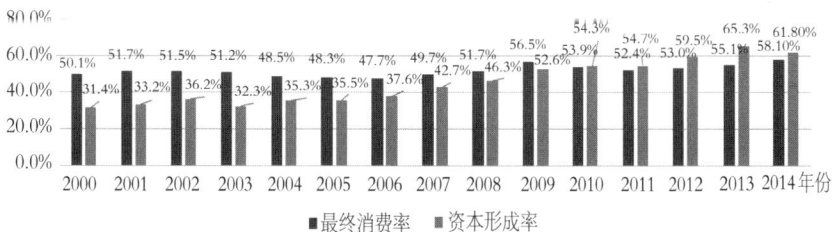

图 1-11 黑龙江省 2000—2014 年经济占比

1.4.3 小结

黑龙江省投资、消费和出口结构状况和辽宁省、吉林省结构状况大体一致，只不过出口状况更令人忧虑。黑龙江省的净进口要远远高于辽宁省和吉林省，说明其已完全是进口消费的省份，而投资和消费似乎均分天下，但投资比例仍然过重，说明投资是拉动黑龙江省经济发展的主要动力。对大量的净进口数据进行分析，黑龙江省应该是以消费为主的省份，消费数据背后隐含的事实是黑龙江省的能源性结构经济更容易受到世界经济不景气的冲击。

1.5 东北六市经济概况

1.5.1 东北六市 GDP 走势

我们从东北 3 个省份中选取能够代表各省经济发展的城市，依次为大连市、沈阳市、长春市、吉林市、大庆市和哈尔滨市，其地区生产总值的平均增长率依次为 12.9%、12.3%、12.5%、12.8%、9.3%、11.8%。研究发现，除大庆市外，其余 5 个城市的经济增速相差不大（见图 1-12）。

在选取的东北城市中，大连市的地区生产总值 2001—2014 年保持着领先的地位。2001 年，大连市的地区生产总值为 1 236 亿元，占辽宁省 GDP 的 24%；2010 年其地区生产总值首次突破 5 000 亿元，实现 5 158 亿元；2011 年突破 6 000 亿元，实现 6 150 亿元；2012 年突破 7 000 亿元，实现 7 003 亿元；2014 年，达到 7 656 亿元，占辽宁省 GDP 的 27%，地区生产总值较 2001 年实现 6 倍的增长。按照大连市政府的"十一五"计划，大连市应在"十二五"计划末期实现 1 万亿元 GDP。但事与愿违，2015 年年末，大连市经济增长仅为 7 732 亿元，财政收入为 580 亿元，下降 25.7%。

图表数据（纵轴单位：亿元）：9 000、8 000、7 000、6 000、5 000、4 000、3 000、2 000、1 000、0

横轴年份：2001 2002 2003 2004 2005 2006 2007 2008 2009 2010 2011 2012 2013 2014 年份

图例：大连市　沈阳市　长春市　吉林市　大庆市　哈尔滨市

主要数据标注：7 655.6、7 650.8、7 158.6、7 098.7、7 002.8、6 606.8、6 150.1、5 914.9、5 332.7、5 158.1、5 017、5 010.8、4 550.1、4 417.7、4 359.2、4 243.4、4 181.5、4 070、4 000.5、3 858.2、3 665.9、3 258.1、3 131、3 073.9、2 900.1、2 868.2、2 730.2、2 617.4、2 569.7、2 482.5、2 436.8、2 430、2 220.4、2 208、2 150、2 094、2 084.1、1 961.8、1 900.7、1 822.4、1 800.6、1 680.5、1 632.6、1 620.3、1 602、1 500.1、1 406、1 400.8、1 400.7、1 400、1 300.2、1 238.5、1 238、1 235.6、1 125.6、1 120.16、1 077.9、1 030.7、1 008、728.9、703.7、629.7、600.1、515.1、446

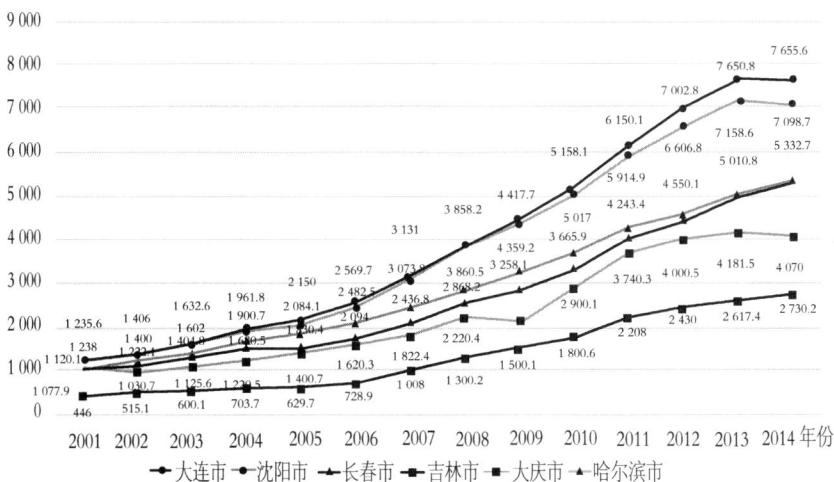

图 1-12　东北六市 2001—2014 年 GDP 走势（单位：亿元）

沈阳市的地区生产总值总体走势与大连市一致，而且在数值上与大连市相差不大，其在 2001 年实现 1 238 亿元，略超大连市，占辽宁省 GDP 的 25%；2010 年首次突破 5 000 亿元，实现 5 017 亿元；2012 年首次突破 6 000 亿元，实现 6 607 亿元；2013 年突破 7 000 亿元，实现 7 159 亿元；到 2014 年，沈阳市的地区生产总值实现 7 099 亿元，占辽宁省 GDP 的 24.8%，地区生产总值较 2001 年增长了 4.7 倍；2015 年增长至 7 200 亿元。

哈尔滨市的地区生产总值在 2001 年实现 1 120 亿元，占黑龙江省 GDP 的 33%；到 2013 年，地区生产总值首次突破 5 000 亿元，实现 5 011 亿元；至 2014 年，其地区生产总值达 5 333 亿元，占黑龙江省 GDP 的 35%，地区生产总值较 2001 年增长了 3.8 倍。

大庆市的地区生产总值在 2001 年实现 1 078 亿元，占黑龙江省 GDP 的 32%；到 2014 年实现 4 070 亿元，占黑龙江省 GDP 的 27%，地区生产总值增长了 2.8 倍。

长春市的地区生产总值在 2001 年实现 824 亿元，占吉林省 GDP 的 47%；到 2014 年达 5 342 亿元，占吉林省 GDP 的 39%，地区生产总值增长了 5.5 倍。

吉林市的地区生产总值在 2001 年实现 446 亿元，占吉林省 GDP 的

21%；到 2014 年其地区生产总值达 2 730 亿元，占吉林省 GDP 的 20%，地区生产总值增长了 5.1 倍。

除大庆市外，其余 5 个城市的经济增长速度基本不相上下。但是通过对各城市的地区生产总值的绝对数值进行比较分析，按照地区生产总值数值高低进行排序，依次为大连市、沈阳市、哈尔滨市、长春市、大庆市、吉林市。

1.5.2 东北六市人均 GDP 概述

伴随着选取的 6 个城市的 GDP 水平的大幅提高，各市的人均 GDP 水平在 2001—2014 年六市有了显著增长（见图 1-13）。2001—2014 年，在 6 个城市中，大庆市的人均 GDP 遥遥领先于其他 5 个城市，大连市位居第二，接下来是沈阳市、长春市，哈尔滨市和吉林市的人均 GDP 从总体上看相差不大。

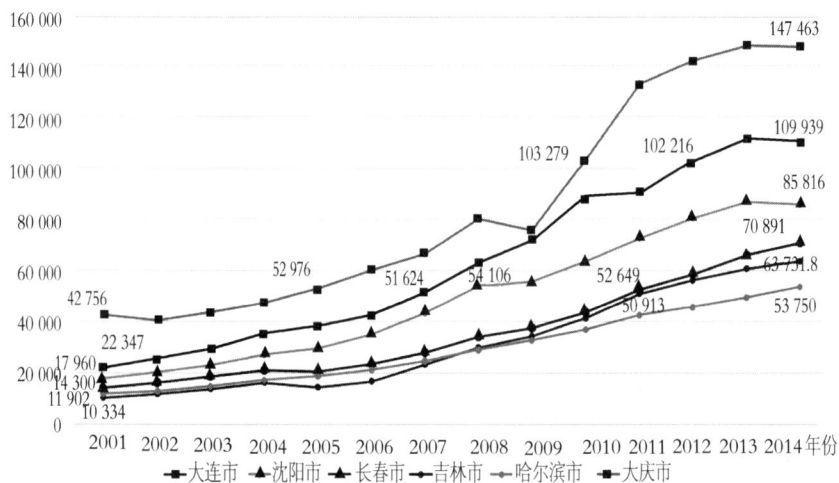

图 1-13　东北六市 2001—2014 年人均 GDP（单位：元）

大庆市的人均 GDP 在 2001 年为 4.3 万元；2005 年，首次突破 5 万元，实现 5.3 万元；2010 年首次突破 10 万元，实现 10.3 万元；到 2014 年，大庆市的人均 GDP 已经达到 14.7 万元，较 2001 年增长了 2.4 倍。

大连市的人均 GDP 在 2001 年为 2.2 万元；2007 年，首次突破 5 万元，实现 5.2 万元；2012 年，首次突破 10 万元；2014 年，实现近 11

万元，较 2001 年增长了 4 倍。

沈阳市的人均 GDP 在 2001 年实现近 1.8 万元；2008 年，首次突破
5 万元，实现 5.4 万元；2014 年，人均 GDP 实现 8.5 万元，较 2001 年
增长了 3.7 倍。

长春市的人均 GDP 在 2001 年实现 1.4 万元；2011 年，首次突破 5
万元，实现 5.3 万元；2014 年，实现近 7.1 万元，是 2001 年的 5 倍。

吉林市的人均 GDP 在 2001 年实现 1 万元；2011 年，首次突破 5
万元，实现近 5.1 万元；2014 年，实现 6.4 万元，是 2001 年的 6.4 倍。

哈尔滨市的人均 GDP 在 2001 年仅为 1.2 万元，到 2014 年实现 5.4
万元，是 2001 年的 4.5 倍。

大庆市、大连市、沈阳市、长春市、吉林市、哈尔滨市的人均
GDP 平均增长率依次为 9.2%、12.1%、11.8%、12.1%、13.9%、11.4%。
就平均增长速度的大小进行排序依次是吉林市、长春市、大连市、沈阳
市、哈尔滨市、大庆市；但就绝对数值来看，排列次序为大庆市、大连
市、沈阳市、长春市、哈尔滨市、吉林市。

1.6 东北六市三产对比分析

从以前的描述中我们知道，东北三省在 2001—2014 年第一产业增
加值的走势趋于一致，整体呈现较稳定的持续缓慢增长。辽宁省从总体
上相对领先于吉林省和黑龙江省。2001—2012 年期间，辽宁省的第一
产业增加值均大于吉林省和黑龙江省的第一产业增加值；2013 年，辽
宁省第一产业增加值被黑龙江省第一产业增加值所赶超；2014 年，黑
龙江省第一产业增加值仍处于第一位。基于东北六市的地区生产总值，
优先排序是大连市、沈阳市、哈尔滨市、长春市、大庆市、吉林市。

1.6.1 东北六市第一产业历史走势

就第一产业而言，哈尔滨市 2001—2014 年的第一产业增加值一直
保持在遥遥领先的位置，平均增长率为 9.2%（见图 1-14）。2001 年第
一产业增加值实现 186 亿元，至 2014 年已经实现 639 亿元。

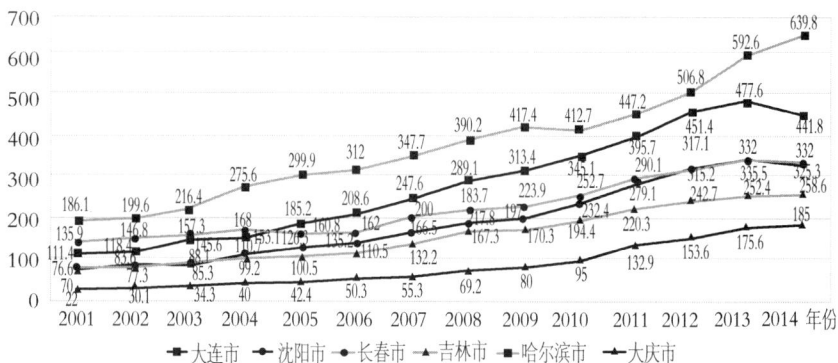

图 1-14　东北六市 2001—2014 年第一产业增加值（单位：亿元）

2001—2004 年，长春市的第一产业增加值处于第二位，2005 年被大连市赶超，此后一直处于第三位，但到 2013 年被沈阳市赶超，2014年以近 7 亿元之差追回，居第三位。2001—2014 年，长春市的第一产业增加值的平均增长率为 6.6%。

大连市第一产业增加值在 2001 年实现 111.4 亿元，排第三位；2005 年实现 185.2 亿元，以近 125 亿元之差赶超长春市，至此之后，一直位列第二；2014 年，实现 441.8 亿元。2001—2014 年，大连市的第一产业增加值的平均增速为 10.4%。

沈阳市的第一产业增加值在 2001 年实现 76.6 亿元，近十几年第一产业增加值逐年上升，位居第四；2013 年以 335.5 亿元的第一产业增加值略超长春市的 332 亿元；2014 年，实现 325.3 亿元。2001—2014年，沈阳市的第一产业增加值的平均增速为 10.9%。

吉林市的第一产业增加值在 2001 年实现 70 亿元，近十几年第一产业增加值增长较稳定，至 2014 年第一产业增加值已经实现 258.6 亿元。2001—2014 年，吉林市的第一产业增加值的平均增长率为 9.8%。

较于其他 5 个城市，大庆市的第一产业增加值排名比较靠后，在2001 年第一产业增加值实现 22 亿元，2011 年突破 100 亿元实现 132.9亿元的第一产业增加值，至 2014 年，第一产业增加值实现 185 亿元。大庆市的第一产业增加值的平均增速为 16.4%。

就 6 个城市 2001—2014 年的第一产业增加值总体而言，优先排序为：哈尔滨市、大连市、长春市、沈阳市、吉林市、大庆市。

1.6.2 东北六市第二产业走势

6 个具有代表性的东北城市第二产业增加值的状况分析如下（见图 1-15）。

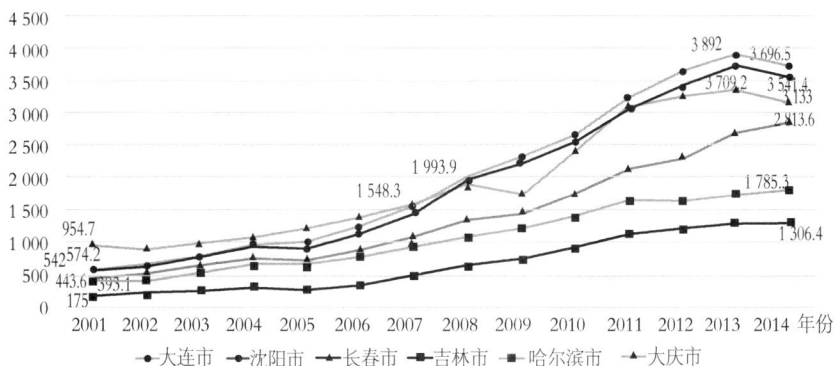

图 1-15 东北地区 2001—2014 年第二产业增加值（单位：亿元）

2001—2007 年，大庆市的第二产业增加值领先于其他 5 个城市，排名第一。2001 年，大庆市的第二产业增加值实现 954.7 亿元，2007 年实现 1 548.3 亿元，此后被大连、沈阳两市赶超；2011 年以 42 亿元之差超过沈阳市，此后第二产业增加值始终位列第三；到 2014 年，第二产业增加值实现 3 133 亿元。2001—2014 年，大庆市的第二产业增加值的平均增长率为 8.9%。

大连市的第二产业增加值在 2001 年实现 574.2 亿元；在 2008 年以 1 993.9 亿元赶超了位列第一的大庆市。此后，大连市的第二产业增加值一直位列东北六市的首位，在 2013 年实现 3 892 亿元，取得了 2001—2014 年第二产业增加值的最大值，2014 年回落到 3 696.5 亿元。2001—2014 年，大连市的第二产业增加值的平均增长率为 14.2%。

沈阳市的第二产业增加值与大连市保持基本一致的步调，在 2001 年为 542 亿元；2008 年实现 1 934.1 亿元，超过大庆市；2011 年被大庆市反超；到 2013 年实现 2001—2014 年第二产业增加值的最大值 3 709.2 亿元；2014 年滑落至 3 541.4 亿元。2001—2014 年，沈阳市的第二产业增加值的平均增长率为 14.3%。

长春市与哈尔滨市大体走势相似。自 2009 年之后，两市第二产业增加值相差越来越大。2001 年长春市的第二产业增加值为 443.6 亿元，哈尔滨为 393.1 亿元；至 2014 年，长春市第二产业增加值实现 2 813.6 亿元，哈尔滨市实现 1 785.3 亿元。长春市 2001—2014 年第二产业增加值的平均增长率为 14.1%，哈尔滨市的平均增长率为 11.4%。

吉林市的第二产业增加值在 6 个城市中排名较靠后，2001 年实现 393.1 亿元，到 2014 年实现 1 306.4 亿元。其 2001—2014 年第二产业增加值的平均增长率为 9.0%。

就 6 个城市 2001—2014 年的第二产业增加值总体而言，优先排序为：大连市、沈阳市、大庆市、长春市、哈尔滨市、吉林市。

1.6.3　东北六市第三产业走势

东北地区 6 个具有代表性的城市第三产业增加值状况分析如下。

沈阳市的第三产业增加值在 2001—2011 年期间一直略超大连市，居于首位，2012 年被大连市赶超，此后两年均落后于大连市。2001 年，沈阳市的第三产业增加值实现 619.4 亿元，大连市实现 550 亿元；2005 年，沈阳市首次突破 1 000 亿元，实现 1 051 亿元；2010 年首次突破 2 000 亿元，实现 2 242 亿元；2013 年，首次突破 3 000 亿元，实现 3 113 亿元；2014 年实现 3 232 亿元。2006 年，大连市的第三产业增加值首次突破 1 000 亿元，实现 1 132 亿元；2010 年，首次突破 2 000 亿元，实现 2 167 亿元；2013 年，首次突破 3 000 亿元，实现 3 281 亿元；2014 年实现 3 517.2 亿元。2001—2014 年，大连市和沈阳市的第三产业增加值的平均增长率分别为 14.2% 和 12.5%。

哈尔滨市的第三产业增加值始终位列第三，在 2001 年实现 540.9 亿元；2006 年，首次突破 1 000 亿元，实现 1 011 亿元；2011 年，首次突破 2 000 亿元，实现 2 149 亿元；2014 年实现 2 907.6 亿元。2001—2014 年哈尔滨市的第三产业增加值平均增长率为 12.8%。

长春市的第三产业增加值位列第四，在 2001 年实现 423.5 亿元；2008 年，首次突破 1 000 亿元，实现 1 032 亿元；2013 年，首次突破 2 000 亿元，实现 2 012 亿元；2014 年实现 2 196.8 亿元。2001—2014

年长春市的第三产业增加值平均增长率为 12.5%。

吉林市和大庆市的第三产业增加值分别位居第五和第六。吉林市 2001 年的第三产业增加值为 201 亿元，到 2014 年实现 1 165.2 亿元，第三产业增加值的平均增长率实现 13.4%。大庆市 2001 年的第三产业增加值为 101.3 亿元，到 2014 年实现 752 亿元，第三产业增加值的平均增长率实现 15.4%。

就 6 个城市 2001—2014 年的第三产业增加值总体而言，优先排序为大连市、沈阳市、哈尔滨市、长春市、吉林市、大庆市。这一排序说明了东北地区城市间的竞争优势和地域差距。辽宁省的两个城市优势要远远大于吉林省和黑龙江省的 4 个城市。

1.7　一般性结论

由于世界经济和中国经济出现的调整和变化，东北经济受到的冲击较大，主要问题表现在：

东北经济主要以投资作为经济发展的动力，消费受到抑制，出口长期衰退。当投资发展模式难以维系时，消费难以弥补投资衰退带来的影响，出口逆差反而加大，经济发展将出现较大波动，增长大幅减速是意料之中的事情。这种经济结构性的矛盾将在相当长的时期里影响东北经济的结构调整，并且这种结构调整是困难的、曲折的。

由于地理位置产生的区位优势，辽宁省的经济结构应该不同于吉林省和黑龙江省的经济结构。辽宁省经济主要以海洋和重工业为主，对东北经济的牵引和示范作用不明显。辽宁省的外向型经济和海洋经济的特征十分明显。吉林省和黑龙江省处于内陆地区，又处于中国三大平原中最好的地质环境中，农业经济的特征十分明显，因此，第一产业和由第一产业衍生出来的产业链是其经济的主要特点。但在实际中，东北地区的三个省均没有突出自身的优势，缺乏长远的规划和高屋建瓴的顶层设计，经济结构不合理的问题十分突出。

首先，就东北三省的三产结构而言，第一产业所占比重过高，黑龙江省与吉林省尤为严重。辽宁省第一产业贡献率在过去十几年一直在

10%上下波动，而吉林省则在 10%～20% 之间浮动，黑龙江省与吉林省的情况大体相近。就全国水平而言，2000—2014 年，我国第一产业贡献率维持在 5% 左右，第二产业略超第三产业，在 50% 左右浮动，唯独 2014 年第三产业贡献率超出第二产业贡献率 1%，实现 48.1%。放眼如今的发达国家，美国第一产业占比不超过 2%，第二产业仅为 23%，而第三产业占比高达 75%。因此，东北经济结构仍处于发展中国家经济起步时期的水平，与发达国家优化的经济结构还有很大的差距。不仅如此，从全国范围的经济结构来看，东北地区也不如北京市、上海市、广东省和山东省的经济结构，结构优化有漫长的路要走。

其次，GDP 是最终需求——投资、消费、净出口这三种需求之和，也就是说，投资、消费、出口是拉动经济增长的三驾马车。我们发现，在过去十几年，辽宁省的最终消费额与资本形成总额呈一路上升状，就整体趋势来看，资本形成总额的增长速度要远大于最终消费的增长速度。2000—2004 年，辽宁省经济发展主要依靠消费和投资来拉动，且最终消费水平始终大于资本形成总额，但两者之间的差额在逐年减小。自 2005 年起，资本形成总额超过最终消费，且资本形成总额增长迅速，其与最终消费之间的差额逐年扩大。2008 年之后，投资在辽宁省经济中占据了主导的地位。2000 年，辽宁省最终消费率为 55.4%，到 2008 年已降至 40.9%，2014 年实现 42.6%。辽宁省资本形成率由 2000 年的 31.5% 增至 2008 年的 62.5%，2014 年实现 61%。对于净出口，辽宁省 2000 年实现 609 亿元，到 2014 年竟出现 −1 035 亿元的赤字。辽宁省经济的发展仅靠投资，消费被冷落，出口拖东北经济发展的后腿。辽宁省如此，其他两省的出口情况更加糟糕。如何解决出口问题，是我国东北经济发展中的一大难题。

最后，东北三省是我国最重要的粮仓，在农田集约化经营方面有很大优势，但并没有发挥出其集约优势的作用。集约农业，就是把一定数量的劳动力和生产资料，集中投入到较少的土地上，采用集约经营方式进行农业生产。与粗放农业（在一定面积的土地上投入较多的生产资料和劳动力）相对应，集约农业通过应用先进的农业技术措施来增加农产品的产量。通过集约经营，单位面积土地可产出更多的农产品，不断提高土地生产率和劳动生产率。由粗放经营向集约经营转化，是农业生产发展的客观规律。主要西方国家的农业都经历了一个由粗放经营到集约经营的发展过程，特别是 20 世纪 60 年代以后，它们在农业现代化中都比较普遍地实行了资本、技术的集约化。然而由于各国条件不同，在实行集约化的过程中各有侧重。有的侧重于广泛地使用机械和电力；有的侧重于选用良种，大量施用化肥、农药，并实施新的农艺技术。前者以提高（活）劳动生产率为主，后者以提高单位面积产量为主。东北地区要充分利用其资源优势，大力推进农业改革。只要农业发展了，东北三省的发展就有了坚实的基础。

世界上有三块黑土地：一块是在美国的中西部，即美国的堪萨斯州一带；一块在欧洲，即第聂伯河畔的乌克兰；还有一块就是东北的黑土地。根据对美国堪萨斯州的考察及研究结果来对比东北经济，尤其是吉林省和黑龙江省的经济发展蓝图，我们建议吉黑两省应重点加强农业的发展和建设，放弃不具有绝对优势的产业，专心致志地建设我国"大粮仓""绿色粮仓"的工程。

第2章　我国东北三省上市公司股权结构研究

本章主要是从财务的角度出发对东北三省上市公司的现状及问题进行探索。截至 2014 年年底，东北三省上市公司共 144 家，本章以大连市、沈阳市、吉林市、长春市、哈尔滨市等 5 个城市的上市公司为研究对象。这 5 个城市的上市公司达 99 家（不包括大连市两家 B 股上市公司），占东北三省上市公司总数的 68.75%，具有代表性。这其中不论公司规模大小、效益高低一律纳入分析。选择上市公司是因为上市公司的信息披露比较完整，因而信息搜集的难度较低。本章的数据来源是 99 家上市公司各年披露的年度报告。在研究中选取的指标如下：总资产、营业收入、净利润、股东持股百分比、股权集中度、集权集中利率比率①、股权构成（国有股、非国有股、外资股成分）。利用总资产、营业收入和净利润指标对东北三省上市公司的规模和盈亏情况进行分析；利用股东持股百分比、股权集中度、集权集中利率比率、股权构成（国有股、非国有股、外资股成分）指标对上市公司股权结构进行深入分析，

---

① 学术界暂时没有这个专业词汇。本书用这个指标论证观点。集权集中利率比率是根据上市公司净利润率与前五大股东股权集中度的比值计算出来的。数据显示，一般情况下，净利润率越高的上市公司，其股权集中度越低。这个指标进一步论证了本书的观点：股权集中度越高，净利润率越低。

探讨什么样的股权结构才有利于企业健康、持续发展。

2.1 中国上市公司股权结构概况

2015年10月底，沪深两市2 613家A、B股上市公司发行总股本36 682亿股，其中发行国有股1 084.02亿股，占发行总股本的3%；发行法人股746.72亿股，占发行总股本的2%；发行其他非流通股853.11亿股，占发行总股本的2.3%；发行非流通股2 683.85亿股，占发行总股本的7.3%；发行社会公众股（即流通股）33 998.15亿股，占发行总股本的92.7%（见图2-1）。

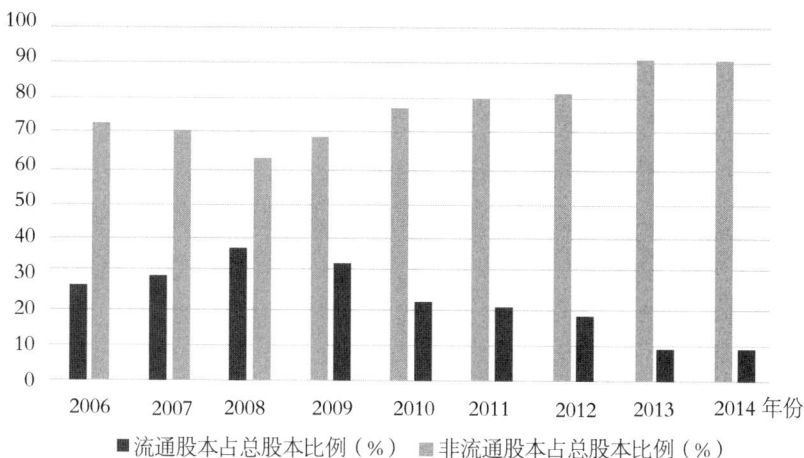

■流通股本占总股本比例（%）　■非流通股本占总股本比例（%）

图2-1　2006—2014年流通股和非流通股占总股本的比例

资料来源：国家统计局网站。

2005年9月4日，中国证监会颁布了《上市公司股权分置改革管理办法》。这一文件的出台，标志着股权分置改革从试点阶段开始转入积极稳妥的全面铺开的新阶段。自2005年年底股权分置改革开始实施，我国非流通股与流通股的比例改善很多。2007年非流通股占总股本的比重较2006年下降了2个百分点，在2008年、2009年分别大幅度下降了7.83、32.06个百分点。2009—2014年非流通股占总股本的比重仍保持下降态势，并于2014年达到9.14%的历史最低值。相应地，流通股所占比重保持稳步上升的态势，特别是2009年，该比例实现跨越式增长，增长幅度达 32%。随后一路飙升，直到 2014 年流通股升至 90.86% 的比例。这说明现阶段我国已彻底打破以往流通股与非流通股的不均衡比例，非流通股的领先地位已被流通股占据，非流通股比例大大缩小，我国国家股、国有法人股等非流通股正在逐步淡出企业管理层。

2.2 辽宁省上市公司股权结构分析

对于辽宁省上市公司来说，由于沈阳市、大连市上市公司数量多，数据比较齐全，所以我们选取这两个城市作为辽宁省的代表。

2.2.1 大连市上市公司

1. 样本数据的选择

截至 2014 年年底，大连市上市公司共有 27 家，其中 A 股上市公司 25 家，B 股上市公司 2 家。为避免 A 股、B 股、H 股之间的差异，本书只选择了发行 A 股的 25 家公司，用其 2008—2014 年披露的财务数据进行分析。

2. 大连市上市公司财务状况分析

大连市 25 家上市公司总资产、营业额状况如图 2-2 所示。

图 2-2 2008—2014 年大连市上市公司总资产和总营业额（单位：亿元）

大连市 25 家上市公司总资产数额持续增长，特别是 2010 年总资产增幅达到 47%，主要是因为大连国电电力公司投入 600 多亿元资产。另外，2014 年上市公司总资产增加 93.87 亿元，达到历史增幅最低，为

2.45%。可能是由实体经济不景气等造成的。就 2008—2014 年总体来看，大连市上市公司总资产从 2008 年最低点 1 307.57 亿元，上升至 2014 年的最高点 3 921.88 亿元，增量为 2 614.31 亿元，增幅达 200%。大连市 25 家上市公司总营业额整体看来是稳步增加的，尤其是 2010 年、2011 年营业额绝对数分别增加 286.67 亿元、325.96 亿元，增幅分别达到 40.80%、32.95%，但 2014 年总营业额下降 3.5%，为负增长。大连市上市公司总营业额从最低点 602.13 亿元上升至最高点 1 508.95 亿元，历经 6 年时间，实现 150%的增长幅度。

3. 上市公司股东持股情况

截至 2014 年年底，大连市 25 家上市公司的第一大股东持股比例超过 51%的有 3 家，占上市公司总数的 12%；持股比例超过 40%低于 51%的有 7 家，占大连市上市公司总数的 28%；持股比例超过 30%低于 40%的有 5 家，占大连市上市公司总数的 20%；持股比例超过 20%低于 30%的有 5 家，占大连市上市公司总数的 20%；持股比例低于 20%的有 5 家，占大连市上市公司总数的 20%。第一大股东持股比例超过 60%的 1 家上市公司（大连华锐重工）是国有企业。第一大股东持股比例超过 40%的上市公司达 10 家，占上市公司总数的 40%。数据表明，有近 12%的上市公司第一大股东在企业股权结构中处于强势地位。

大连市前两大股东持股比例超过 51%的有 7 家，占大连市上市公司总数的 28%；持股比例超过 40%低于 51%的有 6 家，占上市公司总数的 24%；持股比例超过 30%低于 40%的有 8 家，占上市公司总数的 32%；持股比例低于 30%的有 4 家，占 16%。前两大股东持股比例超过 40%的上市公司达 13 家，占上市公司总数的 52%。这表明有 28%的上市公司前两大股东在企业股权结构中处于重要地位，这意味着中国上市公司股权结构中大股东对企业治理有着举足轻重的影响。

大连市前五大股东持股比例超过 51%的有 11 家，占大连市上市公司总数的 44%；持股比例超过 40%低于 50%的有 5 家，占上市公司总数的 20%；持股比例超过 30%低于 40%的有 5 家，占上市公司总数的 20%；持股比例低于 30%的有 4 家，占上市公司总数的 16%；持股比例超过 40%的达 16 家，占上市公司总数的 64%。上述数据表明大连市的上市公司中，有 44%的上市公司前五大股东在企业股权结构中处于决策地位，很大程度地控制了公司运营，充分体现了我国上市公司股权比较集中的特点。

4. 上市公司股权结构分析

股权结构直接影响公司的行为和经营状况，是公司治理结构的基础。股权结构一般有两层含义：一是指股权集中度，即前五大股东持股比例，可以划分为股权高度集中、股权高度分散和股权相对集中三种类型。股权高度集中，指前五大股东拥有公司股份 51%以上；股权高度分散，指公司没有大股东，单个股东所持公司股份小于 10%；股权相对集中，指公司拥有较大的相对控股股东，所持比例在 10%～51%。二是指股权构成，即各个不同背景的股东集团分别持有多少股份，在我国就是指国有股东、非国有股东及外资股东的持股比例。

（1）上市公司股权集中度分析

从图 2-3 中可以看到，大连市 25 家 A 股上市公司前五大股东平均持股比例保持在 47%以上，甚至在 2010—2012 年一度超过 50%。相应地，其第一大股东平均持股比例徘徊在 35%左右，大多数年份持股比例都高于 35%。很明显，大连市上市公司，无论是国有企业还是私营企业，股权结构总体情况属于较高程度的相对集中型，2010—2012 年期间属于高度集中型。前五大股东对公司拥有绝对的控制权，处于领先地位。

2008—2011 年，第一大股东持股比例逐年小幅增加，直到 2014 年才逐渐降低。无论是第一大股东持股比例均值、前三大股东的持股比例均值，还是前五大股东的持股比例均值，都在 2010 年前后达到最高峰，2014 年前后达到最低值。2008—2014 年，第一大股东的持股比例从 2008 年的 35.98%下降到 2014 年的 33.93%，下降幅度为 2.05%；前五大股东的持股比例从 2008 年的 49.15%下降到 2014 年的 47.90%，下降幅度为 1.25%。以上研究数据表明，股权分置改革后，辽宁省上市公司大股东持股比例逐年下降，但是下降幅度不显著，股权分置改革发挥一定作用，但效果并不明显。

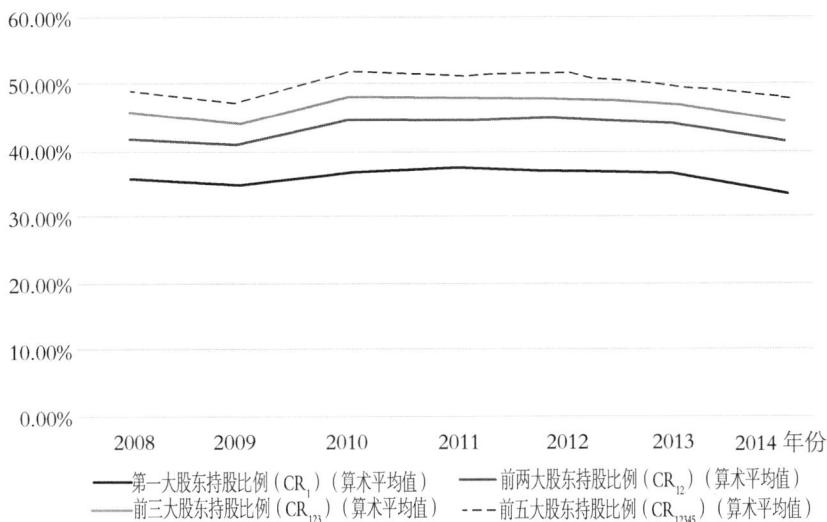

图 2-3　2008—2014 年大连市上市公司各股东持股比例均值

大连市上市公司在 2013 年第一大股东持股比例最小值为 8.8%（大商股份），最大值为 78.84%（大连华锐重工），两者相差悬殊，第一大股东持股比例均值为 36.78%。这说明仍然有一些国有企业存在严重的国有股"一股独大"现象。也就是说，2008—2014 年，无论是前几大股东持股比例，其最大值与最小值都相差很大，股权结构不均衡。同时根据数据分析，第五位到第十位大股东的持股比例很低，各大股东之间股权分布极不平衡。大连市上市公司前五大股东的持股平均比重与国际资本市场发达国家如美国、日本、德国相比，均高于这些国家上市公司各大股东的持股比例。可见大连市上市公司的股权集中度是较高的。

（2）上市公司集权集中利率比率统计分析

对上市公司进行统计计算前的说明：

公式说明：

净利润合计＝$\sum$大连市25家上市公司本期净利润

营业额合计＝$\sum$大连市25家上市公司本期营业额

净利润率＝净利润合计/营业额合计×100%

集权集中利率比率＝净利润率/前五大股东股权集中度×100%

从图 2-4 中可以看出，大连市上市公司净利润率与集权集中利率比率呈同方向变动，而与前五大股东股权集中度呈反方向变动。在 2009 年、2013 年前五大股东股权集中度有所下降时，净利润率均有所提升，即集权集中利率比率稍有提高。研究证明，上市公司股权集中度越高，净利润率越低，越不利于公司的可持续发展；反之亦然。因此，本书建议股权多元化、分散化，唯有如此，才有益于公司的长远健康发展。

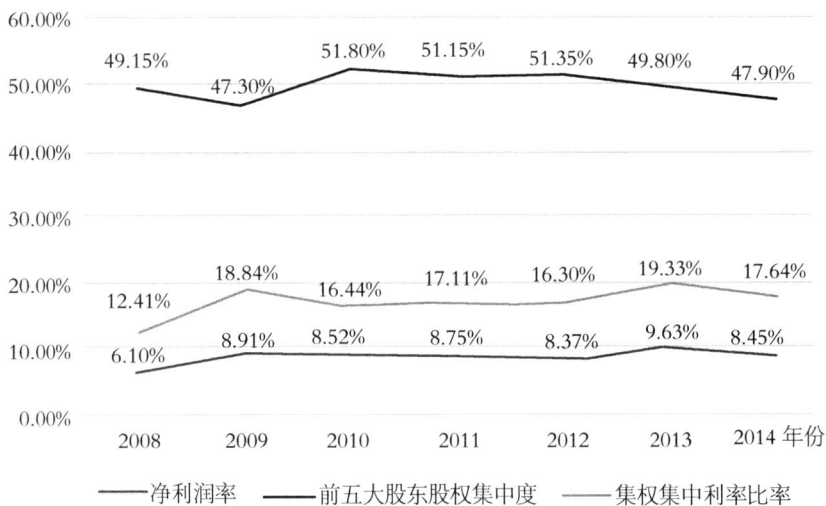

图 2-4 2008—2014 年上市公司净利润率、前五大股东股权集中度与集权集中利率比率趋势

（3）上市公司股权构成分析

根据上市公司不同背景的股东集团，本书对其进行分类：国有股、非国有股以及外资股。①国有股指国家股和国有法人股（见图 2-5）。国家股是指有权代表国家投资的机构或部门向股份公司出资形成或依法定程序取得的股份，在股份公司股权登记上记名为该机构或部门持有的股份。国有法人股是指具有法人资格的国有企业、事业单位及其他单位以其依法占有的法人资产向独立于自己的股份公司出资形成或依法定程序取得的股份，在股份公司股权登记上记名为该国有企业或事业单位及其他单位持有的股份。②非国有股是指我国境内的企业和事业单位、社会团体、个人以及机构等非国有成分的投资者持有的股份。③外资股是

指我国境外的投资者以外来资金对我国上市公司进行投资、购买等形成的股份，中国香港、澳门特别行政区等投资者对我国内地上市公司持有的股份也属于外资股份。

图2-5 2008—2014年大连市上市公司国有股、非国有股和外资股所持平均比例

大连市上市公司各类股东持股比例（本书只分析上市公司前五大股东持股比例，所有数据都摘自上市公司年报）分析如下：

①国有股在总股本中具有一定的优势。

从图2-5可以看出，国有股平均持股比例一直保持在16%以上，甚至在2009年达到最高23.79%，而有些上市公司（如大连华锐重工2011年）的国有股比例高达78.84%。2010年国有股比例突然下降，从2009年的23.79%直接落到2010年的19.93%，降低3.86个白分点。可能跟国家大范围实施股权分置改革有关，说明我国股权分置改革已经初见成效。2011—2014年，大连市上市公司国有股比例变化很小，但一直呈现微弱的卜降趋势，变化幅度不超过1%。总体来看，2008—2014年国有股比例呈现下降趋势，但均不低于15%，与其他国家的国有股比例相较而言，我国国有股"一股独大"的现象不容小觑。

国有股在我国上市公司的股权结构中占有非常重要的地位，我国上市公司的许多特点都与国有股密不可分。总体来看，已有的研究都对国有股在公司治理中的作用持负面态度。大连市上市公司也应该取长补短，尽力发挥国有股的真正作用。

②非国有股比例对上市公司的作用。

从图 2-5 可以看出，非国有股平均持有比重一直保持在 22% 以上，从整体来看呈上升态势。非国有股比例从 2008 年的 24.33% 上升至 2011 年的最高点 29.26%，随后有小幅下降，2014 年下降到 28.55%。历经 7 年时间，非国有股平均比重最高点为 29.26%，最低点为 22.27%，上下波动近 7 个百分点，足以说明我国上市公司已开始关注非国有成分股对上市公司治理、绩效等发挥的积极作用，同时意识到国有股"一股独大"的消极作用。另外，大连市上市公司一般法人股持股比例较低（这里的法人股不包括国有法人股）。在国有股东缺位严重，流通股东又难以参与企业管理的情况下，法人大股东可能成为事实上的经营者和内部人，他们更愿意付出较高的监督、管理成本，使其公司利益最大化。

③外资股比例很低。

从图 2-5 可以看出，大连市上市公司 2008—2014 年外资股平均持有比例从未超过 5%。大连市所有上市公司只有 7 家股份中包含外资，外资股持股比例最高达 56.68%（天神娱乐），最低点为零，很多上市公司并不注重外资。2009—2010 年外资股比例持续攀升。2011—2013 年外资股平均持股比例保持在 4.00% 左右，变化不大。但 2014 年外资股比例骤然下降 2.59%。

从大连市所有上市公司中，我们找出几家国有股比例较大的上市公司（如大连港、大连热电、铁龙物流等），其董事长、法人、总经理等重要职位往往由政府官员出任，造成对上市公司的不利影响。一般情况下，具有一定政府背景的官员并不一定具备有谋略的企业家的基本素质，不能保证更好地促进企业的长远发展。无论是国有企业还是非国有企业，其需要的不仅仅是一个领导，更重要的是一个拥有谋略和远见卓识、敢想敢干的企业家，能够敏锐地感受到资本市场等发生的变化，以作出应变之策。政府官员出任企业董事长，有时难以实时对市场变化作出应对之策，贻误战机，致使企业处于被动不利局面。

（4）总结

通过上述各项分析，可以得出以下结论：①大连市上市公司中第一大股东持股比例显著高于第二、三大股东，并且国有上市公司这一现象较私营上市公司更为突出。②存在这样一种普遍现象：大连市上市公司前五大股东几乎处于绝对控股的地位，前五大股东股权处于高度集中的地位。③受经济不景气等大环境的影响，大连市上市公司2014年的经营效益滑坡。④大连市多数上市公司控制权实际上仍为公司的少数高层管理人员所拥有，政府控制的痕迹明显。如何激励并约束管理人员、提高公司的治理绩效、保证中小股东的基本权益是我国上市公司面临的共同问题。

5. 大连市上市公司股权结构实证分析

实证分析的目的在于检验前述有关上市公司股权集中度、国有股成分以及资产周转率对公司经营绩效造成的正面或负面的影响。选取对大连市上市公司经营管理发挥重要作用的前五大股东国有股比例、前五大股东股权集中度与资产周转率作为考察对象。

（1）研究假设

依据前文的数据分析，提出下列假设：

H_1：上市公司中国有股所占比例越大，公司经营业绩越差。

H_2：上市公司前五大股东股权集中度越高，企业经营业绩越差。

H_3：公司资产周转率越高，经营业绩越好。

（2）建立模型

①变量 Y（净资产收益率，return of equity，ROE）=公司各年净利润/各年股东权益总额×100%。该指标能够更确切地表示公司的经营业绩，并且具有很强的综合性。

②自变量 X_1（国有股比例），数据来自各公司年报。该指标表示公司股权结构因素对公司经营业绩的影响。

自变量 X_2（前五大股东股权集中度）表示前五大股东享有的控制权对公司经营业绩的影响。

X_2=大连市所有上市公司每年前五大股东持股比例之和/上市公司总个数×100%

自变量 X_3（资产周转率）表示资产是否得到充分利用对企业经营业绩的影响。

X_3=营业收入/期末总资产平均余额

③样本选取。选取大连市 25 家上市公司作为研究样本，以其 2008—2014 年年报中的数据为依据，依次获取这 25 家上市公司的净利润率、国有股比例、股权集中度、资产周转率数据。

④建立多元线性回归方程。

$$Y = \beta_0 + \beta_1 \cdot X_1 + \beta_2 \cdot X_2 + \beta_3 \cdot X_3 + \varepsilon$$

⑤分析过程和分析结果。

本书采用 SPSS 软件作为分析工具，将上述数据输入 SPSS 软件中进行多元线性回归分析，输出结果如表 2-1 和表 2-2 所示。

表 2-1　　　　　　　　　　　回归模型（一）

模型		平方和	df	均方	F	Sig.
1	回归	9.340	3	3.113	1.975	0.175
	残差	4.729	3	1.576		
	总计	14.069	6			

注：（1）因变量：Y。（2）预测变量：（常量），X_1，X_2，X_3。

表 2-2　　　　　　　　　　　变量系数（一）

模型		非标准化系数		标准系数	t	Sig.
		B	标准误差	试用版		
1	（常量）	23.384	22.527		1.038	0.376
	X_1	−0.768	0.393	−1.459	−1.955	0.146
	X_2	−0.357	0.509	−0.410	−0.703	0.233
	X_3	0.437	0.284	1.098	1.540	0.221

注：（1）因变量：Y。（2）回归方程：$Y=23.384-1.459X_1-0.41X_2+1.098X_3$。

分析：

变量 X_1（国有股比例）对公司经营业绩的影响与原假设相符，即公司中国有股所占比例与公司经营业绩负相关，国有股所占比例越大，公司的经营业绩越差。这就要求公司在可能的情况下尽量减少国有股比例，以提高公司经营业绩。H_1得到验证。

变量X_2（前五大股东股权集中度）对公司经营业绩的影响与原假设相符，即公司前五大股东股权集中度越高，公司的经营业绩越差。这就要求公司尽量减少大股东的持股比例，以免公司被某几个股东完全控制，独断专行，造成不良后果。H_2得到验证。

变量X_3（资产周转率）对公司经营业绩的影响与原假设相符，即公司资产周转率越高，公司的经营业绩越好。因此，公司应该尽可能提高资产利用率。H_3得到验证。

2.2.2 沈阳市上市公司

1. 样本数据的选择

截至2014年年底，沈阳市上市公司共有22家，均为A股上市公司。本书选择了发行A股的22家公司，用其2008—2014年披露的财务数据进行分析（见图2-6）。

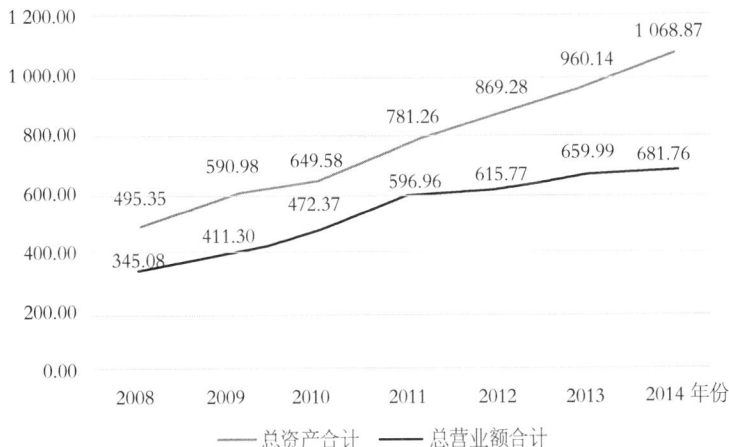

图2-6　2008—2014年沈阳市22家上市公司总资产和总营业额（单位：亿元）

2. 沈阳市上市公司财务状况分析

从图2-6可以看出，沈阳市22家上市公司总资产数额呈直线上升，2009—2014年每年总资产增加绝对数分别是95.63亿元、58.6亿元、131.68亿元、88.02亿元、90.86亿元、108.73亿元，增幅分别是

19.31%、9.92%、20.27%、11.27%、10.45%、11.32%。2011 年沈阳市上市公司总资产增量较大，因为金山能源股份当期投入了大约 57 亿元资产。上市公司总营业额整体逐渐增加，尤其是 2011 年营业额绝对数增加 124.59 亿元，增幅达到 26.38%。2013 年、2014 年总营业额增长放缓，仅分别实现 7.18%、3.30%的增长速度。总体看来，沈阳市 22 家上市公司的营业收入总额实现持续增长的趋势。与大连市 25 家上市公司相比，沈阳市上市公司的总资产仅仅为大连市的 30%左右，但营业额占据大连市总营业额的 45%左右，说明沈阳市上市公司经营效益优于大连市。

3. 上市公司股东持股情况

截至 2014 年年底，沈阳市 22 家上市公司中的第一大股东持股比例超过 51%的有 1 家，占上市公司总数的 4.5%；持股比例超过 40%低于 51%的有 5 家，占 22.73%；持股比例超过 30% 低于 40%的有 6 家，占 27.27%；持股比例超过 20%低于 30%的有 6 家，占 27.27%；持股比例低于 20%的有 4 家，占 18.18%。第一大股东持股比例超过 60%的 1 家上市公司（出版传媒）是国有企业。

前两大股东持股比例超过 51%的有 5 家，占沈阳市上市公司总数的 22.73%；持股比例超过 40%低于 51%的有 6 家，占 27.27%；持股比例超过 30%低于 40%的有 8 家，占 36.36%；持股比例低于 30%的有 3 家，占 13.64%。前两大股东持股比例超过 40%的达 11 家，占沈阳市上市公司总数的 50%。有近 23%的上市公司前两大股东在企业股权结构中处于重要地位，这意味着中国上市公司股权结构中大股东对企业治理有着举足轻重的影响。

前五大股东持股比例超过 51%的有 9 家，占沈阳市上市公司总数的 40.91%；持股比例超过 40% 低于 51%的有 7 家，占 31.82%；持股比例超过 30%低于 40%的有 5 家，占 22.73%；持股比例低于 30%的有 1 家，占 4.50%。前五大股东持股比例超过 40%的上市公司达 16 家，占沈阳市上市公司总数的 72.73%。沈阳市上市公司中的近 42%前五大股东在企业股权结构中处于决策地位，充分体现了我国上市公司股权比较集中的特点。

4.上市公司股权结构分析

（1）上市公司股权集中度分析

从图 2-7 中可以看出，沈阳市 22 家 A 股上市公司前五大股东平均持股比例保持在 49% 以上，大多数年份都一度超过 50%，如 2008 年、2009 年。相应地，其第一大股东平均持股比例大概在 34% 左右。很明显，沈阳市的上市公司，无论是国有企业还是非国有企业，股权结构显示出高度集中性。第一大股东持股比例远远高于第二、三大股东，处于核心地位。沈阳市 22 家上市公司第一大股东持股比例在 2009 年有一个转折点，第一大股东持股比例均值在 2009 年较 2008 年上升 0.54 个百分点，随后直到 2014 年年末，第一大股东持股比例持续下降，最终降到 32.21%。

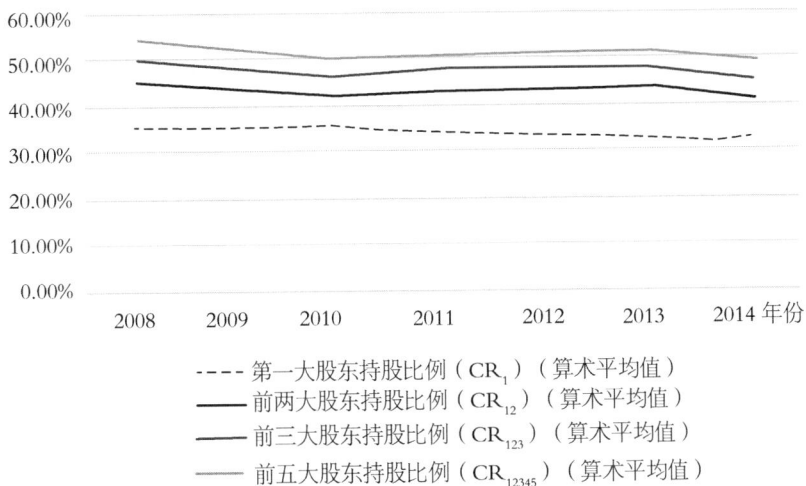

图 2-7　2008—2014 年沈阳上市公司各股东持股比例均值

无论是第一大股东持股比例均值、前三大股东的持股比例均值，还是前五大股东的持股比例均值，都在 2008 年前后达到最高峰，2014 年前后达到最低值。2008—2014 年，前五大股东的持股比例从 2008 年的 54.70% 下降到 2014 年的 49.80%，下降幅度为 4.9%。以上研究数据表明，沈阳市上市公司大股东持股比例在逐年下降，上市公司第一大股东持股比例显著高于其他前五大股东，意味着大多数上市公司第一大股东掌握公司的控制权。

前 N 大股东持股比例在最大值与最小值之间跌宕起伏。2011 年，荣科科技前五大股东持股比例总值达 98.74%，股权高度集中于前五大股东手中。2014 年前五大股东持股比例最小值为 14.85%，股权相当分散。

（2）上市公司集权集中利率比率分析

公式说明：

净利润合计＝∑沈阳市22家上市公司本期净利润

营业额合计＝∑沈阳市22家上市公司本期营业额

净利润率＝净利润合计/营业额合计×100%

集权集中利率比率＝净利润率/前五大股东股权集中度×100%

从图 2-8 中可以看出，沈阳市上市公司净利润率与集权集中利率比率呈同方向变动，而与前五大股东股权集中度呈反方向变动。沈阳市上市公司较大连市上市公司股权更加集中，前五大股东股权集中度高达 55% 左右，而相应的净利润率要明显低于大连市上市公司，均保持在 5% 以下。前五大股东对公司享有完全的控制权。"一股独大"必将导致企业效益不高。上述研究表明，沈阳市上市公司股权集中度越高，净利润越低，越不利于公司的可持续发展；反之亦然。

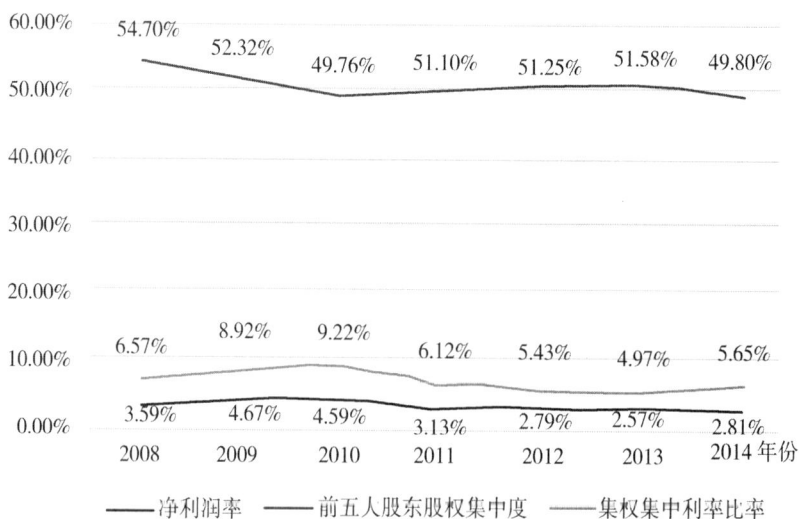

图 2-8　2008—2014 年沈阳市上市公司净利润率、前五大股东股权集中度与集权集中利率比率趋势

（3）上市公司股权构成分析

沈阳市上市公司各类股东持股比例（本书只分析上市公司前五大股东持股比例）见图2-9。

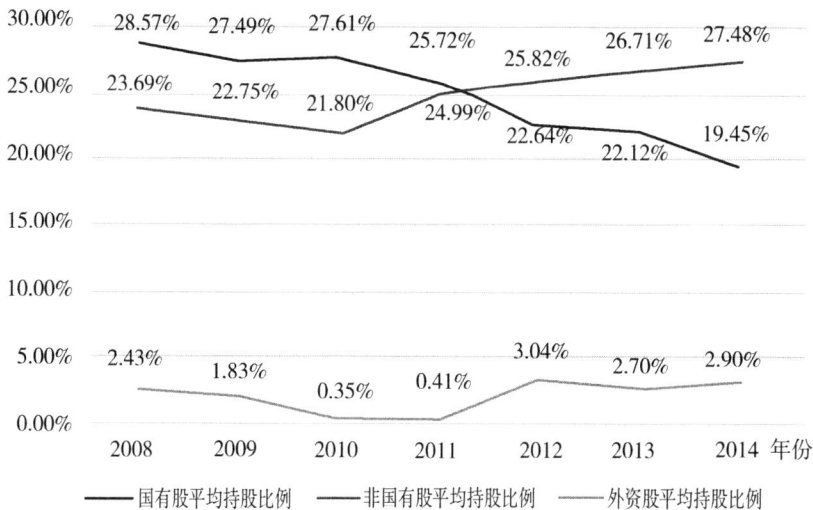

图2-9　沈阳市上市公司国有股、非国有股及外资股平均持股比例

①国有股在总股本中具有相当比例的优势。沈阳市上市公司国有股平均持股比例一直在下降。2011年之前，沈阳市上市公司国有股"一股独大"现象非常明显，有些上市公司2008年国有股比例为74.59%。2011年之后，非国有股平均比例超过国有股平均比例，可能跟国家大范围实施股权分置改革有关。国有股平均比例一度跌破25%，甚至在2014年跌破20%，降至最低点19.45%。总体看来，沈阳市上市公司国有股平均比例呈现降低趋势，2008—2014年共下降了9.12个百分点。

②非国有股比例对上市公司的作用。非国有股平均持股比例先是小幅下降，后大幅上升。2008—2010年，非国有股平均比例下降1.89%，2011—2014年上升2.49%。历经7年时间，非国有股平均比例最低点为21.80%，最高点为27.48%，变化幅度并不算大，但整体看来，非国有股平均比例持续上升。沈阳市上市公司已开始关注非国有成分股对上市公司治理绩效等发挥的积极作用，同时意识到国有股"一股独大"的消

极作用。非国有成分股在企业发展中能够起到真正的管理者作用,对企业发展至关重要。

③外资股比例很低。沈阳市上市公司 2008—2014 年外资股平均持股比例从未超过 4%,仅有 8 家上市公司股权结构中含有外资,并且其中几家上市公司的外资股平均持股比例仅仅占 1%以下。沈阳市上市公司吸引外资的能力较弱。

(4)总结

①沈阳市上市公司中第一大股东持股比例显著高于第二、三大股东,并且始终占据总股本的 1/3。2014 年沈阳市所有上市公司第一大股东控制了 344.28 亿元,占据总资产的 32.21%;前五大股东控制了 532.3 亿元,占据总资产的 49.8%。

②大多数上市公司都存在相对或者绝对控股的股东,只有个别上市公司,如银基烯碳新材料等,前五大股东股权处于相对分散的地位。

③沈阳市上市公司国有股比例较大,股权集中度高,国有企业或国有控股企业相互之间交叉持股较少。

基于以上数据分析,其基本结论是:沈阳市上市公司前五大股东持股比例高于大连市。另外,沈阳市上市公司国有股成分要高于大连市,且上市公司净利润率也低于大连市。因此,可以说,沈阳市上市公司国有股成分较高,公司经营绩效较差。公司治理是影响沈阳市上市公司发展的最大瓶颈。

5.沈阳市上市公司股权结构实证分析

上述"国有成分较高,公司经营绩效较差"的结论只是从定性研究中得出,本书试图通过统计学上的分析来验证上述结论。与上文相同,选取对沈阳市上市公司经营管理发挥重要作用的国有股比例、前五大股东股权集中度与资产周转率作为考察对象。

(1)研究假设

依据前文的分析,提出下列假设:

H_1:沈阳市上市公司中国有股所占比例越大,公司经营业绩越差。

H_2:沈阳市上市公司前五大股东股权集中度越高,公司经营业绩越差。

H_3: 公司资产周转率越高,公司经营业绩越好。

（2）建立模型

①因变量 Y（净资产收益率）。

Y＝公司各年净利润/各年股东权益总额×100%

②自变量 X_1（国有股所占比例），表示公司股权结构因素对公司经营业绩的影响。

自变量 X_2（前五大股东股权集中度）表示前五大股东享有的控制权对公司经营业绩的影响。

X_2＝沈阳市所有上市公司前五大股东持股比例之和/上市公司总个数×100%

自变量 X_3（资产周转率）表示资产是否得到充分利用对公司经营业绩的影响。

X_3＝营业收入/期末总资产平均余额

③样本选取。选取沈阳市 22 家上市公司作为研究样本，以其 2008—2014 年年报中的数据为依据，依次获取这 22 家上市公司的净利润率、国有股比例、股权集中度、资产周转率数据。

④建立多元线性回归方程。

$Y = \beta_0 + \beta_1 \cdot X_1 + \beta_2 \cdot X_2 + \beta_3 \cdot X_3 + \varepsilon$

⑤分析过程和分析结果。

本书采用 SPSS 软件作为分析工具，将上述各期数据输入 SPSS 软件中进行多元线性回归分析，输出结果如表 2-3 和表 2-4 所示。

表 2-3　　　　　　　　　　回归模型（二）

模型		平方和	df	均方	F	Sig.
1	回归	11.940	3	3.980	8.095	0.050
	残差	1.475	3	0.492		
	总计	13.415	6			

注：（1）因变量：Y。（2）预测变量：（常量），X_3，X_2，X_1。

表 2-4   变量系数（二）

模型		非标准化系数		标准系数	t	Sig.
		B	标准误差	试用版		
1	（常量）	28.647	12.906		2.220	0.113
	X_1	0.520	0.121	1.194	4.301	0.023
	X_2	−0.618	0.229	−0.697	−2.700	0.074
	X_3	0.037	0.068	0.130	0.545	0.024

注：（1）因变量：Y。（2）回归方程：$Y = 28.647 + 1.194X_1 - 0.697X_2 + 0.13X_3$。

分析：

变量 X_1（国有股所占比例）对公司经营业绩的影响与原假设不相符。分析原因，其一，本书的研究是建立在上市公司能够提供真实有效信息的基础上的，但事实上中国上市公司造假现象严重，其提供的信息并不完全真实可靠，给模型估计带来偏差。其二，由于 2008—2012 年是实施股权分置改革进程的 5 年，成效并不那么明显。当时国有股比例依然比较高，同时国内经济形势比较乐观，因此在国有股比例较大的情况下，取得了较好业绩。2013—2014 年，股权分置改革已显成效，部分国有股等非流通股份逐步退出资本市场。但由于经济形势衰落，受市场大环境影响，其上市公司的经济效益也出现滑坡。因此，出现这样的情况，跟市场大环境联系紧密。H_1 未得到验证。

变量 X_2（前五大股东股权集中度）对公司经营业绩的影响与原假设相符，即公司前五大股东股权集中度越高，公司的经营业绩越差。这就要求公司尽量减少大股东的持股比例，以免公司被某几个股东完全控制，独断专行，造成不良后果。H_2 得到验证。

变量 X_3（资产周转率）对公司经营业绩的影响与原假设相符，即公司资产周转率越高，公司的经营业绩越好。因此，公司应该尽可能提高企业资产周转率。H_3 得到验证。

2.2.3 辽宁省总结

截至 2014 年年底，辽宁省上市公司共 72 家，大连市 25 家（不包括两家 B 股上市公司），沈阳市 22 家（不包括一家*ST 松辽汽车），大连、沈阳两市的上市公司占辽宁省所有上市公司的 65.28%，具有代表性。因此，我们以大连市与沈阳市股权集中度数据来代表辽宁省股权集中度状况。

股权结构和企业绩效之间存在十分密切的关系，股权结构的合理安排在很大程度上影响企业绩效。所以，要改善公司现状，提高公司管理效率，其必要前提是优化上市公司股权结构。综合大连、沈阳两市上市公司财务指标、股权集中度、股权构成情况来看，其股权集中度比较高，国有股比例也很高，因此对应的企业绩效，相比较于上海市、深圳市等的上市公司，非常不乐观。

2.3 吉林省上市公司股权结构分析

对于吉林省上市公司来说，由于长春市、吉林市上市公司数量多，数据比较齐全，所以我们选取这两个城市作为吉林省的代表。

2.3.1 长春市上市公司

1. 样本数据的选择

截至 2014 年年底，长春市上市公司共有 22 家，均为 A 股上市公司。本书选择了长春市发行 A 股的 22 家公司，用其 2008—2014 年披露的财务数据进行分析（见图 2-10）。

2. 长春市上市公司财务状况分析

长春市 22 家上市公司总资产数额持续增长，2009—2014 年总资产额分别增长 317.12 亿元、267.57 亿元、75.51 亿元、194.03 亿元、325.58 亿元、333.42 亿元，增长幅度分别是 50.25%、28.22%、6.21%、15.03%、21.92%、18.41%。很明显，在 2009 年、2010 年，长春市上市公司总资产数额增长速度很快。2008—2014 年长春市上市公司总资产

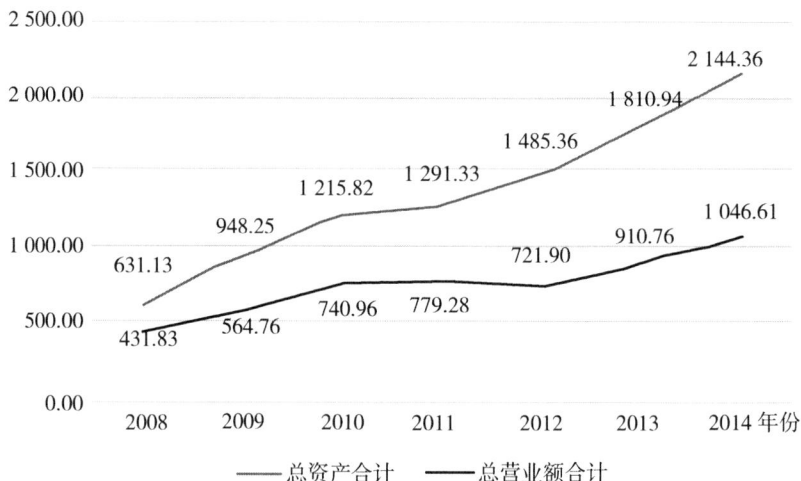

图 2-10　2008—2014 年长春市 22 家上市公司总资产和总营业额（单位：亿元）

共增加 1 513.23 亿元，增长幅度达 240%。2008—2011 年长春市 22 家上市公司总营业额持续攀升，2009 年、2010 年营业额增速明显高于 2011 年。另外，由于 2012 年一汽轿车股份公司营业额下降近 93 亿元，迅速拉低整体上市公司总营业额。随后，2013 年、2014 年长春市上市公司营业额又逐渐升高，至 2014 年年末，达到峰值 1 046.61 亿元。2008—2014 年长春市上市公司各年的总资产周转率均保持在 50% 左右，该比率不高，说明资产未能充分利用，资产管理效率不高，会影响企业整体业绩。

3. 上市公司股东持股分析

截至 2014 年年底，在长春市 22 家上市公司中，第一大股东持股比例超过 51% 的有 4 家，占上市公司总数的 18.18%；第一大股东持股比例超过 40% 低于 51% 的有 5 家，占 22.73%；第一大股东持股比例超过 30% 低于 40% 的有 4 家，占 18.18%；第一大股东持股比例超过 20% 低于 30% 的有 5 家，占 22.73%；第一大股东持股比例低于 20% 的有 4 家，占 18.18%。第一大股东持股比例超过 60% 的有 1 家（顺发恒业），是民营企业。上述数据表明，上市公司有近 20% 的第一大股东在企业股权结构中处于绝对控股地位。

前两大股东持股比例超过 51% 的有 9 家，占长春市上市公司总数的

40.91%；持股比例超 40%低于 51%的有 4 家，占 18.18%；持股比例超过 30%低于 40%的有 2 家，占 9.09%；持股比例低于 30%的有 7 家，占 31.82%。前两大股东持股比例超过 40%的上市公司达 13 家，占长春市上市公司总数的 59.09%。数据表明，有超过 40%的上市公司前两大股东在企业股权结构中处于强势地位，这意味着中国上市公司股权结构中大股东对企业治理有着举足轻重的影响。

前五大股东持股比例超过 51%的有 12 家，占长春市上市公司总数的 54.55%；持股比例超过 40%低于 51%的有 3 家，占 13.64%；持股比例超过 30%低于 40%的有 3 家，占 13.64%；持股比例低于 30%的有 4 家，占 18.18%。前五大股东持股比例超过 40%的上市公司达 15 家，占长春市上市公司总数的 68.18%。这表明，在长春市上市公司中，有近 55%的上市公司前五大股东在企业股权结构中处于决策地位，充分体现了我国上市公司股权比较集中的特点。

4.上市公司股权结构分析

（1）上市公司股权集中度数据

从图 2-11 中可以看出，长春市 22 家 A 股上市公司前五大股东平均持股比例保持在 44%以上，一直低于 50%，直到 2014 年升至 50.35%。相应地，其第一大股东平均持股比例大概在 32%左右。很明显，长春市的上市公司，无论是国有企业还是非国有企业，股权结构总体情况属于较高程度的相对集中型，前五大股东对公司拥有较大的控制权。长春市 22 家上市公司第一大股东、前两大股东、前三大股东及前五大股东持股比例在 2008—2014 年期间走势大致趋同，即 2009 年第一大股东、前两大股东、前三大股东及前五大股东持股比例明显上升一大截，可能因为顺发恒业有限公司的第一大股东持股比例由 2008 年国有法人持有股权的 14.35%上升至 2009 年一般法人持有股权的 73.65%。

2009—2013 年，各大股东持股比例均在缓慢下降，这可能与国家实行股权分置改革有密切关系。但 2014 年前后，第一大股东、前两大股东、前三大股东及前五大股东持股比例又有上升的趋势。由于长春市 2014 年一家新上市公司——长春迪瑞医疗科技公司第

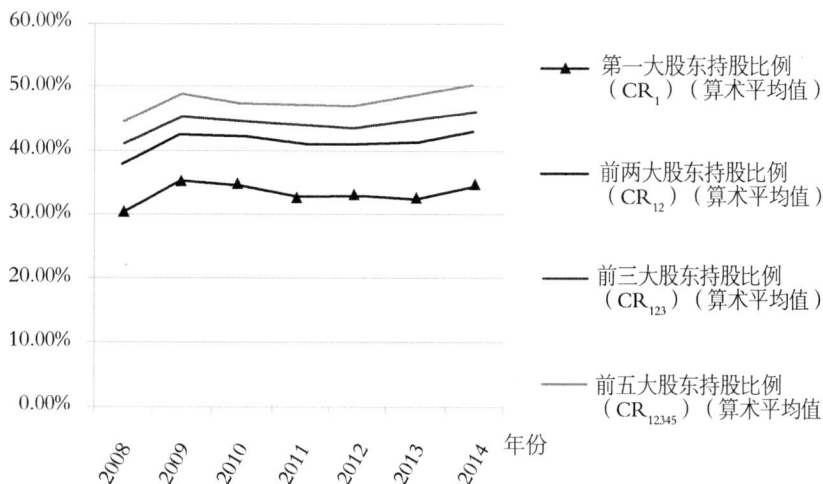

图 2-11 2008—2014 年长春市上市公司各股东持股比例均值

一大股东持有 53.80%的股权，第一大股东持股比例占有该公司全部
股权的一大半，因此拉高了整体上市公司前五大股东的持股比例
均值。

　　长春市上市公司各大股东持股比例最大值和最小值相差悬殊，最
大值在 2009 年甚至高达 97.98%，最小值为 13.26%，差值为 84.72%。
这说明，2008—2014 年长春市上市公司股权结构相当不均衡，有些是
完全控股公司，有些股权比较分散。整体来看，长春市上市公司前五
大股东持股比例均值徘徊在 48%左右，几乎达到整个长春市上市公司
股权市场的一半，意味着前五大股东在企业中拥有控制权，处于垄断
地位。

　　（2）上市公司集权集中利率比率分析

　　公式说明：

净利润合计=∑长春市22家上市公司本期净利润

营业额合计=∑长春市22家上市公司本期营业额

净利润率=净利润合计/营业额合计×100%

集权集中利率比率=净利润率/前五大股东股权集中度×100%

　　从图 2-12 中可以看出，长春市上市公司净利润率与集权集中利率

比率依然呈同方向变动，但与前五大股东股权集中度呈反方向变动的趋势有些例外。特别是长春市上市公司在2009年当期股权集中度较高，但净利润很明显也在增高，因为当年一汽轿车、吉林亚泰两家公司净利润几乎飙升50%以上，导致净利润率上升较多。可以看出，长春市上市公司的股权集中度与大连市几乎相当，但长春市的净利润率、集权集中利率比率明显低于大连市，究其原因是长春市上市公司国有股比例过高。因此，股权集中度较高、国有股比例过高都会影响公司运营效益，降低净利润。

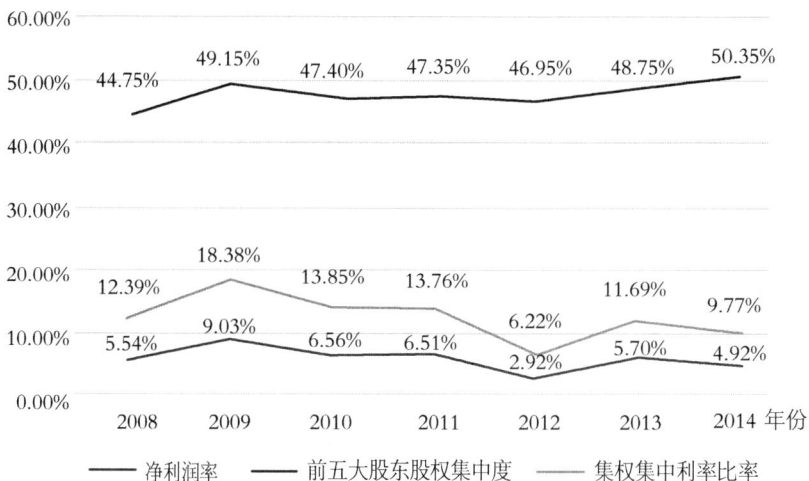

图2-12　2008—2014年上市公司净利润率、前五大股东股权集中度与集权集中利率比率趋势

（3）上市公司股权构成分析

本书只分析长春市上市公司前五大股东持股比例（见图2-13），所有数据都摘自上市公司年报。

①国有股在总股本中具有相当大的优势。长春市上市公司国有股平均持股比例始终高于非国有股，甚至在2011年国有股平均持股比例比非国有股高16.56%，并且当时有些上市公司（如吉视传媒）的国有股比例几乎达到70%，处于垄断地位。这说明长春市上市公司国有股在公司治理过程中占有绝对的优势。2008—2011年，国有股比例持续上升，增加了4.43个百分点。2011—2014年，国有股比例缓慢下降，直

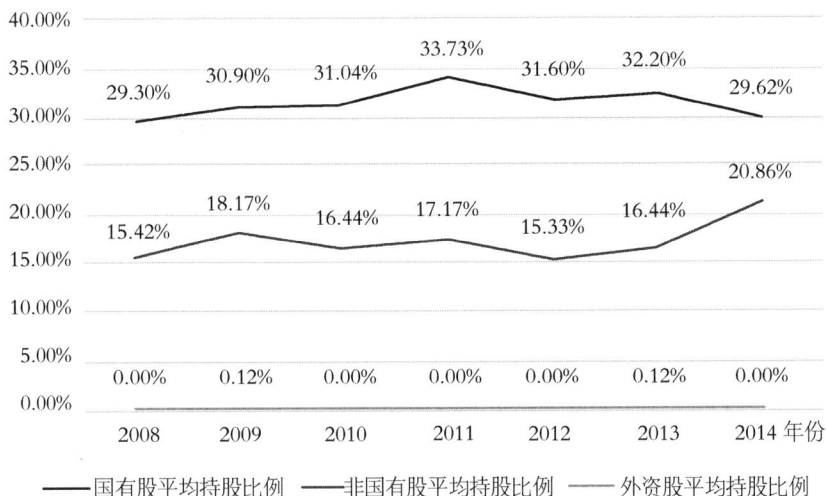

图 2-13 2008—2014 年长春市上市公司国有股、非国有股及外资股比例

到 2014 年国有股比例降至 29.62%（与 2008 年几乎持平）。也就是说，2011 年长春市上市公司平均国有股比例达到峰值，为 33.36%。国有股"一股独大"现象在长春市上市公司中表现得相当明显，政府对上市公司的干预行为过多，可能导致企业发展的不平衡、效益差。

②非国有股比例对上市公司的作用。长春市上市公司前五大股东非国有股平均比例大都不超过 21%，仅在 2014 年迅速增长至 20.86%，历经 7 年，非国有股平均比例达到最大值。但相对于大连市、沈阳市的上市公司来说，长春市上市公司非国有股比例更低，企业管理效率低下。长春市上市公司非国有股比例在 2008—2014 年持续上升—下降—上升—下降的循环趋势，但变化幅度并不大。从 2014 年的走势来看，长春市上市公司非国有股比例逐渐被重视。由于国有股法人主体缺位，不能有效管理企业，一般法人股东或机构投资者才是企业真正的管理者。

③外资股比例很低。长春市上市公司 2008—2014 年外资股平均持有比重从未超过 1%。长春市仅有 2 家上市公司的股权结构中含有外资，并且外资比例均在 1% 以下。从前五大股东持股比例看，长春市上市公司国有股比例几乎占据 70%，非国有成分占 30%，外资股可以忽略不计。长春市上市公司的股权结构高度集中，造成管理主体缺失，企业发展滞后。

（4）总结

通过上述各项分析，可以得出以下结论：①长春市上市公司中第一大股东持股比例显著高于第二、三大股东，并且国有上市公司这一现象较非国有上市公司更为突出。②存在这样一种普遍现象：长春市上市公司前五大股东几乎均处于绝对控股的地位，只有个别上市公司，如东北证券、吉林亚泰等，前五大股东股权处于相对分散的地位。③长春市上市公司国有股平均持有比重较大，明显高于大连市、沈阳市。这说明长春市国有股"一股独大"现象较为严重，政府干预行为较多，对企业发展造成一定程度的不利影响。

5.长春市上市公司股权结构实证分析

与前面相同，选取对长春市上市公司经营管理发挥重要作用的国有股比例、前五大股东股权集中度与资产周转率作为考察对象。

（1）研究假设

依据前文的分析，提出下列假设：

H_1：长春市上市公司中，国有股所占比例越大，公司经营业绩越差。

H_2：长春市上市公司前五大股东的股权集中度越高，企业经营业绩越差。

H_3：公司资产周转率越高，经营业绩越好。

（2）建立模型

①因变量 Y（净资产收益率）=公司各年净利润/各年股东权益总额×100%。

②自变量 X_1（国有股所占比例），表示公司股权结构因素对公司经营业绩的影响。

自变量 X_2（前五人股东股权集中度）表示前五人股东享有的控制权对公司经营业绩的影响。

X_2=长春市所有上市公司前五大股东持股比例之和/上市公司总个数×100%

自变量 X_3（资产周转率）表示资产是否得到充分利用对企业经营业绩的影响。

X_3=营业收入/期末总资产平均余额

③样本选取。选取长春市 22 家上市公司作为研究样本，以其 2008—2014 年年报中的数据为依据，依次获取这 22 家上市公司的净利润率、国有股比例、股权集中度、资产周转率数据。

④建立多元线性回归方程：

$$Y = \beta_0 + \beta_1 \cdot X_1 + \beta_2 \cdot X_2 + \beta_3 \cdot X_3 + \varepsilon$$

⑤分析过程和分析结果。采用 SPSS 软件作为分析工具，将上述数据输入 SPSS 软件中进行多元线性回归分析，输出结果如表 2-5 和表 2-6 所示。

表 2-5　　　　　　　　　　回归模型（三）

模型		平方和	df	均方	F	Sig.
1	回归	67.877	3	22.626	88.077	0.002
	残差	0.771	3	0.257		
	总计	68.648	6			

注：（1）因变量：Y。（2）预测变量：（常量），X_3，X_2，X_1。

表 2-6　　　　　　　　　　变量系数（三）

模型		非标准化系数		标准系数	t	Sig.
		B	标准误差	试用版		
1	（常量）	−79.136	8.028		−9.857	0.002
	X_1	0.524	0.138	0.235	3.786	0.032
	X_2	−0.941	0.122	−0.503	7.721	0.005
	X_3	0.437	0.027	1.055	16.006	0.001

注：（1）因变量：Y。（2）回归方程：$Y = -79.136 + 0.235X_1 - 0.503X_2 + 1.055X_3$。

分析：

变量 X_1（国有股所占比例）对公司经营业绩的影响与原假设不相符。由于 2008—2012 年是实施股权分置改革进程的 5 年，成效并不那么明显。当时国有股比例依然比较高，同时国内经济形势比较乐观，因此在国有股比例较大的情况下取得了较好的业绩。2013—2014年，股权分置改革已显成效，部分国有股等非流通股股份逐步退出资本市场。但由于经济形势衰退，受市场大环境影响，其上市公司的经济效益也出现滑坡，因此出现这样的情况。长春市与沈阳市状况相类似，跟市场大环境联系紧密。H_1未得到验证。

变量X_2（前五大股东股权集中度）对公司经营业绩的影响与原假设相符，即公司前五大股东股权集中度越高，公司的经营业绩越差，这就要求公司尽量减少大股东的持股比例，以免公司被某几个股东完全控制，独断专行，造成不良后果。H_2得到验证。

变量X_3（资产周转率）对公司经营业绩的影响与原假设相符。因此，公司应该尽可能提高企业资产利用率。H_3得到验证。

2.3.2 吉林市上市公司

1. 样本数据的选择

截至2014年年底，吉林市上市公司共有7家，均为A股上市公司。本书选择了吉林市发行A股的7家公司，用其2008—2014年披露的财务数据进行分析（见图2-14）。

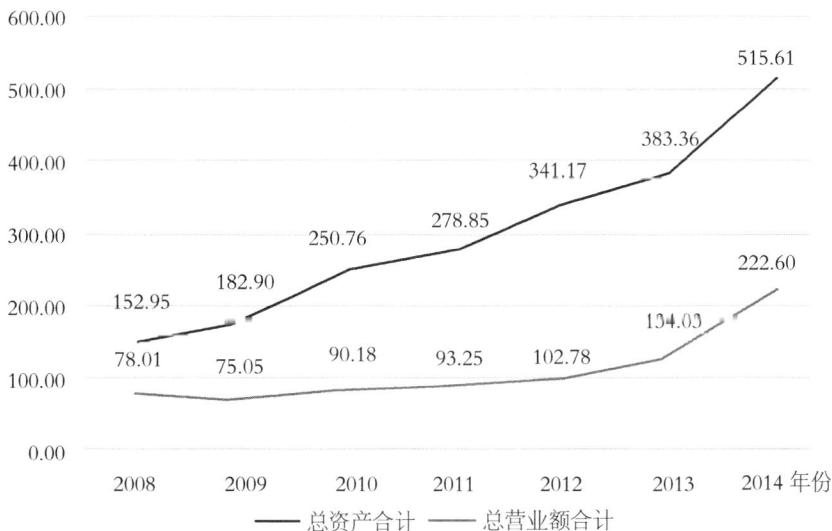

图2-14 2008—2014年吉林市7家上市公司总资产和总营业额（单位：亿元）

2. 吉林市上市公司财务状况分析

吉林市 7 家上市公司总资产数额持续增长，尤其是在 2014 年，总资产和总营业额都大幅增长，原因在于中钢国际工程技术股份有限公司在 2014 年投入将近 86 亿元资产，同时当年实现 110.61 亿元的营业收入，足足占据吉林市所有上市公司总营业额的一半，对整个市场有着举足轻重的作用。2008—2014 年，吉林市上市公司总资产保持着稳步增长的态势，年增长幅度均大于 10%，直到 2014 年实现总资产额 515.61 亿元的规模。吉林市上市公司总资产从 2008 年的最低点 152.95 亿元，升至 2014 年的最高点 515.61 亿元，增量为 362.69 亿元。从图 2-14 中看出，上市公司总营业额整体看来是稳步增加的，但在 2009 年，由于对吉林市整体市场有重大影响的中钢国际有限公司经营收入大幅下降，2009 年总体营业收入实现负增长。此后直到 2014 年，吉林市上市公司的总体营业额逐步攀升，尤其是在 2014 年实现跨越式增长，营业额增长了 88.57 亿元，增长率达 66%。

3. 上市公司股东持股情况

截至 2014 年年底，吉林市的 7 家上市公司中，第一大股东持股比例超过 40% 的有 0 家，这说明吉林市上市公司股东持股比例集中度不太高；持股比例超过 30% 低于 40% 的有 2 家，占吉林市上市公司总数的 28.57%；持股比例超过 20% 低于 30% 的有 3 家，占 42.86%；持股比例低于 20% 的有 2 家，占 28.57%。吉林市上市公司第一大股东持股比例均不超过 40%。

前两大股东持股比例超过 51% 的有 1 家，占吉林市上市公司总数的 14.29%；持股比例超过 40% 低于 51% 的有 2 家，占 28.57%；持股比例超过 30% 低于 40% 的有 1 家，占 14.29%；持股比例低于 30% 的有 3 家，占 42.86%。前两大股东持股比例超过 40% 的吉林市上市公司达 3 家，占吉林市上市公司总数的 42.86%。这表明有近 15% 的上市公司前两大股东在企业股权结构中处于控股地位，中国上市公司股权结构中大股东对企业治理有着举足轻重的影响。

前五大股东持股比例超过 51% 的有 3 家，占吉林市上市公司总数的 42.86%；持股比例超过 40% 低于 51% 的有 1 家，占 14.29%；持股比

低于 40% 的有 3 家，占 42.86%。前五大股东持股比例超过 40% 的达
4 家，占吉林市上市公司总数的 57.14%。这表明有近 43% 的吉林市
上市公司前五大股东在企业股权结构中处于决策地位，充分体现了
我国上市公司股权比较集中的特点。但是就第一股东、前两大股东
来看，与大连市的上市公司相比，吉林市上市公司股权集中程度相
对较低。

4. 吉林市上市公司股权结构分析

（1）吉林市上市公司股权集中度数据

从图 2-15 中可以看出，吉林市 7 家 A 股上市公司前五大股东平均
持股比例保持在 36% 以上，并且一直低于 45%。相应地，其第一大股东
平均持股比例大概在 25% 左右。与大连市、沈阳市、长春市对比，
吉林市上市公司前五大股东持股较少，股权结构总体情况仍属于相
对集中型，前五大股东对公司拥有一定的控制权。吉林市 7 家上市
公司的第一大股东、前两大股东、前三大股东及前五大股东持股比
例在 2008—2014 年期间走势大致趋同，即 2008—2012 年第一大股
东、前两大股东、前三大股东及前五大股东持股比例平稳下降，
2013 年前后持股比例陡然上升，2014 年各大股东持股比例又猛然下
降。2013 年，由于江苏金浦集团有限公司陆续买入吉林金浦钛业股
份公司 46.16% 的股权，成为吉林金浦钛业股份公司的第一大股东，

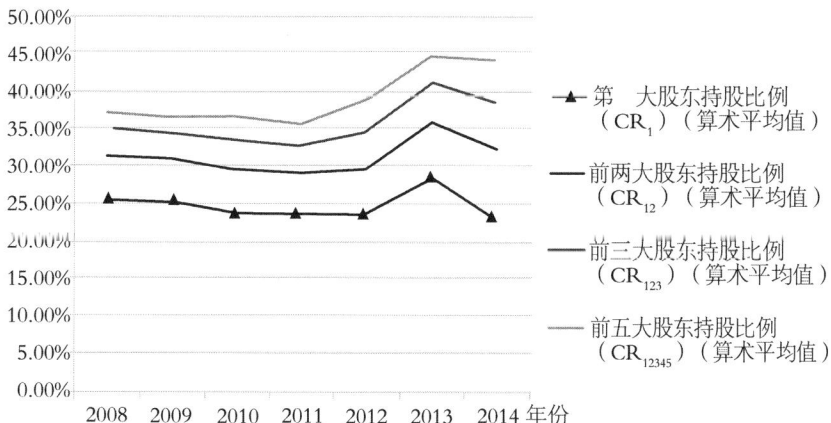

图 2-15　2008—2014 年吉林市 7 家上市公司各股东持股比例均值

较 2012 年第一大股东的持股比例上升 26.97%。同期苏宁环球股份有限公司的第一大股东持股比例较 2012 年也上升较大。2008—2014 年，第一大股东的持股比例最大值为 28.39%，最小值为 22.99%，上下波动 5.4 个百分点。吉林市上市公司前五大股东持股比例均不低于 35%，最大值达到 45%，表明前五大股东在公司发展中处于决策地位。以上研究数据表明，吉林市上市公司前五大股东持股比例波动幅度较大，不稳定。

（2）吉林市上市公司集权集中利率比率分析

公式说明：

净利润合计 = $\sum$吉林市7家上市公司本期净利润

营业额合计 = $\sum$吉林市7家上市公司本期营业额

净利润率 = 净利润合计/营业额合计×100%

集权集中利率比率 = 净利润率/前五大股东股权集中度×100%

吉林市上市公司净利润率、集权集中利率比率变化幅度相当大，大起大落，两者依然呈正方向变动关系；从整体来看，与股权集中度也呈反方向变化，不排斥存在个别例外（见图 2-16）。由于吉林市上市公司股权集中度相对较低，因此其净利润率、集权集中利率比率都比较高，净利润率最高达到 11.2%，集权集中利率比率最高达到 30.89%，在东北地区已经属于居高者。因此，这再次验证股权集中度越低，净利润越高，越有利于公司的快速成长。

（3）上市公司股权构成分析

①国有股比例分析。吉林市上市公司国有股平均持股比例始终低于非国有股，最大差量达 20.29%。也就是说，吉林市 7 家上市公司中国有股比例不算太高，一般保持在 12% 左右，但也有些公司（中钢国际，2008 年）国有股比例达 50.51%，也有些公司（苏宁环球）完全是民营上市企业，没有国有股成分（见图 2-17）。2008—2014 年国有股平均持股比例整体变化不大，在 2012 年达到最高点 14.88%，在 2014 年达到最低点 10.90%，相差 3.98 个百分点。整体状况表明，吉林市上市公司的国有股比例一直保持基本稳定，对上市公司控制权基本不变。

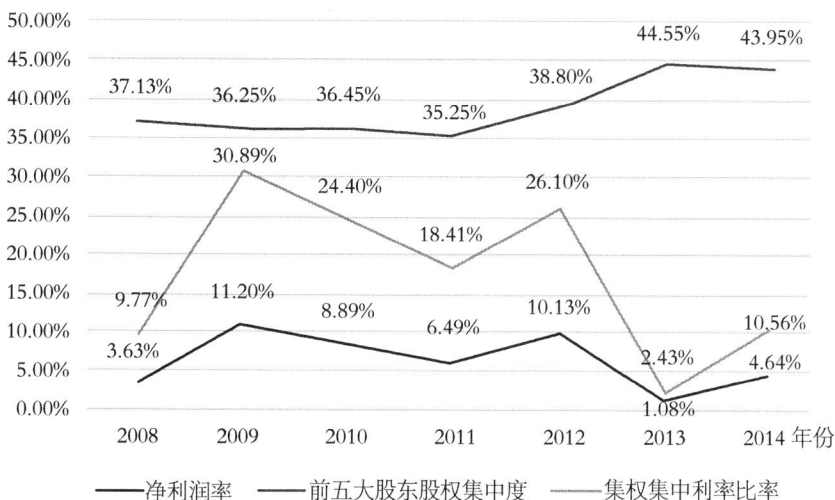

图 2-16　2008—2014 年上市公司净利润率、前五大股东股权集中度与集权集中
利率比率趋势

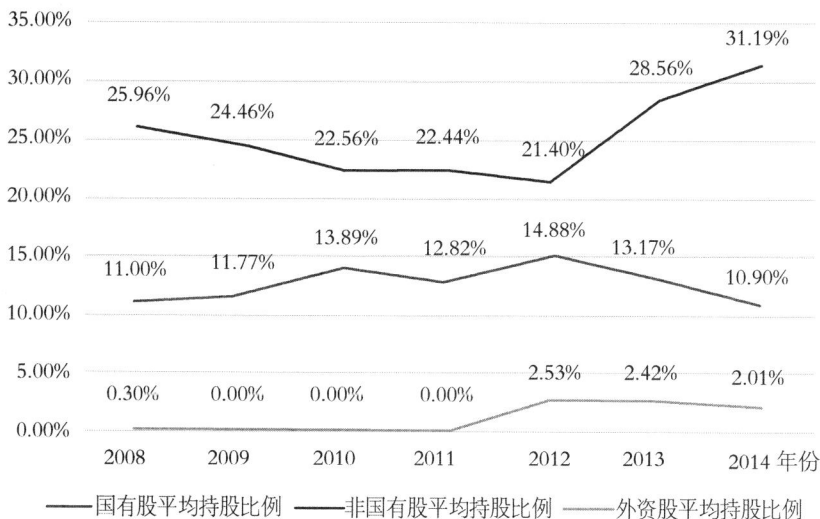

图 2-17　吉林市上市公司各类股东平均持股比例

②非国有股分析。吉林市上市公司前五大股东非国有股平均比例在
2008—2014 年的 7 年时间里，变化幅度很大。2008—2012 年非国有股
平均比例一直在下降，而此时的国有股比例似乎在上升，两者保持此起
彼伏、此消彼长的态势。之后，2012—2014 年非国有股比例持续上
升，特别是 2013 年，上升了 7.16 个百分点。2014 年非国有股平均持股

比例升至峰值 31.19%，较 2012 年的最低点足足增加了 9.79 个百分点。这足以说明，非国有股成分在不断扩大，市场经济逐步完善，国家发挥宏观调控作用，减少市场干预。

③外资股比例低。吉林市上市公司 2008—2011 年外资股平均持有比重低至 0%，2012—2013 年仍然不超过 3%。吉林市只有一家公司（中油金鸿）股权结构中含有外资，并且比重不大。事实上，吉林市上市公司应注重通过吸收外资来发展企业，外资股不仅可以给企业带来丰厚的资金，也可以带来一些先进的国际管理模式、理念、方法等。

（4）总结

通过上述各项分析，可以得出以下结论：①吉林市上市公司中第一大股东持股比例显著高于第二、三大股东，并且国有上市公司这一现象较非国有上市公司更为突出。②存在这样一种普遍现象：吉林市上市公司前五大股东几乎均处于绝对控股的地位，只有个别上市公司（如吉林成城集团股份有限公司等）的前五大股东股权处于相对分散的地位。③相比大连市、沈阳市、长春市，吉林市上市公司国有股平均持有比重不超过 15%。基于以上数据分析，我们可以得出：2008—2014 年，从股权集中度来看，无论是第一大股东、前两大股东，还是前三、五大股东，长春市上市公司均高于吉林市，并且长春市国有成分股也高于吉林市。

5. 吉林市上市公司股权结构实证分析

与上文相同，选取对吉林市上市公司内部治理发挥重要作用的国有股比例、前五大股东股权集中度与资产周转率作为考察对象。

（1）研究假设

依据前文的分析，提出下列假设：

H_1：吉林市上市公司中国有股所占比例越大，公司经营业绩越差。

H_2：吉林市上市公司前五大股东股权集中度越高，企业经营业绩越差。

H_3：公司资产周转率越高，经营业绩越好。

（2）建立模型

①因变量 Y（净资产收益率）=公司各年净利润/各年股东权益总额×100%。

②自变量 X_1（国有股所占比例），表示公司股权结构因素对公司经营业绩的影响。

自变量 X_2（前五大股东股权集中度）表示前五大股东享有的控制权对公司经营业绩的影响。

X_2=吉林市所有上市公司前五大股东持股比例之和/上市公司总个数×100%

自变量 X_3（资产周转率）表示资产是否得到充分利用对企业经营业绩的影响。

X_3=营业收入/期末总资产平均余额

③样本选取。选取吉林市 7 家上市公司作为研究样本，以其 2008—2014 年年报中的数据为依据，依次获取这 7 家上市公司的净利润率、国有股比例、股权集中度、资产周转率数据。

④建立多元线性回归方程：

$Y = \beta_0 + \beta_1 \cdot X_1 + \beta_2 \cdot X_2 + \beta_3 \cdot X_3 + \varepsilon$

⑤分析过程和分析结果。

本书采用 SPSS 软件作为分析工具，将上述数据输入 SPSS 软件中进行多元线性回归分析，输出结果如表 2-7 和表 2-8 所示。

表 2-7　　　　　　　　　　回归模型（四）

模型		平方和	df	均方	F	Sig.
1	回归	38.439	3	12.813	1.035	0.139
	残差	37.124	3	12.375		
	总计	75.563	6			

注：（1）因变量：Y。（2）预测变量：（常量），X_3，X_2，X_1。

表 2-8　　　　　　　　　　变量系数（四）

模型		非标准化系数		标准系数	t	Sig.
		B	标准误差	试用版		
1	（常量）	1.232	44.505		0.028	0.180
	X_1	1.427	1.947	0.600	0.733	0.217
	X_2	−0.566	0.382	−0.607	−1.484	0.034
	X_3	0.242	0.413	0.478	0.587	0.509

注：（1）因变量：Y。（2）回归方程：$Y=1.232+0.6X_1-0.607X_2+0.478X_3$。

分析：

变量 X_1（国有股所占比例）对公司经营业绩的影响与原假设不相符。2013—2014 年，股权分置改革已显成效，部分国有股等非流通股股份逐步退出资本市场。但由于经济形势衰退，特别是 2014 年，受市场大环境影响，吉林市上市公司的经济效益也出现滑坡的情况。H_1 未得到验证。

变量 X_2（前五大股东股权集中度）对公司经营业绩的影响与原假设相符，即公司前五大股东股权集中度较高，公司的经营业绩较差，这就要求公司尽量减少大股东的持股比例，以免公司被某几个股东完全控制，独断专行，造成不良后果。H_2 得到验证。

变量 X_3（资产周转率）对公司经营业绩的影响与原假设相符，即公司资产周转率较高，公司的经营业绩较好。因此，公司应该尽可能提高企业资产利用率。H_3 得到验证。

2.3.3　吉林省总结

截至 2014 年年底，吉林省上市公司共 40 家，长春市 22 家，吉林市 7 家，长春、吉林两市共有 29 家上市公司，占吉林省所有上市公司的 72.5%，具有代表性。因此，我们以长春市与吉林市股权集中度数据来代表吉林省股权集中度状况。

国有股"一股独大"是影响吉林省上市公司治理效率的主要原因。国有股的所有者缺位，无法有效管理企业，导致多方面的决策失误、高代理成本等，直接影响企业绩效。另外，吉林省上市公司均表现为股权集中型，前五大股东几乎能控制公司 45% 的资产。因此，本书倡议各上市公司积极响应股权分置改革措施，降低国有股比例，引入有经营管理才能的机构投资者，改进公司法人治理，提高经济效益。由于吉林省上市公司的规模较小，所以样本研究的有效性，特别是统计学的定量部分研究的科学性，令人不免质疑。

2.4 黑龙江省上市公司股权结构分析

对于黑龙江省上市公司来说，由于哈尔滨市上市公司数量多，数据比较齐全，而其他城市上市公司很少，所以我们选取哈尔滨市作为黑龙江省的代表。

2.4.1 哈尔滨市上市公司

1. 样本数据的选择

截至 2014 年年底，哈尔滨市上市公司共有 23 家，均为 A 股上市公司。本书选择了哈尔滨市发行 A 股的 23 家公司，用其 2008—2014 年披露的财务数据进行分析（见图 2-18）。

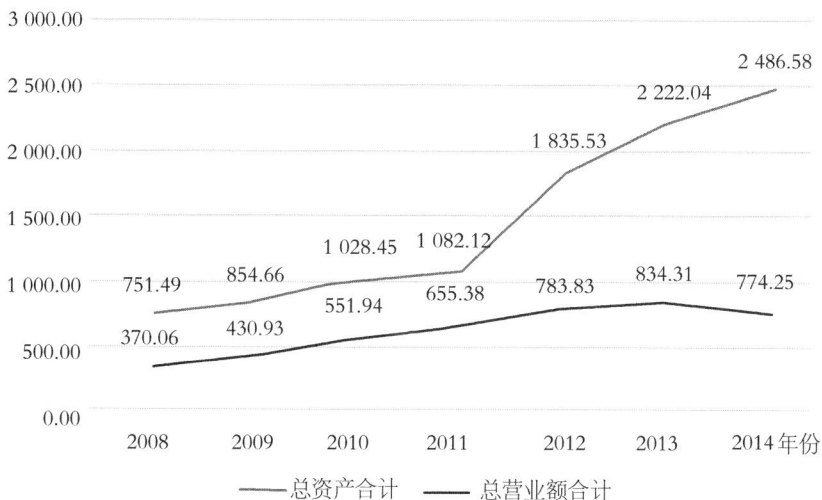

图 2-18　2008—2014 年哈尔滨市上市公司总资产和营业额状况（单位：亿元）

2. 上市公司财务状况分析

2008—2014 年，哈尔滨市 23 家上市公司总资产数额持续增长。2012 年的上升幅度非常大，达 69.62%，原因在于中航资本 2012 年投入 642 亿元资产，扩大规模，促进企业迅速发展。哈尔滨市上市公司总资产从 2008 年最低点的 751.49 亿元增加至 2014 最高点的 2 486.58 亿元，是 2008 年的 3.31 倍。整体来看，哈尔滨市上市公司总资产呈现突破式增长，特别是在 2012 年、2013 年。另外，2008—2013 年哈尔滨市 23 家上市公司总营业额保持增长趋势，最低点为 370.06 亿元，最高点为 834.31 亿元，增长 1.25 倍。但是由于 2014 年整个市场经济不景气，宏观环境不理想，全国经济增长缓慢，哈尔滨市也不例外。其上市公司 2014 年总营业额出现负增长，较 2013 年下降 60.06 亿元。

截至 2014 年年底，哈尔滨市 23 家上市公司中，第一大股东持股比例超过 51% 的有 4 家，占哈尔滨市上市公司总数的 17.39%；持股比例超过 40% 低于 51% 的有 7 家，占 30.43%；持股比例超过 30% 低于 40% 的有 2 家，占 8.70%；持股比例超过 20% 低于 30% 的有 7 家，占 30.43%；持股比例低于 20% 的有 3 家，占 13.04%。第一大股东持股比例超过 60% 的 2 家上市公司（北大荒、哈药集团人民同泰），均是国有企业，国有股"一股独大"现象比较严重。第一大股东持股比例超过 40% 的上市公司达 11 家，占上市公司总数的 47.83%。数据表明，哈尔滨市有近 18% 的上市公司第一大股东在企业股权结构中处于强势地位。

前两大股东持股比例超过 51% 的有 7 家，占哈尔滨市上市公司总数的 30.43%；持股比例超 40% 低于 51% 的有 5 家，占 21.74%；持股比例超过 30% 低于 40% 的有 5 家，占 21.74%；持股比例低于 30% 的有 6 家，占 26.09%。前两大股东持股比例超过 40% 的上市公司达 12 家，占哈尔滨市上市公司总数的 52.17%。数据表明，有超过 31% 的上市公司前两大股东在企业股权结构中处于控股地位，这意味着哈尔滨上市公司股权结构中大股东对企业治理有着举足轻重的影响。

前五大股东持股比例超过 51% 的有 9 家，占上市公司总数的 39.13%；持股比例超过 40% 低于 51% 的有 6 家，占 26.09%；持股比例超过 30% 低于 40% 的有 4 家，占 17.39%；持股比例低于 30% 的有 4 家，占 17.39%。前五大股东持股比例超过 40% 的上市公司达 15 家，占哈尔滨市上市公司总数的 65.22%。数据表明，哈尔滨市上市公司中，有近 40% 的上市公司前五大股东在企业股权结构中处于决策地位，上市公司的股权集中度较高。

3. 上市公司股权结构分析

（1）上市公司股权集中度数据

2008—2014 年哈尔滨市 23 家 A 股上市公司前五大股东平均持股比例保持在 45% 以上，一直低于 50%，但 2012 年该比例达到 50.87%。相应地，其第一大股东平均持股比例大概在 36% 左右（见图 2-19）。因此，哈尔滨市上市公司前五大股东持股比例较高，股权结构总体情况仍属于较高程度的相对集中型，前五大股东对公司拥有绝对的控制权。另外，第一大股东在企业管理中居于核心地位。哈尔滨市上市公司前两大股东、前三大股东及前五大股东持股比例在 2008—2014 年期间走势大致趋同，均呈现下降—上升—下降—上升的循环趋势，总体看来略有上升，但 2013 年、2014 年的前两大股东、前三大股东及前五大股东持股比例较 2012 年趋于平缓。

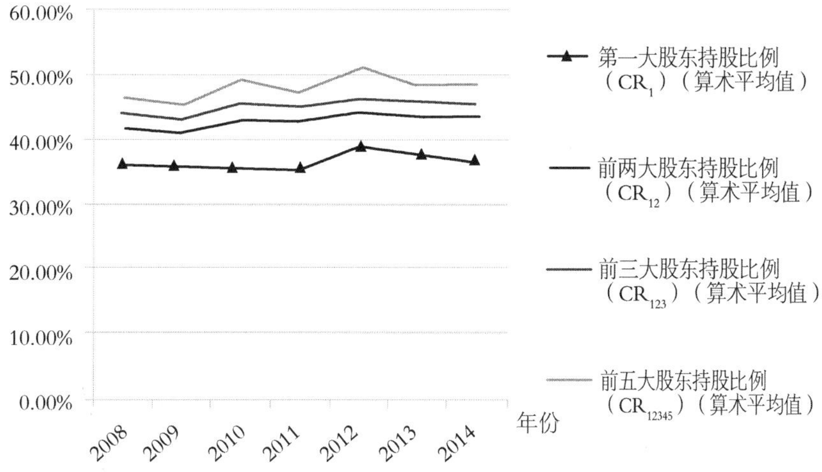

图 2-19 2008—2014 年哈尔滨市上市公司各股东持股比例均值

哈尔滨市上市公司前两大股东、前三大股东及前五大股东持股比例在 2009 年达到最低点。哈尔滨市上市公司第一大股东持股比例 2008—2011 年持续下降，但在 2012 年由于哈药集团人民同泰第一大股东持股比例突然上升 30%，因此 2012 年第一大股东持股比例出现上升趋势。随后，哈尔滨市所有上市公司第一大股东持股比例呈现下降趋势，但持股比例均值仍不低于 36%。其结论是，哈尔滨市上市公司股权结构集中度高，大股东在企业中有绝对的话语权。

（2）哈尔滨市上市公司集权集中利率比率分析

公式说明：

净利润合计=∑哈尔滨市23家上市公司本期净利润

营业额合计=∑哈尔滨市23家上市公司本期营业额

净利润率=净利润合计/营业额合计×100%

集权集中利率比率=净利润率/前五大股东股权集中度×100%

哈尔滨市上市公司净利润率与集权集中利率比率依然呈同方向变动，而与前五大股东股权集中度呈反方向变动（见图2-20）。哈尔滨市上市公司股权集中度保持在45%以上，与大连市相当，甚至稍微低于大连市上市公司股权集中度。但哈尔滨市集权集中利率比率却低于大连市，原因在于哈尔滨市上市公司国有股比例较高，导致企业缺乏真正有效的管理者，出现决策失误、管理不当的情况。

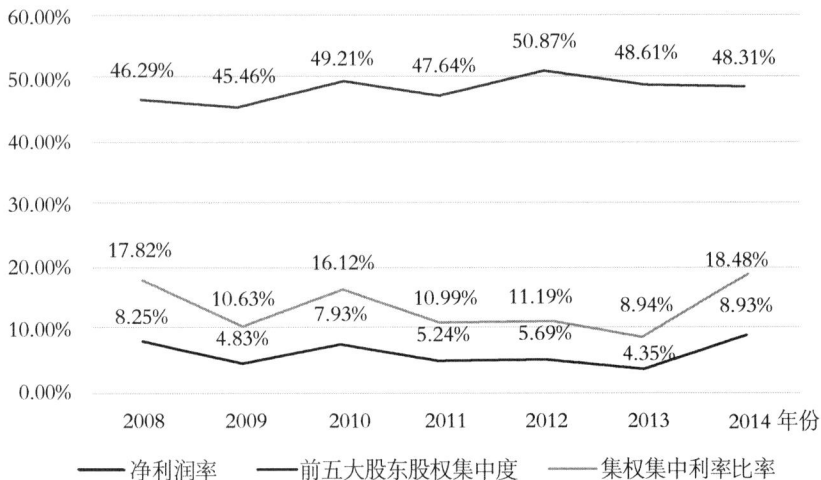

图 2-20　2008—2014 年上市公司净利润率、前五大股东股权集中度与集权集中
利率比率趋势

（3）哈尔滨市上市公司股权构成分析

2008—2014 年哈尔滨市上市公司各类股东持股比例如图 2-21
所示。

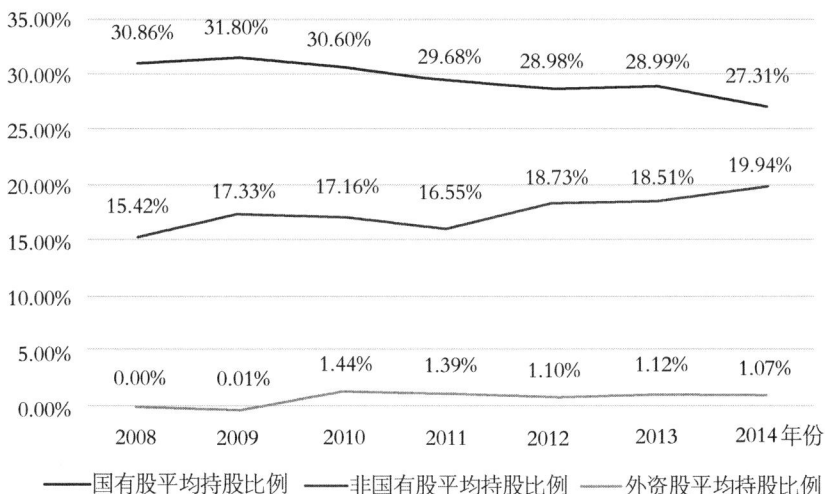

图 2-21 2008—2014 年哈尔滨上市公司国有股、非国有股和外资股比例

①国有股在总股本中具有相当大的优势。哈尔滨市上市公司国有股平均持股比例一直保持在 27%以上，在 2008 年最高几乎接近 32%，该年有些上市公司，如中航直升机的国有股比例高达 73.03%，2014 年依旧较高，为 64.86%，其是典型的国有控股公司的代表。但是从总体趋势看，国有股比例始终在下降，特别是 2014 年，下降幅度显著。2008—2014 年国有股平均持股比例下降 3.55%。2014 年前五大股东持股比例平均数为 48.31%，国有股比例达 27.31%，也就是说，前五大股东中有一多半股东属于国有性质。

②非国有股比例对上市公司的作用。对于哈尔滨市上市公司的影响程度，非国有股平均持有比重与国有股相比较而言要小得多。哈尔滨市上市公司非国有股比例整体走势为：上升—小幅下降—上升—下降—上升。尽管 2011 年、2013 年非国有股平均持股比例稍有下降，但从整体上看呈现上升的趋势。直到 2014 年，非国有股比例始终低于 20%，最低点是 2008 年的 15.42%，2014 年几乎达到 20%，7 年时间上升4.52%，幅度并不大。哈尔滨市上市公司非国有股成分较少，国有股一直保持领先地位，随着国有股比例的下降、非国有股比例的上升，两者之差逐渐缩小，2014 年两者之差为 7%。

③外资股比例。哈尔滨市上市公司 2008—2014 年外资股平均持股

比例从未超过 2%。2008 年哈尔滨上市公司股权结构中没有外资股份，2009—2014 年逐渐引进外资，但平均持股比例很小。哈尔滨只有 4 家上市公司持有外资股份，其中最高持股比例（2010 年誉衡制药）为 30%。

从哈尔滨市所有上市公司中，我们找出几家国有股比例较大的上市公司（如哈投股份），其董事长、总经理等重要职位往往是由政府官员出任。2008—2014 年，哈投股份年度营业收入每年攀升，净利润一般保持在 2.9 亿元左右，但在 2015 年净利润绝对值跌至 1.2 亿元。

（4）总结

通过上述各项分析，可以得出以下结论：①哈尔滨市上市公司中第一大股东持股比例显著高于第二、三大股东，并且国有上市公司的这一情况较非国有上市公司更为突出；②哈尔滨市上市公司前五大股东几乎处于绝对控股的地位，只有个别上市公司（如哈尔滨高科技集团、亿阳信通集团等）的前五大股东股权处于相对集中的地位；③相比大连市、沈阳市、长春市、吉林市，哈尔滨市上市公司国有股平均持有比重在整体股权结构中保持绝对的优势，国有股"一股独大"现象严重，政府干预行为较多，管理错位、决策失误、代理成本增加等都是制约黑龙江省企业发展的瓶颈。

4.哈尔滨市上市公司股权结构实证分析

与上文相同，选取对哈尔滨市上市公司内部治理发挥重要作用的国有股比例、前五大股东股权集中度与资产周转率作为考察对象。

（1）研究假设

依据前文的分析，提出下列假设：

H_1：哈尔滨市上市公司中国有股所占比例越大，公司经营业绩越差。

H_2：哈尔滨市上市公司前五大股东股权集中度越高，企业经营业绩越差。

H_3：公司资产周转率越高，经营业绩越好。

（2）建立模型

①因变量 Y（净资产收益率）=公司各年净利润/各年股东权益总额×100%。

②自变量 X_1（国有股所占比例）表示公司股权结构因素对公司经营业绩的影响。

自变量 X_2（前五大股东股权集中度）表示前五大股东享有的控制权对公司经营业绩的影响。

X_2=哈尔滨市所有上市公司前五大股东持股比例之和/上市公司总个数×100%

自变量 X_3（资产周转率）表示资产是否得到充分利用对企业经营业绩的影响。

X_3=营业收入/期末总资产平均余额

③样本选取。选取哈尔滨市 23 家上市公司作为研究样本，以其 2008—2014 年年报中的数据为依据，依次获取这 23 家上市公司的净利润率、国有股比例、股权集中度、资产周转率数据。

④建立多元线性回归方程：

$$Y = \beta_0 + \beta_1 \cdot X_1 + \beta_2 \cdot X_2 + \beta_3 \cdot X_3 + \varepsilon$$

⑤分析过程和分析结果。

本书采用 SPSS 软件作为分析工具，将上述数据输入 SPSS 软件中进行多元线性回归分析，输出结果如表 2-9 和表 2-10 所示。

表 2-9　　　　　　　　　回归模型（五）

模型		平方和	df	均方	F	Sig.
1	回归	2.949	3	0.983	0.192	0.196
	残差	15.392	3	5.131		
	总计	18.342	6			

注：（1）因变量：Y。（2）预测变量：（常量），X_3，X_2，X_1。

表 2-10　　　　　　　　　变量系数（五）

模型		非标准化系数		标准系数	t	Sig.
		B	标准误差	试用版		
1	（常量）	−0.946	53.336		−0.018	0.387
	X_1	−0.137	0.977	−0.117	−0.141	0.407
	X_2	0.174	0.697	−0.180	0.249	0.319
	X_3	0.082	0.152	0.363	0.538	0.028

注：（1）因变量：Y。（2）回归方程：$Y=-0.946-0.117X_1-0.18X_2+0.363X_3$。

分析：

变量 X_1（国有股所占比例）对公司经营业绩的影响与原假设相符，即上市公司中国有股所占比例与公司经营业绩负相关，国有股所占比例越大，公司的经营业绩越差。这就要求公司在可能的情况下尽量减少国有股比例，以提高公司经营业绩。H_1 得到验证。

变量 X_2（前五大股东股权集中度）对公司经营业绩的影响与原假设相符，即公司前五大股东股权集中度较高，公司的经营业绩越差。这就要求公司尽量减少大股东的持股比例，以免公司被某几个股东完全控制，独断专行，造成不良后果。H_2 得到验证。

变量 X_3（资产周转率）对公司经营业绩的影响与原假设相符，即公司资产周转率越高，公司的经营业绩越好。因此，公司应该尽可能提高企业资产利用率。H_3 得到验证。

2.4.2　黑龙江省总结

截至 2014 年年底，黑龙江省上市公司共 32 家，哈尔滨市 23 家，占黑龙江省所有上市公司的 72%，具有代表性。因此，我们以哈尔滨市股权集中度数据来代表黑龙江省股权集中度状况。

根据以上的分析，我们知道，想要提高公司效益，就必须合理调整股权结构。基于黑龙江省目前国有股权比例过大的现状，改善不合理股权结构的方法是：第一，降低国有股比例，尽量引进机构投资者。第二，降低前 N 大股东的股权集中度，分散企业股权，使更多有管理能力的人参与到企业决策中。

2.5　东北地区总结

截至 2014 年年底，东北三省上市公司共 144 家，哈尔滨市、沈阳市、大连市、吉林市、长春市共有上市公司 99 家，占东北地区所有上市公司的 68.75%，具有代表性。因此，我们以东北地区主要的 5 个城市股权集中度数据来代表东北三省股权集中度状况。

从理论上讲，只有合理的股权结构，才能促进公司治理结构的完善，保证上市公司取得良好的经营绩效。东北地区的上市公司从总体上来看，股权都比较集中，甚至有些城市上市公司的股权结构高度集中，经营效益低下。因此我们认为针对东北三省来说，高度分散型的股权结构是上市公司股权结构的优化目标。

总体看来，东北地区上市公司总资产周转率一般保持在 0.5 左右，与上海市、北京市、深圳市的很多上市公司相比，总资产周转率比较低，资产利用效率低，企业的运营状况不好。另外，东北地区上市公司的股权结构中，国有股依然处于领先地位，并且股权集中度高（前五大股东完全控制的公司比比皆是），因此东北地区上市公司运营过程存在很多问题。

基于以上五大城市的数据分析，按平均营业额从高到低排序是大连市、长春市、哈尔滨市、沈阳市、吉林市；按股权集中度从高往低排序是沈阳市、大连市、哈尔滨市、长春市、吉林市；按国有股平均持股比例从高到低排序是长春市、哈尔滨市、沈阳市、大连市、吉林市。

2.6 建议

我们认为，要使上市公司的股权结构达到一个相对合理的状态，并且能够促进东北经济快速进步，其基本途径有：

（1）逐步减持东北地区国有股，推进股权结构多元化。现有的国有或国有控股企业要重新进行划分，国家只保留少数关系国计民生的重点企业的绝对控股地位。对于部分不需要国家绝对控股的重要企业，在保持国有股相对控股地位的前提下，鼓励民营企业、境内外机构投资者积极参与入股，共同参与公司治理；对于国家不需要保持控股地位的企业，可以通过转让、收购兼并等多种途径转让国有股权，引入其他股权，使国有股从控股地位上退出，尽量减少由于政府干预造成的管理混乱、决策失误、更高的代理成本，以提高企业经济效益。

（2）降低东北地区上市公司的股权集中度，使其形成相对分散甚至高度分散的股权结构。从大连市上市公司的经济效益与股权结构数据来看，很明显，大连港、大连华锐重工是国有控股企业，2014 年第一大股东持股比例分别达 54.42%、61.46%，当期营业额分别为 79.42 亿元、

82.39 亿元。而辽宁成大集团有限公司股东持股比较分散，第一大股东持股比例为 11.88%，当期营业额为 92.39 亿元，并且大连港的总资产远远高于辽宁成大集团。股权较分散的上市公司经营业绩更好，发展更迅速。因此，东北地区上市公司进行股权分置改革的步伐仍旧不能停滞，减少前 N 大股东对公司的控制权，吸引更多有作为的投资者，形成健康有序、可持续发展、能为公司带来价值的股权结构。

（3）大力培育和发展东北地区机构投资者，引导其积极参与公司治理。股权分置改革后，机构投资者是国有股减持的主要方向，培育和发展机构投资者是优化股权结构的重要基础。同时，机构投资者作为上市公司股权结构的重要组成部分，要着眼于公司的长期利益。政府和监管部门应该按照市场规律制定一系列政策法规来规范和约束机构投资者行为，使他们能够在一个有序的环境下进行市场操作，真正成为公司治理的有效监督主体。

（4）提高东北地区上市公司的独立性。从根本上弱化上市公司对控股股东的依赖，减少上市公司与控股股东之间的关联交易，规范上市公司与控股股东的资金往来，严格控制上市公司控股股东的投资行为和担保行为。

（5）推动股权分置改革措施。东北地区各级政府仍应该大力推动股权分置改革措施，实现上市公司股份的全流通，上市公司在资本市场进行自由竞争，减少政府干预行为，中小股东均可参与企业重大事务的决策与谈判，尽量保证上市公司第一大股东持股比例不超过 10%。

（6）股票注册制改革。对于东北地区已上市公司及即将上市的公司来说，股票注册制改革既是契机，又是挑战。政府监管部门仅仅对上市公司披露的相关资料的真实性负责，不对资本市场进行过多干预，完全由投资者来对股票的价值自行作出判断，市场入口的把关者主要是投资者自身，发行人的股票是否能够顺利发行，也主要取决于投资者是否购买。在注册制下，政府监管变成事中监管与事后监管，给予资本市场最大化的自由，同时投资者基于自己的理性而作出判断，包括对未来风险的承担。因此，东北地区相关政府应大力推行股票注册制，促进企业上市，减少政府干预行为，使上市公司在活跃的资本市场摸索发展道路，实现更快的发展。

（7）产融结合打造东北地区战略联盟，构建全天候产业链、价值链。企业为了实现特定的战略目标，同其他与本产业相关的企业共同采取任何股权或非股权形式的联合行动，共担风险，共享利益。东北地区企业之间应形成战略联盟或产融结合的体制。

第3章　航运业上市公司股权结构研究

　　本章主要是从股权结构及财务角度出发对国际航运业中典型公司的股权结构问题进行探索。本章所选样本为6家国际航运公司：韩进海运、商船三井、马士基航运、美国总统轮船、东方海外和长荣海运，时间跨度为2008—2014年。这6家公司构成了世界航运业的55%的航运市场份额。以这6家典型公司为研究对象，研究出的结果代表了国际航运业的基本状况，能说明国际上市公司股权结构的基本情况以及和股权相联系的财务及资本收益状况。本章的数据来源是6家公司各年披露的年度报告。在研究中选取的指标有9个，分别是国有股比例、非国有股比例、总资产、总负债、所有者权益、净利润、资产负债率、净资产收益率和总资产报酬率。国有股比例及非国有股比例的研究试图描述航运业的股权结构情况；总资产、总负债、所有者权益和净利润试图研究国际航运业的基本财务水平；资产负债率、净资产收益率及总资产报酬率则试图研究国际航运业的债务能力及资产的收益情况。

3.1 国际航运业上市公司股权结构情况

3.1.1 所选样本中前五大股东国有股比例情况

由图 3-1 可以看出，就国有股比例来讲，6 家航运企业的股权结构相差很大。韩进海运的变动幅度是最大的，2008 年的国有股比例为 4.63%，占到前五大股东持股比例总和的 18.4%；2009 年国有股份所占比例有所增加，达到 12.2%，占到前五大股东持股比例总和的 33.7%，与上年相比增长了 163.5%；2010 年的国有股比例为 43.53%，占到前五大股东持股比例总和的 82.69%，与 2009 年相比有了较大的变动，变动幅度达到 2009 年的 2.5 倍。

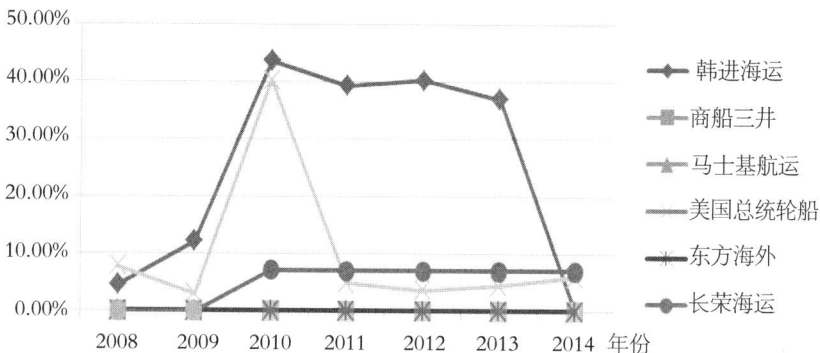

图 3-1　2008—2014 年国际航运公司国有股所占比例变动情况

韩进海运 2011 年的国有股比例有所减少，为 39.22%，占到前五大股东持股比例总和的 88.89%，与 2010 年相比减少了 9.9%，减少幅度不是很大；2012 年国有股比例为 40.28%，占到前五大股东持股比例总和的 88.02%，占比较大，比 2011 年增长了 2.7%；2013 年国有股比例为 36.92%，占到前五大股东持股比例总和的 90.27%，进一步增大了国有股在前五大股东持股比例总和中的比例，比上一年减少 8.34%；2014 年变动幅度最大，由 2013 年 36.92% 的国有股比例减少到 0，减少的幅度很大。

相比于韩进海运如此之大的波动幅度而言，商船三井、马士基航运、东方海外的国有股比例的波动幅度为 0，持股比例非常稳定。
2008—2014 年，马士基航运和商船三井的国有股比例为 0，东方海外的
国有股比例一直为 0.1%。美国总统轮船 2008 年的国有股比例为
3.04%，占前五大股东持股比例总和的 3.53%；2009 年国有股比例为
40.2%，占前五大股东持股比例总和的 49.26%，比 2008 年有大幅增
长，增长率达到 1 296.43%；2010 年国有股比例为 4.88%，占前五大股
东持股比例总和的 5.81%，与 2009 年相比减少了 88.20%，减少的比重
很大；2011 年国有股比例为 3.73%，占前五大股东持股比例总和的
4.44%，与 2009 年相比减少了 23.58%；2012 年国有股比例为 4.45%，
占前五大股东持股比例总和的 5.45%，与 2009 年相比增加了 22.6%，变
动的幅度很小；2013 年国有股比例为 5.95%，占前五大股东持股比例总
和的 7.54%，与 2012 年相比增加了 38.45%；2014 年为美国总统轮船的
国有股比例最小的年份，为 2.5%，占前五大股东持股比例总和的
3.48%，与 2013 年相比减少了 53.83%。

长荣海运国有股比例的变动总体上讲也是不大，2008 年和 2009 年
的国有股比例为 0；2010 年国有股比例为 7.16%，占前五大股东持股总
和的 20.11%；2011 年国有股比例为 7.12%，占前五大股东持股总和的
20.03%；2012 年和 2013 年与 2011 年相同，即国有股实际占比及占前
五大股东持股总和的比重是相同的，分别为 7.12% 和 20.03%；2014 年
略有变动，国有股比例为 7.11%，占前五大股东持股总和的 20.02%，变
动幅度不是很大。

3.1.2 所选样本中前五大股东非国有股比例情况

由图 3-2 可以明显看出，韩进海运非国有股比例的变动幅度还是
很大的，2008 年为 20.53%，占前五大股东持股比例总和的 81.6%；
2009 年有所增加，达到 24%，占 66.3%；2010 年为 9.11%，占 17.31%，
下降的幅度非常大，比 2009 年降低了 62.04%；2011 年为 4.9%，占
11.11%，比 2010 年又降低了 46.21%；2012 年为 5.48%，占 11.98%，与
上年相比有所增长；2013 年为 3.98%，占 9.73%，是非国有股比例最低
的一年，比 2012 年减少了 27.37%；2014 年实现反转，非国有股比例达

到 40.39%，比 2013 年增长了 9 倍多。由此能看出，韩进海运的股权结构的变动幅度是十分巨大的。

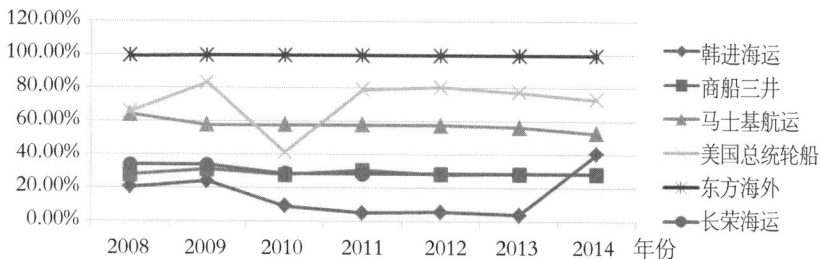

图 3-2　所选样本中前五大股东非国有股比例变动情况

对于商船三井来讲，非国有股比例即为本公司前五大股东持股比例之和，因为在前五大股东中属于国有股的投资者为 0。2008 年商船三井的非国有股比例为 27.74%，2009 年为 31.1%，为所有年份中的最高值，比 2008 年增长 12.11%；2010 年为 27.81%，比 2009 年减少 10.58%；2011 年为 30.61%，比 2010 年增加 10.07%；2012 年为 28.1%，比 2011 年减少 8.2%；2013 年为 28.29%，比 2012 年增长 0.68%；2014 年为 28.29%，与 2009 年持平，没有变化。总体来看，商船三井非国有股比例的变化不大，呈现较稳定的状态，不像韩进海运变化波动那么大。

马士基航运与商船三井有很大的相似之处，即前五大股东持股比例总和就是非国有股比例，因为前五大股东中没有国有股。马士基航运 2008 年非国有股比例总和是 64.12%，也是所有年份中的最高值；2009 年为 57.73%，比 2008 年降低 9.97%；2010 年和 2011 年均维持在 57.73%，与 2009 年相同；2012 年是 57.54%，比 2011 年降低 0.33%；2013 年是 56.51%，比 2012 年降低 1.79%；2014 年是 57.05%，是马士基航运非国有股比例最低的一年，比 2013 年降低 6.12%。

美国总统轮船的非国有股比例变动也是比较大的，2008 年为 83.13%，占前五大股东持股比例总和的 96.47%，占比非常高；2009 年为 41.4%，为所选样本中最低的一年，占前五大股东持股比例总和的 50.74%，比 2008 年降低 50.2%，变化较大；2010 年非国有股比例为 79.07%，占 94.19%，比上年增长 90.99%；2011 年为 80.24%，占

95.56%，比上年增长 1.48%；2012 年为 77.26%，占 94.55%，比上年降低 3.71%；2013 年为 72.96%，占 92.46%，比上年降低 5.57%；2014 年为 69.31%，占 96.52%，是占前五大股东持股比例总和最高的一年。

东方海外是所选样本中非国有股比例最高的一家公司，但是其变动是很小的，基本保持平稳的状态。2008 年东方海外的非国有股比例为 98.85%，这也是 7 年中最低的一年，占前五大股东持股比例总和的 99.9%，比例非常高；2009 年和 2010 年都为 99.12%，占99.9%；2011 年为 99.16%；2012 年和 2013 年都为 99.2%；2014 年为99.23%。

与东方海外相比，长荣海运的变化幅度相对较大。2008 年长荣海运的非国有股比例为 33.72%，2009 年为 33.71%，变化不大；2010 年为28.45%；2011—2013 年均为 28.43%；2014 年为 28.41%，占前五大股东持股比例总和的 79.98%。

3.1.3　前五大股东股权结构状况总结

通过上述分析可以综合得出，以上几家航运企业的国有股比例总体上相对较低，非国有股比例较高，特别是马士基航运、美国总统轮船及东方海外三家公司。马士基航运、美国总统轮船及东方海外三者中非国有股比例最高的为东方海外，达到 99.43%；最低的马士基航运为53.05%。同时，这三家公司的国有股比例均较低，其中最低的为马士基航运，为 0；最高的为美国总统轮船，其国有股中除 2010 年以外，占比基本维持在 2.5%～6%，而 2010 年变化较大，达到 40.2%。另外三家公司的非国有股比例略低一些。其中最低的为韩进海运，其非国有股比例最高值为 2014 年的 40.39%，其他年份均较低，2013 年达到最低，为 3.98%。与较低的非国有股比例相对应的是，韩进海运拥有较高的国有股比例，在 2010 年最高为 43.5%，但是 2008 年及2014 年又比较低，分别为 4.63%和 0。总体而言，韩进海运的股权结构每年的变化都很大。商船三井的股权结构则要稳定很多。其非国有股比例维持在 27%～32%，国有股比例及非国有股比例均非常稳定。长荣海运虽然有所波动，但相比韩进海运而言稳定得多。其非国有股比例维持在 28%～34%，2010—2014 年国有股比例维持在 7%左右，还是比较稳定的。

3.2　国际航运业上市公司具体的股权结构情况

3.2.1　商船三井公司股权结构情况

由图 3-3 可以看出，商船三井的前五大股东持股比例总数基本维持在 30%左右，波动幅度不是很大，最高的年份为 2009 年，达到31.10%；最低的年份为 2008 年。其第一大股东及第二大股东的持股比例也比较稳定。第一大股东除了 2008 年的持股比例是 10.54%外，其他年份都在 15%以上，最高在 2011 年及 2012 年，达到 16.59%。第二大股东的持股比例有所下降，呈现递减的趋势，在 2009 年最高，达到6.52%；在 2010 年最低，为 4.27%。第一、二大股东的持有者在 2008—2014 年没有变化，但是第三到第五大股东的所有者变化是较大的。第三大股东的持股比例占到 3.2%左右，第四大股东基本在 2.5%～3%，第五大股东持股比例基本在 2%左右。前五大股东持股比例的层次还是比较明确的。在前五大股东中，国有股比例为 0，都是非国有股，表明该公司受国家干预较少。

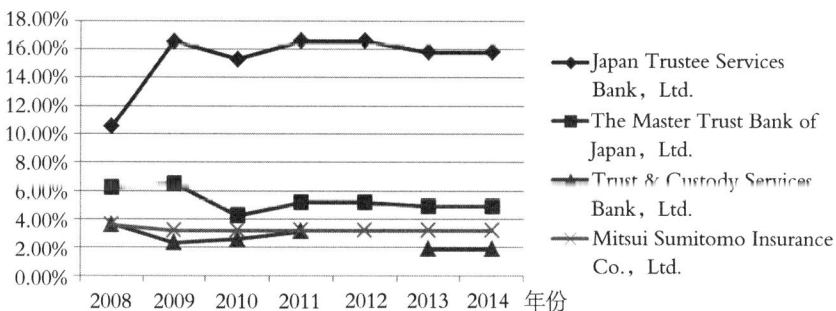

图 3-3　商船三井前五大股东持股比例变化趋势图

商船三井的另一大特点是前五大股东中银行持股较高。2008 年前五大股东中有 4 家为银行，且前四大股东均为银行，所占比例达到

24.13%，占到前五大股东总数的 86.99%。2009 年前五大股东中依然有四大股东为银行企业，其所占比例为 27.91%，占五大股东总数的 89.74%。2010 年依然有四大股东为银行企业，所占比例为 24.62%，占五大股东总数的 88.53%，占比依然较高。2011 年依然有四大股东为银行企业，且第一、二大股东一直未变动，均是银行企业，四大银行持股比例总数为 27.42%，占到前五大股东总数的 89.58%，相比 2010 年而言又有所增长。2012 年商船三井的股东情况有些变动，前五大股东中有三大股东为银行企业，与以前年度相比有所减少，三大股东持股比例总和为 24.91%，占前五大股东持股比例总和的 81.38%，与 2011 年相比减少了 9.15%，这一年也是商船三井持股比例中银行企业所占比重最小的一年。2013 年商船三井的银行持股比例又有所增加，达到 25.1%，占到前五大股东持股比例总数的 88.72%，比上年增加了 0.76%。2014 年，商船三井的股权结构与 2013 年相同，维持在 25.1% 的比例上。商船三井的股权结构呈现出银行控制的格局。

3.2.2　韩进海运公司股权结构情况

由图 3-4 可以看出，韩进海运的前五大股东持股比例总数波动幅度很大，前五大股份所有者的变化也是较大的。前五大股东持股比例最高的年份为 2010 年，达到 52.64%；最低的年份为 2008 年的 25.16%，增长的比例达到 109.22%；2011—2014 年基本稳定，保持在 40% 左右。第一、二大股东的持股比例及持有者变动幅度很大。2008 年的第一大股东为韩国航空公司，持股比例为 5.53%；2009—2013 年均为韩进运输公司，但是持股比例变动较大，从 2009 年的 12.2% 增长到 2010 年的最高值 37.14%，增长率高达 204.43%，2011—2013 年则稳定在 36.2%；到 2014 年第一大股东又为韩国航空公司，持股比例为 33.23%。第二大股东在 2008—2014 年均有变动，持股比例变动幅度也较大。2008 年的持股比例为 5.5%，2009 年为 9.26%，2010 年为 6.39%，2011 年为 3.46%，2012 年为 4.26%，2013 年为 2%，2014 年为 2.49%，呈现逐渐减少的趋势。同时，第三到第五大股东的所有者及持股比例的变化也是很大的，持股比例从 2008 年的 4.6% 逐渐减少到 2014 年的 1%。在前五大股东中，国有股比例变动也是巨大的，由 2008 年的 4.63% 增长到 2010 年的 43.53%，增长了 8.4 倍，以后年度有所降低，但是依然维持在 37%～40%，数值依然较大；到 2014 年国有股又突然减少为 0，变动幅度太大。非国有股最低年度为 2013 年，仅为 3.98%，最高年份为 2014 年，为 40.39%。这表明该公司的股权变动太大，根本没有找到一个适合公司发展的股权比例。

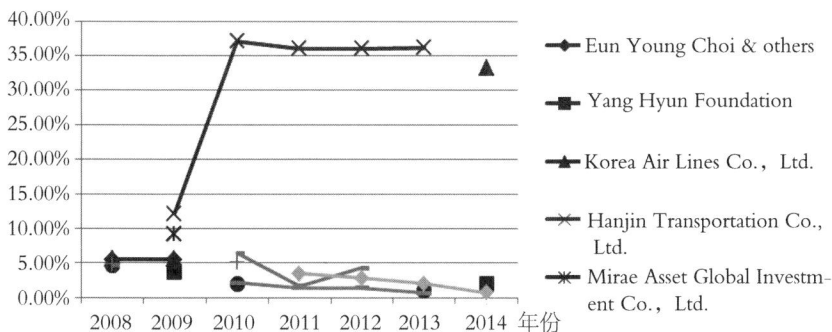

图 3-4 韩进海运前五大股东持股比例变动趋势图

韩进海运的股权中有大部分为外国公司的持股股份。2008 年的前五大股东中有两大股东为国际公司，所占比例为 9.50%，占到前五大股东持股比例总和的 37.76%。2009 年有所减少，只有 1 家为国际公司所持股，但是持股比例下降得并不多，为 9.26%，占前五大股东持股比例总和的 25.58%，比上年减少 2.53%。2010 年外国公司持股数达到 3 家，这 3 个股东持股比例总和为 9.11%，占到前五大股东持股比例总和的 17.31%，比上年减少 1.62%。2011 年不论从数量还是持股比例上都有所减少，前五大股东中只有一家为外国公司所投资，占比也相对较小，仅为 1.44%，占前五大股东持股比例总和的 3.26%，比上年减少 84.19%，减少幅度较大。2012 年有两家国际投资公司，所占比例为 2.68%，占到前五大股东持股比例总和的 5.86%，比上年增加 86.11%，增长幅度巨大。2013 年达到 3 家国际投资公司，占比为 2.7%，占前五大股东持股比例总和的 6.6%，比上年增长 0.75%，增长的幅度很小。2014 年，该公司减少到只有一家外国公司股东，且持股比例也是比较小的，仅为 1.98%，占前五大股东持股比例总和的 4.9%，比 2013 年减少 26.67%。韩进海运的国际股份占比是逐年减少的，由 2008 年的 9.5% 减少到 2014 年的 1.98%，同时其占前五大股东持股比例总和的份额也是逐年降低的，由 2008 年的 37.76%减少到 2014 年的 4.9%，这个幅度也是不小的。

韩进海运的另外一大特点是从 2011 年开始，实行员工持股的制度。2011 年员工持股比例为 3.46%，占前五大股东持股比例的 7.84%；2012 年为 2.8%，占前五大股东持股比例的 6.12%，比上年降低 19.08%；2013 年为 2%，占前五大股东持股比例的 4.89%，比 2012 年减少 28.57%；2014 年为 0.75%，占前五大股东持股比例的 1.86%，比 2013 年减少 62.5%。总体上来看，从员工开始持股以来，持股比例是逐年减少的，由 2011 年的 3.46%减少到 2014 年的 0.75%，减少幅度还是很大的。韩进海运的公司持股经历了由国有到私有的过程，并且研究窗口期间的波动幅度惊人。

3.2.3　马士基航运公司股权结构情况

由图 3-5 可以看出，马士基航运的股权比例变动非常小，基本维持在同一水平上，各大股东持股比例基本为一条直线。马士基航运的前五大股东持股比例总和基本维持在 55%～65%。第一大股东 2008—2014 年没有变动，且持股比例也很稳定，没有太大的波动；2008—2012 年均为 41.22%，2013 年和 2014 年有所增加，均为 41.51%。第二大股东也很稳定，但持股比例有所变动，2008—2011 年均为 9.85%；2012 年比例有所降低，达到 9.65%；2013 年比 2012 年的降幅相对较大，为 8.37%；到 2014 年减少到 8.54%，降幅较小，总体上很稳定。第三大股东持股比例前几年变动不大，2008—2011 年均为 3.72%；2012 年为 3.73%；2013 年减少到 3.69%；2014 年有所变动，第三大股东持股比例减少，成为第四大股东。总体来看，第三大股东持股情况的变动还是不小的。第四大股东持股情况基本无变化，2008—2013 年均为 2.94%，2014 年第四大股东持股比例提高一点点，上升为第三大股东。马士基航运的国有股比例为 0，这说明马士基航运受政府控制较少。马士基航运是一家老牌的航运领袖，在世界航运业起着领袖和标杆作用，它的股权结构一直很稳定，盈利能力一直很强劲。

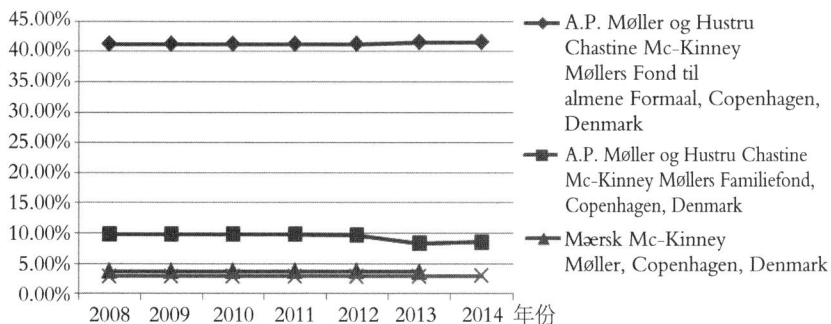

图 3-5 2008—2014 年马士基航运前五大股东持股比例变化趋势图

3.2.4 东方海外航运公司股权结构情况

由图 3-6 可以看出，东方海外各大股东的持股情况也很稳定，基本都呈直线的状态，表明其基本没有波动性。东方海外的前五大股东持股比例占公司总股数的比重较大，基本达到 98%～99%，说明公司股权比较集中，大多数股份均被第一大股东所持有。前五大股东很稳定，没有变化，同时持股比例变动幅度也很小。第一大股东持股比例占到半数以上，2008—2011 年均维持在 55.48% 的水平；2012—2014 年有所提高，维持在 56.04% 的水平上。第二大股东持股比例也较高，基本维持在 30% 左右，2008 年所占比重为 30.51%；2009 年稍有提高，为30.78%；2010 年最高，达到 30.99%；2011 年降为 30.82%；2012 年最低，为 30.3%，比重也还是很大的。第三大股东持股比例在 2008—2014 年无变化，均为 12.66%，很稳定。可以看出，公司的前三大股东持股比例基本构成了公司的所有股份，东方海外的股权是非常集中的。第四大股东及第五大股东所占比例非常小，同时变动幅度也非常小，基本是无变动的。2008—2014 年第四大股东持股比例一直为 0.2%，第五大股东的持股比例一直为 0.1%，即使二者之和，其所占比重也非常小。同时，公司的国有股比例非常小，仅占 0.1%，98%～99% 的比例都是非国有股，表明公司受国家控制较少。东方海外由多元股份结构构成，前五大股东持股比例很小，持股人广泛。

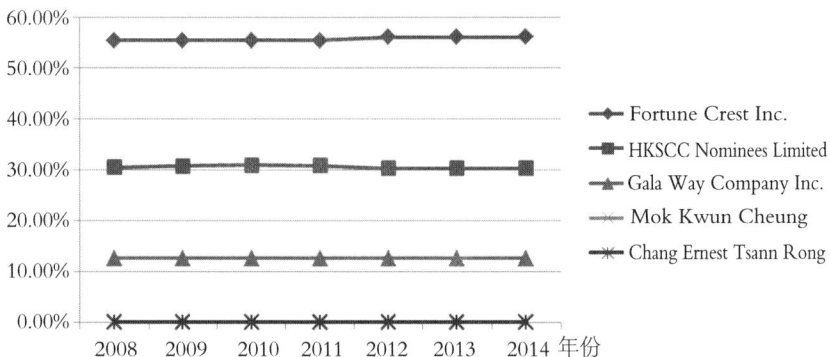

图 3-6 2008—2014 东方海外前五大股东持股比例变化情况

3.2.5 长荣海运公司股权结构情况

由图 3-7 可以看出，中国台湾长荣海运的前五大股东持股比例基本呈直线状态，股权结构很稳定。长荣海运的前五大股东持股比例总和相比于东方海外有很大的不同，基本维持在 35% 左右，在 2010 年实现最大值，为 35.61%，最低为 2008 年的 33.72%，所以变动还是很小的。第一大股东持股比例维持在 10% 左右，变动不大，2008 年和 2009 年均为 10.97%；2010 年稍有降低，为 10.64%；2011—2013 年均为 10.63%；2014 年降到最低点 10.62%，总体变动幅度不大，一直呈现较稳定的状态，东方海外也没占到如此高的比重。第二大股东也是很稳定的，维持在 7.5% 左右，2008 年和 2009 年均为 7.8%；2010 年达到 7.6%；2011—2014 年均为 7.55%，总体变动很小。第三大股东变动则相对较大，2008—2009 年私人张荣发的持股比例为 6.19%，所占比重相对较大，成为第三大股东。在 2010 年巴拿马商长荣国际股份有限公司持有相对较大的股份，为 7.16%，成为第三大股东，长荣海运的国有股比例也因此而有所上升；2011—2013 年，第三大股东依然为巴拿马商长荣国际股份有限公司，所占比重为 7.12%；其 2014 年持股比例减少到 7.11%。第四大股东变动也较大，2008 年和 2009 年为英属维京群岛商友华国际投资公司，持股比例为 4.38%。2010—2014 年，股东由原来的投资公司变成了私人股份，即张荣发成为第四大股东，持股比例为 6%，增长了 2%。第五大股东变动不大，2008—2012 年英属维京群岛商华光投资公司为第五大股东，2008 年的持股比例为 4.38%；2009 年为 4.35%；2010 年及 2011 年为 4.25%；2012—2014 年第五大股东又换为英属维京群岛商友华国际投资公司，2012 年和 2013 年的持股比例为 4.25%，2014 年降为 4.24%。总体上第五大股东的持股比例变动不大。

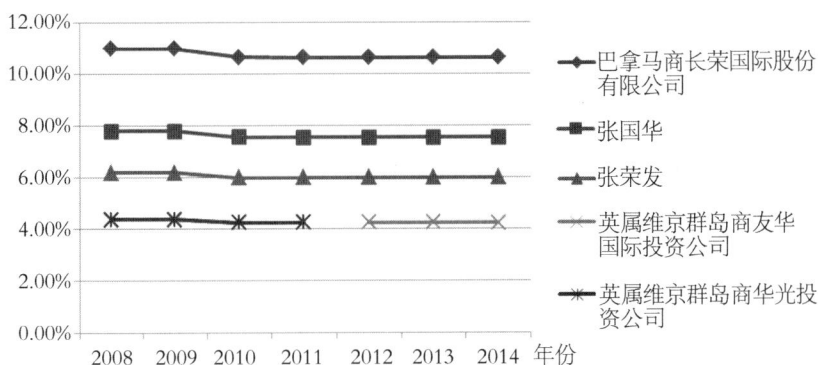

图 3-7　长荣海运前五大股东持股比例变动趋势图

长荣海运的国有股比例较低。2008—2009 年公司都是非国有股，国有股比例为 0；2010—2014 年国有股比例有所上升，基本维持在 7.1% 左右，说明公司受国家控制还是比较少的。

3.2.6　美国总统轮船公司股权结构情况

美国总统轮船的股权结构变动还是很大的，特别是第四大股东的持股情况的变动是非常大的，其他股东变动则很小。美国总统轮船前五大股东持股比例总和较大，但是有逐渐降低的趋势，持股比例最高的年份为 2008 年，达到 86.17%，以后年份均有所降低，最低为 2014 年的 71.81%，降低的比率达到 16.66%。总体看来，前五大股东持股比例过高，股权过于集中，导致缺乏有效的监督。

第一大股东 2008—2014 年变动较大。2008 年的第一大股东为 DBS Nominees 私人有限公司，其持股比例为 40.27%；2009 年第一大股东换为星展银行，持股比例变动不大，为 40.2%；2010—2014 年均为

Lentor 投资私人有限公司，比例逐年有所下降，2010 年为 40.1%，2011 年降到 39.81%，2012 年持续减少为 39.72%，2013 年减少为 39.69%，2014 年降到最低值 39.48%。虽然第一大股东持股比例一直在降低，但是降幅却不大。

第二大股东变化则较小，均是淡马锡控股（私人）有限公司，所持比例变动也不大，基本维持在 26% 左右。2008 年淡马锡控股（私人）有限公司持股比例为 26.39%，2009 年减少到 26.34%，2010 年减少到 26.27%，2011 年为 26.08%，2012—2014 年的持股比例分别为 26.03%、26.01%、25.87%。可以看出，第二大股东的持股比例一直在减少，但是与第一大股东类似，其减少的数值不大。

第三到第五大股东的持股比例则较小。

第三大股东 2008—2012 年的持股比例稍高一些，基本维持在 9% ~ 12%。2008 年第三大股东持股比例为 12.44%；2009 年第三大股东有所变化，且持股比例减少到 6.52%，减少的幅度较大；2010—2012 年持股股东未发生变化，但是持股比例一直在变动，2010 年为 8.74%，2011 年增加到 11.47%，增幅较大，比上年增长 31.24%，2012 年又减少为 9.08%；2013 年第三大股东又变为花旗银行，持股比例为 5.95%；2014 年依然为花旗银行，但持股比例则减少到 2.5%。所以对于第三大股东来讲，不论是股份持有人还是持股比例，美国总统轮船的变动均较大。

2008 年的第四大股东为汇丰银行，占比为 4.03%；2009 年是 5.16%，股份所有者同时也有变动；2010 年第四大股东又变为花旗银行，占比为 4.88%；2011 年及 2012 年均是花旗银行为第四大股东，2011 年的比例为 3.73%，2012 年的比例为 4.45%；2013 年股东又有所变动，为 DBS Nominees 私人有限公司，占比为 4.32%；2014 年不但股东发生变动，持股比例的变动也较大，降为 2.28%。

第五大股东持股比例较低，2008 年为花旗银行，比重为 3.04%；2009—2012 年都是汇丰银行，比例分别为 3.38%、3.96%、2.88% 和 2.43%；2013 年为 DBS Nominees 私人有限公司，比重为 2.94%；2014 年也为 DBS Nominees 私人有限公司，比重为 1.68%，总体来讲，第五大股东持股比例较低，对公司的总的影响也相对较小。

美国总统轮船的国有股比例较低，除了 2009 年为 40.2% 以外，其余年份变动不大，处在 2%～6%；非国有股比例除了 2009 年较低，为41.4% 之外，其余年份均在 70%～85%。总体来看，公司受政府控制的程度还是较小的。

3.3　国际航运业上市公司财务状况

从国际航运业各大公司的资产、负债、所有者权益和净利润财务指标来看，从资产方面看，从 2008 年以来一直呈增长趋势，资产总额最大的为马士基航运，最小的为长荣海运；从负债方面看，负债总额最小的为长荣海运，最大的为马士基航运，负债的总体情况也是稳中有升；所有者权益最大的为马士基海运，最小的为长荣海运；净利润方面，各大公司的变动较大，经营最好的是马士基航运，但也有一年出现了负值，经营较差的为长荣海运、美国总统轮船和韩进海运，连续几年出现负值。

3.3.1　航运巨头总资产变动情况

由图 3-8 可以看出，马士基航运的资产总额较高，规模较大，2008 年和 2009 年分别为 297.21 亿美元和 283.36 亿美元；2010 年增长较快，达到 551.87 亿美元；2011—2014 年分别为 596.09 亿美元、603.38 亿美元、593.96 亿美元及 586.04 亿美元，每年的总资产份额均较大，为其成为行业巨头奠定了基础。

同样处于行业领先地位的商船三井，其总资产规模相比马士基航运要小一些，但比其他航运企业的规模依然较大，由 2008 年的 157.33 亿美元增长至 2014 年的 217.22 亿美元，增幅为 38.14%，增幅较大，其 2008—2014 年的总资产分别为 157.33 亿美元、154.08 亿美元、154.70 亿美元、161.11 亿美元、179.19 亿美元、195.75 亿美元、217.22 亿美元。

美国总统轮船、韩进海运及东方海外的总资产规模近似。

美国总统轮船的增长速度最快，由 2008 年的 54.45 亿美元增长至 2014 年的 91 亿美元，增幅达 67.13%，2008—2014 年的总资产分别为 54.45 亿美元、53.41 亿美元、64.51 亿美元、69.62 亿美元、82.20 亿美元、90.29 亿美元、91 亿美元。

韩进海运 2008—2014 年总资产分别为 69.41 亿美元、61.46 亿美元、78.28 亿美元、87.47 亿美元、88.02 亿美元、67.93 亿美元、84.81 亿美元，2008—2014 年的增幅为 22.19%。

东方海外 2008—2014 年的总资产额分别为 77.02 亿美元、73.30 亿美元、90.72 亿美元、77.29 亿美元、82.31 亿美元、89.90 亿美元、96.33 亿美元，2008—2014 年增幅为 25.07%。

长荣海运总资产规模很小，处于行业中较弱势的地位，但其增速还是较快的，2008—2014 年的总资产分别为 28.52 亿美元、24.37 亿美元、27.14 亿美元、27.98 亿美元、29.16 亿美元、52.97 亿美元、57.18 亿美元，2008—2014 年的增幅为 100.49%，增长了 1 倍，所以其发展速度惊人。

截至 2014 年年底，7 家航运巨头总资产高达 1 200 亿美元。

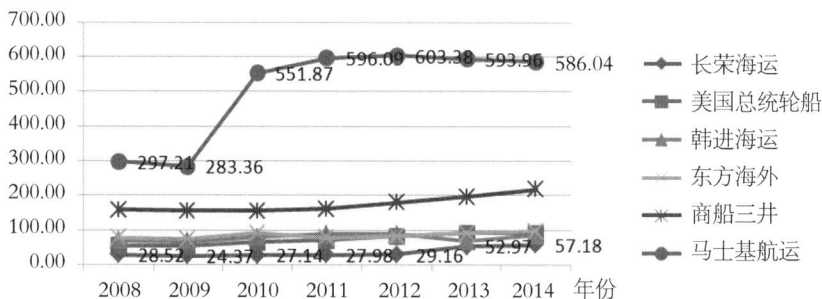

图 3-8　所选样本的总资产变动趋势图

3.3.2　净利润变动情况

由图 3-9 可以看出，马士基航运的净利润一直处于所选样本中的较高水平，在 2010 年实现 7 年中的最高净利润点 41.55 亿美元，比 2009 年增长 394.68%，以后年份有所降低，但依然处于较高的水平上，2011—2014 年分别为 26.63 亿美元、32.03 亿美元、27.99 亿美元、

19.91 亿美元。

东方海外虽然资产规模相对较小，但盈利水平却不低，2009 年实现 18.74 亿美元的净利润，是同期商船三井的 3.89 倍，以后年份处于下降的趋势，但依然有较大的净利润，2011—2014 年的净利润分别为 1.82 亿美元、2.96 亿美元、0.47 亿美元、2.7 亿美元。

商船三井除 2011 年及 2012 年净利润为负值外，其他年份净利润值相对较多，2008 年为 15.75 亿美元，超过航运巨头马士基航运；2009 年、2010 年分别为 1.05 亿美元、4.82 亿美元；2011 年、2012 年分别为 -2.15 亿美元、-14.81 亿美元；2013 年、2014 年相对稳定，分别为 4.75 亿美元、3.51 亿美元。

长荣海运、美国总统轮船、韩进海运的盈利情况较弱一些。

长荣海运的发展十分不稳定，2009 年、2011 年、2013 年均为负值，分别为 -2.98 亿美元、-0.94 亿美元、-0.62 亿美元；最高净利润为 2010 年的 4.59 亿美元，而 2008 年、2012 年、2014 年的净利润均较低，分别为 0.19 亿美元、0.04 亿美元、0.62 亿美元。

美国总统轮船和韩进海运更近似一些，发展情况不好。美国总统轮船在 2009 年、2011—2014 年均呈负值的状态，分别为 -7.39 亿美元、-4.74 亿美元、-4.07 亿美元、-0.72 亿美元、-2.51 亿美元，2009 年亏损最严重。韩进海运净利润情况在 2009 年、2011—2014 年分别为 -0.73 亿美元、-6.23 亿美元、-5.89 亿美元、-3.89 亿美元、-5.99 亿美元，2011 年亏损最严重。美国总统轮船和韩进海运均在 2010 年实现最好的净利润，分别为 4.64 和 4.2 亿美元。

通过对股权机构和利润状况的研究，我们得出如下基本结论：①国有股或政府控制的公司利润状况差强人意，而以马士基航运为代表的非国有公司的利润状况令人惊讶不已；②股权集中度高公司的，其利润状况令人忧虑，而股权分散的公司，其利润状况则令投资者看好；③商船三井和美国总统轮船的股权多由银行、基金公司和投资公司所控制。

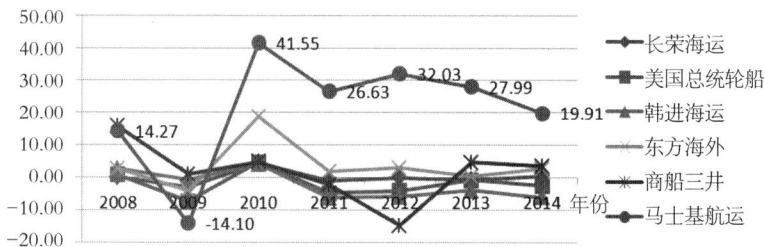

图 3-9　所选样本净利润情况变动趋势图

3.3.3　资本负债率变动情况

资产负债率是综合反映企业偿债能力的重要指标，通过负债与资产的对比，能够反映企业总资产中有多少是通过举债来获得的。指标太高，表明企业的债务负担过重，企业的财务风险比较大，会影响到企业的筹资；指标太低，企业就无法通过扩大举债规模获得较高的财务杠杆。

由图 3-10 可以得出，长荣海运的资产负债率呈稳步上升的态势，2008—2014 年分别为 33%、32%、27%、34%、39%、66%、66%，2008—2014 年增幅高达 100%。由较低的资产负债率增长到较为正常的比率，表明长荣海运利用举债来获得较多的财务杠杆的能力显著增强。美国总统轮船的资产负债率基本也呈增长的态势，2008—2014 年的资产负债率分别为 54%、40%、49%、20%、73%、76%、80%，除了 2009 年有所降低外，2008—2014 年增幅达到 48%。高达 80% 的资产负债率表明美国总统轮船的债务负担过重，有资不抵债的风险，企业的财务风险较大。韩进海运的资产负债率也同样呈现稳定的增长态势，其 2008—2014 年的资产负债率分别为 61%、76%、71%、80%、87%、91%、94%，总体上负债太高，2008—2014 年增长幅度达到 54%，与美国总统轮船的情况类似。高达 94% 的资产负债率表明企业财务风险很大，企业偿债能力很弱。韩进海运是韩国最大的海运公司，是世界十大航运公司之一，得到了韩国政府的鼎力支持，亏损是韩进海运挥之不去的梦魇。[1] 从研究者的角度来看，韩进海运越是亏损，政府担保的杠杆率越高。相比于以上三家航运企业较高的资产负债率来讲，东方海外、商船三井及马士基航运的偿债

---

[1]　2016 年 8 月 31 日，韩进海运申请法定管理。

能力则较强，财务风险很小。东方海外的资产负债率从 2008 年以来一直处于较稳定的状态，其 2008—2014 年的资产负债率分别为 43%、46%、39%、45%、45%、50%、52%，总体上保持在 50% 左右。商船三井 2008—2014 年的资产负债率分别为 60%、60%、60%、63%、71%、67%、66%，总体上保持在 65% 左右。与东方海外相比，马士基航运的偿债能力表现出了较强的态势，资产负债率 2008—2014 年分别为 55%、54%、49%、49%、46%、43%、39%，资产负债率平均在 48% 以下，表明其能利用举债增加财务杠杆利益，同时出现财务危机的可能性较低。需要特别指出的是，在经济形势处于高潮时，马士基航运负债率较高，但也没有高过 55%。在美国次贷危机来临之际，马士基航运及时调整，将财务杠杆降到了 40% 以下，体现出马士基航运一贯稳健的财务战略。马士基航运的财务杠杆很少有越过 50% 红线的时候，即便如此，也会及时调整。

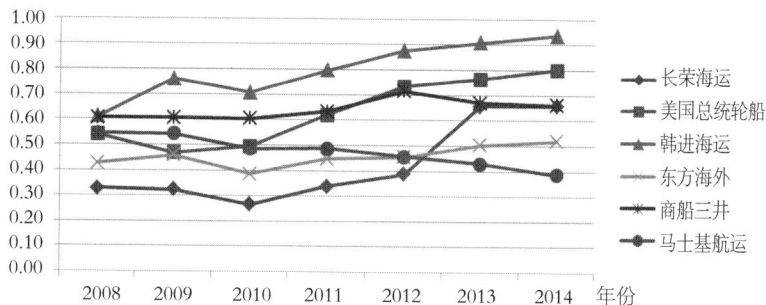

图 3-10 所选样本资产负债率变动趋势图

3.3.4 净资产收益率变动情况

净资产收益率是反映企业盈利能力的核心指标，能直接反映资本的增值能力，又能影响企业股东价值的大小。该指标越高则反映企业的盈利能力越好。

由图 3-11 可以得出，长荣海运的净资产收益率从 2008 年以来一直处于较低的水平，2008—2014 年分别为 1%、-18%、23%、-5%、0、-3%、3%，2009 年、2011 年、2013 年均为负值，2014 年即使是正值，也只达到 3% 的较低水平，表明其盈利能力很弱，通过投入资本经营而取得利润的能力不强。美国总统轮船及韩进海运也出现类似的情况。美国总统轮船 2008—2014 年的净资产收益率分别为 4%、−26%、14%、−18%、−19%、−3%、−14%，2009 年净资产收益率最低，为−26%，以后期间有所回升，但状况不容乐观，至 2014 年是−14%。韩进海运的状况要更糟糕，其 2008—2014 年的净资产收益率分别为 1%、−5%、18%、−35%、−53%、−61%、−109%，从 2011 年以后一直处于较严重的亏损状态，至 2014 年净资产收益率甚至达到−109%。以上 3 家航运企业的盈利能力很弱，企业所有者通过投入资本经营取得利润的能力太差。

与以上 3 家航运企业相比，东方海外、商船三井及马士基航运的盈利能力较强。东方海外的净资产收益率从 2008—2014 年分别为 6%、−10%、34%、4%、7%、1%、6%，其 2010 年的净资产收益率达到最高值 34%，以后有所降低，但依然有相对同行业来讲较高的净资产收益率，2014 年为 6%，与航运巨头马士基航运持平。商船三井 2008—2014 年的净资产收益率分别为 25%、2%、8%、−4%、−29%、−7%、5%，其在 2011 年及 2012 年出现亏损，2012 年达到−29%，但很快扭亏为盈，在 2013 年达到 7%的比率。马士基航运的净资产收益率 2008—2014 年分别为 11%、−11%、15%、9%、10%、8%、6%，其除了 2009 年以外一直较稳定，维持在 10%左右，2010 年达到 15%，较高的净资产收益率表明马士基航运的轻强的财务收益能力。

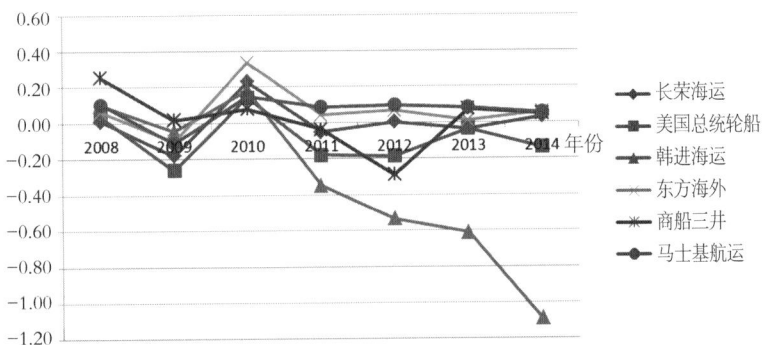

图 3-11 所选样本净资产收益率变动趋势图

3.3.5 总资产报酬率变动情况

总资产报酬率反映了企业运用资产而产生利润的能力，总资产报酬率越高表明企业资产的运用效率越高，企业的资产盈利能力越强，因此该指标越高对企业越有利。

由图 3-12 可以得出，长荣海运总资产报酬率一直处于较低的水平，2010 年实现较高的增长，达到 17%，但是很快又回到原有水平，2009 年、2011 年、2013 年甚至总资产报酬率为负值。综合来讲，长荣海运的总资产报酬率很低，其运用资产产生利润的能力很弱，资产盈利能力不强。

美国总统轮船和韩进海运的状况与长荣海运相似。美国总统轮船 2008—2014 年的总资产报酬率分别为 2%、−14%、7%、−7%、−5%、−1%、−3%。韩进海运 2008—2014 年的总资产报酬率分别为 4%、−1%、5%、−7%、−7%、−6%、−7%，除了 2008 年与 2010 年以外，其余年份均是负值。美国总统轮船最低时达到−14%，韩进海运最低时也达到−7%。

东方海外、商船三井及马士基航运情况要好一些。东方海外 2008—2014 年的总资产报酬率分别为 4%、−5%、21%、2%、4%、1%、3%，除 2010 年增长较快达到 21% 外，基本维持在 3% 左右。商船三井的总资产报酬率 2011 年和 2012 年出现较低负增长，其余年份基本维持在 2% 左右。马士基航运相比之下总资产报酬率要更好一些，2008—2014 年分别为 5%、−5%、8%、4%、5%、5%、3%，除 2009 年为−5% 以外，基本维持在 5% 左右，较为稳定。因此，马士基航运运用资产产生利润的能力很强，资产的运用效率也很高。

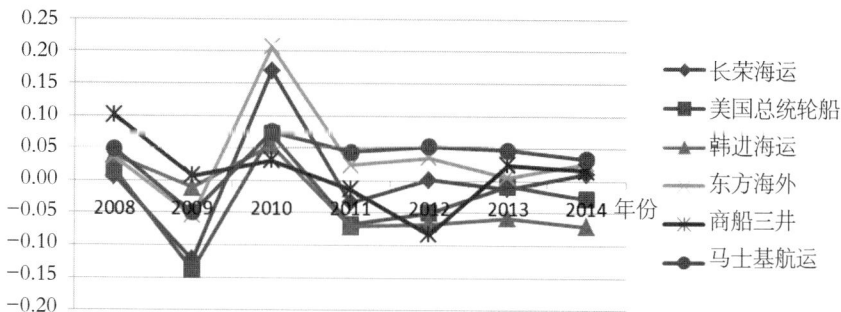

图 3-12　所选样本总资产报酬率变动趋势图

3.4 公司财务及股权结构

所选样本中，马士基航运、美国总统轮船及东方海外 3 家公司的国有股比例总体上较低，非国有股比例较高。国际公司股权结构基本上都有一个共同的特点：在公司发展的初级阶段，基本上都是通过政府融资的方式来获得资金，即政府持股比例较大；公司发展至中期，基本上为各公司之间相互持股，这更有助于公司进一步的发展；发展到高级阶段时，即目前各大公司基本维持的形式，银行及基金公司等金融机构进行持股，一旦公司经营较差或者盈利较差，则可能金融机构直接退出持股，这种方式能够更加促进企业向盈利的方向发展。

同时所选样本的财务状况也不太一样。马士基航运的资产总额较高，规模较大。商船三井，其总资产规模相比马士基航运要小许多，但与其他航运企业相比规模依然相对较大。美国总统轮船、韩进海运及东方海外的总资产规模近似，美国总统轮船的增长速度最快。长荣海运总资产规模很小，处于行业中较弱势的地位，但其增速还是较快的。在净利润方面，马士基航运的净利润一直处于所选样本中的较高水平。东方海外虽然资产规模相对较小，但盈利水平却不低，净利润也相对较高。商船三井除 2011 年及 2012 年净利润为负值外，其他年份的净利润值也相对较大，甚至在 2008 年超过了航运巨头马士基航运。长荣海运、美国总统轮船、韩进海运的盈利情况要较差一些。长荣海运的发展十分不稳定，正负净利润反复交替，波动很大。美国总统轮船和韩进海运更近似一些，发展情况不容乐观，甚至连续 4 年出现负净利润的情况。在各项财务比率中，所选样本的情况也相差很大。长荣海运的资产负债率呈稳步上升的态势，由 2008 年的 33%增长到 2014 年的 66%，其波动幅度很大。美国总统轮船的资产负债率基本也呈增长态势，波动幅度也不小，由 20%变动到 80%，说明企业的财务风险较大。韩进海运的资产负债率同样呈现稳定的增长态势，而且其基数相对较大，即使是最小值也为 61%，最高值为 94%，负债率太高，企业偿债能力很弱。相比于以上 3 家航运企业较高的资产负债率，东方海外、商船三井及马士基航运的偿债能力则较强，财务风险也相对较小。东方海外的资产负债率从 2008 年以来一直处于较稳定的状态，总体上保持在 50% 左右；商船三井总体上保持在 65% 左右，与东方海外相比，其偿债能力相对较弱；马士基航运的偿债能力表现出较强的态势，大体上资产负债率保持在 50% 左右。这 3 家航运企业能充分利用举债增加财务杠杆收益，同时出现财务危机的可能性又较低。对于净资产收益率而言，长荣海运从 2008 年以来一直处于较低的水平，正负值交替，即使为正值，基数也相对较小。美国总统轮船及韩进海运同样出现类似的情况。韩进海运的状况要更糟糕一些，其连续 4 年出现负值，基本无盈利能力可言。以上 3 家航运企业的盈利能力很弱，企业所有者通过投入资本经营取得利润的能力太差。东方海外、商船三井及马士基航运的盈利能力则较强。东方海外有相对同行业来讲较高的净资产收益率，2014 年与航运巨头马士基航运持平。商船三井净资产收益率也相对较高，其在 2011 年及 2012 年出现亏损，但很快扭亏为盈。马士基航运的净资产收益率除了 2009 年以外一直较稳定，维持在 10% 的状态，2010 年达到 15%，较高的净资产收益率表明马士基航运的盈利能力很强。在总资产报酬率方面，长荣海运的总资产报酬率一直处于较低的水平，2009 年、2011 年、2013 年甚至为负值。长荣海运的资产盈利能力不强。美国总统轮船与韩进海运的状况与长荣海运相似，2011—2014 年连续 4 年为负值，表明其资产盈利能力太弱。东方海外、商船三井及马士基航运情况则要好很多。东方海外的总资产报酬率基本维持在 3% 左右，商船三井基本维持在 2% 左右，马士基航运相比之下总资产报酬率要更好一些，基本维持在 5% 左右。

在国际航运业上市公司中，发展最好的马士基航运有 55% ~ 65% 的股份被穆勒集团所控制，控制程度较高。商船三井有 27% ~ 32% 的股份被银行及信托公司所掌控。韩进海运有 25% ~ 53% 的股份被韩进航运集团及各大公司所控制，控制程度较高。东方海外有 98% ~ 99% 的股份被各大公司掌控，控制程度非常高。长荣海运有 33% ~ 36% 的股份被各大公司及私人掌控，控制程度相对较高。美国总统轮船有 71% ~ 87% 的股份被银行及投资公司所掌控，控制程度较高。

马士基航运、商船三井、东方海外发展较好，同时它们的共同点在于拥有较高的非国有股比例、较低的国有股比例，同时股权变动幅度非常小，基本每年维持在同一水平上。而长荣海运、韩进海运、美国总统轮船的发展较差，其也有着相似的特点，即较高的国有股比例，不看重非国有股，但波动相对较大，股东每年都会发生变动。股权结构对于公司的发展有重要的影响。股权结构多元化，提高非国有股比例，降低国有股比例，减少政府干预和大股东的直接干预和控制，发挥企业股东的股权治理优势，是改变航运业巨头亏损的根本出路。

3.5 股权结构与其他指标间的关系及验证

以上是从财务分析和公司治理的角度研究航运巨头的公司股权结构，并得出一般性的结论。研究者还试图通过统计学的研究来支持和论证上述结论。

为了了解以上因素之间的相关关系，现作出如下假设：

假设 1：股权结构的集中度与净利润呈正相关的关系，即在一定程度上，净利润越高，股权结构越集中。

假设 2：股权结构的集中度与资产控制率呈正相关的关系，即资产控制率越高，股权结构越集中。本书将资产控制率定义为：资产控制率=公司总资产/前五大股东持股比例×100%。

假设 3：股权结构的集中度与资产报酬率呈正相关的关系，即资产报酬率越高，股权结构越集中。

为了验证以上假设的准确性，本书选用 SPSS 18.0 软件，对相关性和显著性作出验证（见表 3-1）。

表 3-1 相关性和显著性

		股权结构	净利润	资产控制率	总资产报酬率
股权结构	Pearson 相关性	1	0.040	−0.361*	0.106
	显著性（双侧）		0.802	0.020	0.512
	N	41	41	41	41
净利润	Pearson 相关性	0.040	1	0.664**	0.645**
	显著性（双侧）	0.802		0.000	0.000
	N	41	41	41	41
资产控制率	Pearson 相关性	−0.361*	0.664**	1	0.214
	显著性（双侧）	0.020	0.000		0.178
	N	41	41	41	41
总资产报酬率	Pearson 相关性	0.106	0.645**	0.214	1
	显著性（双侧）	0.512	0.000	0.178	
	N	41	41	41	41

注：*表示在 0.05 水平（双侧）上显著相关；**表示在 0.01 水平（双侧）上显著相关。

从表 3-1 中可以看出，净利润与资产控制率、总资产报酬率之间的相关系数都在 60% 以上，对应的 P 值都接近 0，表示净利润与资产控制率及总资产报酬率具有较强的正相关关系，即随着净利润的增大，资产控制率和总资产报酬率均增大，而股权结构与其他 3 个变量之间的相关性较弱，股权结构与净利润及总资产报酬率成正相关，与资产控制率负相关，但相关性较弱。

从表 3-2 中可以看出，股权结构与净利润、资产控制率及总资产报酬率之间的关系，股权结构与净利润的 Sig 值为 0.022＜0.05，表明净利润与股权结构显著正相关，即在一定程度内，净利润会随股权集中度的增加而增大。股权结构与资产控制率的 Sig 值为 0.001＜0.05，表明股权集中度与资产控制率显著负相关，即一定程度内，股权越集中，资产控制率越低。总资产报酬率与股权结构的 Sig 值为 0.475＞0.05，表明股权集中度与总资产报酬率的关系不显著。

表 3-2 相关系数

模型		非标准化系数		标准系数	t	Sig.
		B	标准误差	试用版		
1	（常量）	0.709	0.054		13.121	0.000
	净利润	0.014	0.006	0.615	2.388	0.022
	资产控制率	−0.001	0.000	−0.717	−3.554	0.001
	总资产报酬率	−0.547	0.758	−0.142	−0.722	0.475

注：因变量：股权结构。

结论：

假设 1 成立。股权结构的集中度与净利润呈正相关的关系，即在一定程度内，净利润越高，股权结构越集中。

假设 2 不成立。股权结构的集中度与资产控制率呈负相关的关系，即资产控制率越高，股权结构越分散。

假设 3 不成立。股权结构的集中度与资产报酬率关系不显著。

因此公司中若有较高的股权集中度，应适当降低前五大股东持股比例；若有较低的股权集中度，可适当提高前五大股东持股比例，以达到最佳股权比例，刺激公司净利润的增长。股权集中度不能过高，以防止资产控制率过低。对于本书的样本公司而言，商船三井的前五大股东持股比例相对较低，可以适当增大；韩进海运的前五大股东持股比例变动较大，应该找出较合适的比例以维持稳定；马士基航运的前五大股东持股比例较大，可以适当降低；东方海外的前五大股东持股比例过高，基本成为完全控股模式，应降低前五大股东持股比例，增加公众持股；长荣海运的前五大股东持股比例较为适宜，可以维持稳定状态；美国总统轮船前五大股东持股比例较大，应该降低相应比例，刺激净利润的增长。

第 4 章 东北地区发展瓶颈与上市公司
财务困境

4.1 东北上市公司分析核心提要

探索经济发展与企业的关系是本书的重要研究路径。上市公司依托雄厚的资本、先进的管理经验、公开透明的信息披露制度，已经成为地区经济发展的火车头。上市公司数量的多寡、质量的高低，已经成为一个地区经济发展水平的重要标志之一。东北地区幅员辽阔，人口众多，工业化程度较高，国家对该地区的经济发展给予了大力支持，在新中国成立初期便成立了一大批工业企业。20 世纪 90 年代初，中国建立资本市场，公司和企业纷纷改组上市，谋求搭上上市的快车。截至 2014 年 12 月 31 日，东北共有上市公司 144 家，主要分布在能源、制造、化工、钢铁、房地产等行业。本章旨在通过对东北上市公司 2008—2014 年的财务分析，揭示东北经济在 2008 年全球金融危机后的运行状况，对比 2014 年上海市上市公司的财务数据，找出东北上市公司与上海市上市公司的差距，给相关机构提供咨询建议。

根据《国民经济行业分类》(GB/T 4754-2011)的规定及上市公司主营业务的不同,可以将上市公司分为第一产业上市公司、第二产业上市公司、第三产业上市公司。截至 2014 年年底,东北有第一产业上市公司 6 家、第二产业上市公司 99 家、第三产业上市公司 39 家,总资产有 1.42 万亿元,同比增长 9.80%;实现营业收入 6 632 亿元,同比增长 0.90%。本书主要对东北 GDP 与上市公司总资产、上市公司的数量作总体分析,选取总资产、收入、净利润、销售利润率、总资产报酬率和权益报酬率等财务指标进行具体分析,研究 2008—2014 年东北上市公司运行情况。

4.1.1　东北地区上市公司数量少

从东北上市公司数量上看,东北 2008 年共有上市公司 112 家,2014 年增长到 144 家,平均每年大概增加 5 家上市公司,总增长率为 28.57%,增长速度要慢于同期的 GDP 和上市公司总资产发展速度。分产业来看,以 2014 年为例,东北共有第一产业上市公司 6 家、第二产业上市公司 99 家、第三产业上市公司 39 家,占比分别为 4.17%、68.75%、27.08%。同期上海市共有上市公司 218 家,归属第一、第二、第三产业的分别为 0.46%、58.26%、41.28%。通过对比分析发现,东北不仅上市公司的数量合计不及上海市的 2/3,而且在质量上也以第二产业为主,距离发达的服务经济还有一定差距。

4.1.2　总资产占 GDP 比重过小

东北的 GDP 从 2008 年的 2.84 万亿元增长到 2014 年的 5.75 万亿元,年均复合增长 12.46%;东北上市公司总资产从 2008 年的 5 677.59 亿元增长到 2014 年的 1.42 万亿元,年均复合增长 16.46%。东北上市公司总资产的年均复合增速高于同期 GDP 增长,表明上市公司的表现要好于整体经济水平。从资产占 GDP 比重上来看,2008 年东北上市公司总资产占 GDP 比重为 19.99%,2014 年增长到 24.65%,虽然有一定程度增长,但比重依然偏低;上海市 2014 年上市公司总资产占 GDP 比重高达 291.26%,是东北的 11.86 倍。由此可见,东北上市公司的资产参与市场经营活动的比例过低，输出动力远远不足，属于典型的"小马拉大车"情况，难以推动经济的可持续增长。

4.1.3 资产质量不优

东北上市公司总资产负债率呈现稳步上升的趋势，2008年为56.56%，增长到2014年的62.43%，负债率扶摇直上。负债率的上升可能会导致公司陷入财务危机，值得上市公司警惕。负债率的上升也说明资产规模的增长一部分来自债务提升，公司股东权益比降低，导致资产质量下降。东北上市公司总资产增长速度2009年为20.10%，2010年达到最大值25.93%，后来一路下滑，2014年为9.80%。2014年东北上市公司平均总资产为98.38亿元，相比于上海市的314.88亿元，平均资产规模太小。

分产业来看，第一产业上市公司总资产从2008年的152.9亿元增加到2014年的246.46亿元，年均复合增长8.28%；第二产业上市公司的总资产从2008年的4 365.57亿元增加到2014年的9 913.43亿元，年均复合增长14.65%；第三产业上市公司的总资产从2008年的1 159.12亿元增加到2014年的4 006.65亿元，年均复合增长22.96%。第二产业上市公司总资产依然占优势地位；第三产业上市公司发展势头最为迅猛；第一产业上市公司不仅规模小，增长速度也较为缓慢。平均来看，第一产业上市公司平均总资产从2008年的30.58亿元增长到2014年的41.08亿元，年均复合增长5.04%；第二产业上市公司平均总资产从2008年的49.05亿元增长到2014年的100.14亿元，年均复合增长12.40%；第三产业上市公司平均总资产从2008年的30.50亿元增长到2014年的102.73亿元，年均复合增长22.45%。2014年，上海市三大产业上市公司平均资产分别为13.05亿元、153.14亿元、546.46亿元，除第一产业上市公司平均资产方面东北比上海市占优势外，第二、第三产业上市公司平均资产上海市分别是东北的1.53倍和5.32倍。

从三大产业上市公司总资产比重看，东北第一产业上市公司总资产从2008年的2.69%下降到2014年的1.74%，第二产业上市公司总资产从2008年的76.89%下降到2014年的69.98%，第三产业上市公司总资产从 2008 年的 20.42%增长到 2014 年的 28.28%；上海市 2014 年第一、二、三产业上市公司总资产比重分别为 0.02%、28.33%、71.65%。由数据可知，东北地区以第二产业上市公司为主，第三产业上市公司比重偏小。三大产业的布局不合理不可能保证东北经济的可持续增长，下滑是必然的。

4.1.4　营业收入增长停滞

东北上市公司总收入从 2008 年的 3 618.30 亿元增长到 2014 年的 6 631.59 亿元，年均复合增长 10.62%，低于同期 GDP 的复合增长速度。分阶段来看，2009—2011 年增长较快；2012—2014 年明显放缓，2014 年增速仅有 0.90%，增长几乎停滞。

分产业来看，东北第一产业上市公司的总收入从 2008 年的 90.52 亿元增加到 2014 年的 193.91 亿元，年均复合增长 13.54%；第二产业上市公司的总收入从 2008 年的 2 920.51 亿元增加到 2014 年的 5 013.10 亿元，年均复合增长 9.42%；第三产业上市公司的总收入从 2008 年的 607.27 亿元增加到 2014 年的 1 424.58 亿元，年均复合增长 15.27%。第二产业上市公司总收入复合增长速度低于同期 GDP 增长，第一、三产业上市公司总收入则高于同期 GDP。由于第二产业上市公司总收入占据了主导地位，其拉低了整个东北上市公司的总收入，导致总体增长速度要慢于同期 GDP。究其原因，东北第二产业上市公司主要集中在能源、化工、重工、汽车、煤炭等传统制造业领域，在全球经济下滑、制造业不景气的大环境下，东北商品的国际市场份额萎缩；国内经过 2009 年"大水漫灌"式的刺激政策，产能严重过剩，尤其在东北上市公司所占比重较大的重工产业，营业收入不断减少。

平均来看，第一产业上市公司平均总收入从 2008 年的 18.10 亿元增长到 2014 年的 32.32 亿元，年均复合增长 10.15%；第二产业上市公司平均总收入从 2008 年的 32.81 亿元增长到 2014 年的 50.64 亿元，年均复合增长 7.50%；第三产业上市公司平均总收入从 2008 年的 15.98 亿元增长到 2014 年的 36.59 亿元，年均复合增长 14.81%。2014 年上海市第一、二、三产业上市公司平均总收入分别是 4.57 亿元、103.14 亿元、116.38 亿元。东北第一产业上市公司平均总收入高于上海市，第二、三产业上市公司平均总收入方面，上海市分别是东北的 2.12 倍、3.19 倍。从收入比重来看，第一产业上市公司从 2008 年的 2.50%增长到 2014 年的 2.92%，第二产业上市公司从 2008 年的 80.71%下降到 2014 年的 75.59%，第三产业上市公司从 2008 年的 16.78%增长到 2014 年的 21.48%。上海市 2014 年第一产业上市公司收入比重为 0.02%，第二产业上市公司收入比重为 55.56%，第三产业上市公司收入比重为 44.42%。上海市第三产业上市公司收入比重是东北的 2 倍，东北上市公司仍有很大发展空间。

4.1.5　利润和利润率双降

东北上市公司总净利润从 2008 年的 161.76 亿元增长到 2014 年的 309.96 亿元，年均复合增长 11.45%，低于同期的 GDP 增速。分段来看，2008—2010 年属于利润上升周期，2010—2012 年属于利润下降周期，2013 年利润大幅增加，2014 年利润再次下降，降幅高达 13.56%。与总资产和总收入相比，2014 年的净利润出现大幅度减少。

分产业来看，第一产业上市公司的净利润从 2008 年的 7.99 亿元降到 2014 年的 0.28 亿元，年均复合增长−73.36%；第二产业上市公司的净利润从 2008 年的 94.65 亿元增加到 2014 年的 182.91 亿元，增长幅度为 93.25%，年均复合增长 11.61%；第三产业上市公司的净利润从 2008 年的 59.12 亿元增加到 2014 年的 126.76 亿元，增长幅度为 114.41%，年均复合增长 13.56%。只有第三产业上市公司的净利润的复合增长速度超过了同期 GDP 水平，第一产业为负值，第二产业也低于同期 GDP 水平。平均来看，第一产业上市公司的平均净利润从 2008 年的 1.60 亿元下降到 2014 年为 0.05 亿元，年均复合下降 43.88%；第二产业上市公司的平均净利润从 2008 年的 1.06 亿元增长到 2014 年的 1.85 亿元，年均复合增长 9.73%；第三产业上市公司的平均净利润从 2008 的 1.56 亿元增长到 2014 年的 3.25 亿元，年均复合增长 13.01%。2014 年，上海市第一、二、三产业上市公司的平均净利润分别为 0.17 亿元、4.29 亿元、10.52 亿元，分别是东北的 3.4 倍、2.32 倍、2.45 倍。从净利润比重看，东北第一产业上市公司从 2008 年的 4.94%下降到 2014 年的 0.09%，第二产业上市公司从 2008 年的 58.51%增长到 2014 年的 59.01%，第三产业上市公司从 2008 年的 36.55%增长到 2014 年的 40.90%。2014 年，上海市三大产业上市公司利润比重分别为 0.01%、36.50%、63.49%，东北仍然需要提高第三产业在利润中的比重。

东北上市公司总利润率基本保持在 4%～5%，相比于发达地区，东北上市公司的利润率不高。上市公司只有提高了利润率，才能证明其为股东创造了更多的财富价值，证明其在当地经济发展中的火车头作用。具体分产业看，第一产业上市公司利润率从 2008 年的 8.83%一路下滑到 2014 年的 0.15%；第二产业上市公司利润率从 2008 年的 3.2%波动式发展，到 2014 年为 3.65%；第三产业上市公司利润率较平稳，从 2008 年的 9.73%下降到 2014 年的 8.90%。2014 年上海市三大产业上市公司利润率分别为 3.74%、4.16%、9.04%，第一产业上海市和东北相比差距较大，第二、三产业利润率基本相当。

4.1.6 总资产报酬率和净资产收益率基本一致

东北上市公司总资产报酬率大概保持在 2%～3%，2008 年为 2.85%，2014 年为 2.19%。总资产报酬率表示上市公司净利润与总资产之间的比值，其值越高，表明单位总资产产生的净利润越多。具体分产业看，第一产业上市公司总资产报酬率从 2008 年的 5.23%一直降到 2014 年的 0.11%；第二产业上市公司总资产报酬率从 2008 年的 2.17%波动式下降，2014 年为 1.85%；第三产业上市公司总资产报酬率缓慢下降，从 2008 年的 5.10%降到 2014 年的 3.16%。2014 年上海市三大产业上市公司总资产报酬率分别为 1.31%、2.80%、1.93%。上海市第一、二产业上市公司的总资产报酬率大于东北，第三产业上市公司的总资产报酬率小于东北。无论从东北上市公司自身的纵向比较还是和上海市的横向比较来看，东北第三产业上市公司的总资产报酬率都较高。

东北上市公司净资产报酬率保持在 5%～8%，2008 年为 6.56%，2014 年下降到 5.82%。净资产报酬率表明上市公司净利润和净资产之间的比值，其值越高，表明单位净资产能够产生越多的利润。提高公司的债务比例能够产生较大的净资产报酬率，但会增加公司的运营风险。具体分产业看，第一产业上市公司的净资产报酬率从 2008 年的 9.89%下降到 2014 年的 0.21%；第二产业上市公司的净资产报酬率 2008 年为 5.19%，此后波动幅度较大，2014 年为 5%；第三产业上市公司的净资产报酬率从 2008 年的 10.51%缓慢下降到 2014 年的 8.29%。2014 年，上海市三大产业上市公司的净资产报酬率分别为 1.88%、7.48%、9.30%，分别是东北的 8.95 倍、1.5 倍、1.12 倍。

4.1.7　GDP 与财务指标之间的关系

经济的发展应该是企业的发展，尤其是上市公司的发展。上市公司作为驱动经济发展的火车头，对区域经济的发展有巨大促进作用。地区经济发展的最直接表现形式是 GDP 增长。总资产对 GDP 有积极的促进作用，上市公司总资产与公司规模呈正相关关系，较大的上市公司能够对当地经济发展起到很好的带动作用。东北上市公司作为优质的经济组织，2008—2014 年总资产年均复合增长高达 16.46%，高于同期 GDP 的增长率 12.46%，表明上市公司的发展势头要好于当地经济。保持合理的资产负债率有利于上市公司补充资金，抓住自身发展的良好时机，但过高的负债率会使公司陷入财务危机甚至破产，反而不利于 GDP 的增长。GDP 是一个地区在某一时间段生产产品和提供劳务的最终货币表现形式，上市公司收入的增加有利于 GDP 的提高。东北上市公司 2014 年总收入较上年仅有 0.9%的增长，对东北 GDP 增长的贡献较小。上市公司会把净利润中的一部分在当年进行分配，产生 GDP，或者留存到下一年再进行扩大生产，净利润越高，越能对 GDP 产生正的影响。利润率是衡量盈利能力的一个指标，当收入一定时，上市公司通过提高利润率，间接提高了净利润，从而促进 GDP 的增长。

4.1.8　一般性建议

更好地发挥上市公司对东北地区经济发展的带动作用，就必须从上市公司的数量和质量入手，通过大力发展上市公司，寻求依托高质量上市公司促进东北地区经济发展的新方法。首先，政府要引导和培育优势企业上市，破除部门权力和地方利益的偏差，认识到上市对整个地区经济发展的带动作用，规范证券、会计、法律咨询等中介机构，构建企业上市的良好格局。其次，要规范上市公司的经营运作，即完善公司治理结构，加大股权激励力度，完善独立董事与监事制度，加大外部审计对公司的监督约束。最后，需要加大并购重组力度，推动产业升级。上市公司在推动当地经济优化发展的过程中，必须以自身产业结构调整为前提，通过并购重组获得新生，向地区重点发展的高科技产业、现代制造业和现代服务业发展。

4.2 东北经济游离于我国主流资本市场之外

东北地区上市公司行业分布与其区域经济发展的宏观背景密切相关。位于东北亚中心地带的东北地区，曾是我国新中国成立以后第一个重点建设的重工业基地和农业基地。布局在东北的钢铁、能源、重机械、化工、汽车、军工等重工产业，奠定了我国工业化的基础，发展至今，仍具产业优势、科研优势和人力资源优势。东北辽阔的地域、肥沃的土地和丰富的生物资源，为农林牧渔业的发展提供了得天独厚的优势，以第三产业为主的现代服务业在改革开放后也取得了较大的发展。从上市公司的数量和上市公司资本化程度来看，东北地区上市公司的上市速度较缓慢，平均每省每年 2 到 3 家。从行业分布来看，东北上市公司仍然以第二产业为主，行业分布的单一化必然会对东北地区经济发展产生一定的不利影响。因此，东北地区迫切需要大力推进企业上市，通过主板、中小板、创业板甚至新三板、科创板等来推进企业的市场化改革，通过提升企业竞争力来提高整个地区的经济发展水平。

如图 4-1 所示，东北上市公司的数量总体上呈现上升的趋势，从 2008 年的 112 家增长到 2014 年的 144 家，增长了 32 家，增长率为 28.57%。从东北上市公司数量来看，辽宁省 2008 年拥有上市公司 54 家，增长到 2014 年的 72 家，增长了 18 家，增长率为 33.33%；吉林省 2008 年拥有上市公司 34 家，增长到 2014 年的 40 家，增长了 6 家，增长率为 17.65%；黑龙江省 2008 年拥有上市公司 24 家，增长到 2014 年的 32 家，增长了 8 家，增长率为 33.33%。从各个省份来看，辽宁省 2009 年新增 1 家，2010 年和 2011 年发展较快，分别增加 7 家和 6 家，2012 年增加 4 家，2013 年减少 2 家，2014 年增加 4 家。吉林省 2009 年减少 1 家，2010 年、2011 年都增加 2 家，2012 到 2014 年每年增加 1 家。黑龙江省 2009 年增加 2 家，2010 年增加 4 家，2011 年没有新增上市公司，2012 年、2014 年分别增加 1 家，2013 年没有新增上市公司。

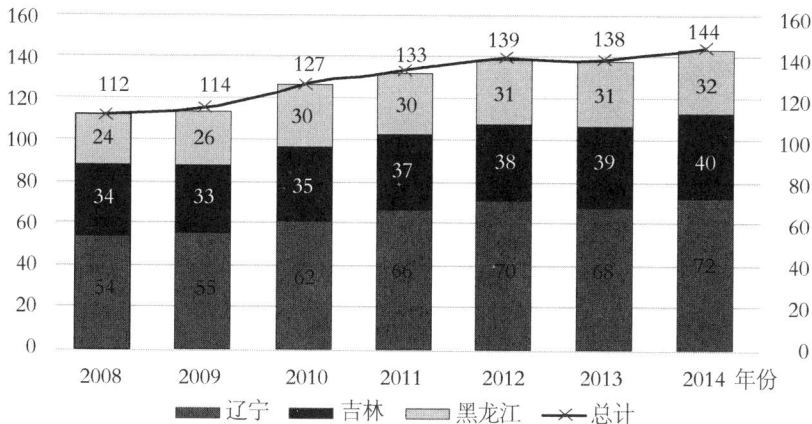

图 4-1 东北上市公司数量

4.3 资产证券化率低

上市公司的发展快慢与一个地区的经济发展有密切关系。上市公司作为资本市场的重要组成部分，其规模的壮大有利于区域优化融资结构，促进直接融资和间接融资的良性互动，有效提升区域经济主体的融资功能和效果，为当地经济发展打下坚实的基础。反之，上市公司规模过小，即上市公司总资产与 GDP 的比值过低，表明区域内资源没有合理地集中利用，当地企业的品牌效应低，无法吸引高素质的优秀人才，区域经济的产业结构升级调整较慢。

如图 4-2 所示，从总量上来看，东北的 GDP 从 2008 年的 28 409.05 亿元增长到 2014 年的 57 469.81 亿元，增长超过了 1 倍，年均复合增长 12.46%；上市公司总资产从 2008 年的 5 677.59 亿元增长到 2014 年的

14 166.54 亿元，增长也超过了 1 倍，年均复合增长 16.46%。从数据上来看，上市公司的总资产增长速度超过了 GDP 的同期增速，表明上市公司的经济发展速度要快于整个东北地区的经济发展速度。从资产占GDP 比重上来看，东北上市公司总资产和 GDP 的比重从 2008 年的19.99% 上升到 2010 年的 22.9%，之后在 2011 年稍有下滑，为 21.95%，2011—2014 年一直呈现上升的趋势，到 2014 年上升到 24.65%。就资产占 GDP 比重的发展速度，可以看出 2008—2011 年的占比增长幅度较大，在 2011 年下降后，2012—2014 年的发展速度呈现稳步上升的趋势。

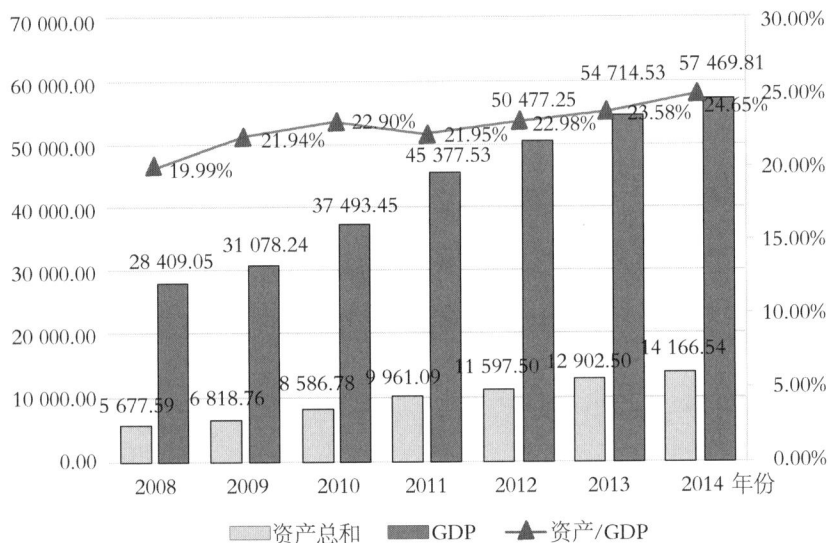

图 4-2　东北 GDP 与上市公司总资产（金额单位：亿元）

通过上市公司总资产和东北 GDP 这一资产证券化率可以看出，东北从 2008 年的 19.99% 到 2014 年的 24.55%，说明东北上市公司的资产参与市场经营活动的比例过低，经济增长动力源泉不足，"发动机"过小，输出动力远远不足，属于典型的"小马拉大车"情况，难以推动经济的可持续增长。而上海市上市公司资产证券化率为 291.26%，是东北的 11.86 倍。东北经济动力不足的原因之一是上市公司创造价值过少。上市公司是推动东北经济增长的动力源泉，如果上市公司资产太少，推动整个东北经济发展的动力便不足。

上市公司资产和东北 GDP 绝对数量的对比只是进行了总体的对比分析,通过计算每年的资产和 GDP 增长率可以更精确地对比分析二者之间的关系。

如图 4-3 所示,东北 GDP 的增长率总体呈现先增长后下降的趋势,2009 年为 9.40%,2010 年上涨了 1 倍,达到 20.64%,2011 年缓慢增长到 21.03%,在 2011 年触及高点后,2012—2014 年连续 3 年下降,2014 年的增幅更是低至 5.04%,经济下行的压力较大。东北上市公司总资产的增长率和东北 GDP 的变化情况基本一致,2009 年增长率是 20.10%,2010 年上升到 25.93%,是图 4-3 中分析年份的最大值,2010—2014 年整体是下降的趋势,2011—2013 年的增长率分别为 16.01%、16.43%、11.25%,2014 年的增长率已经下降到 9.80%。从总体上看,上市公司总资产的增速明显高于同期 GDP 增速,GDP 增速只有在 2011 年高于上市公司总资产增速,表明上市公司的发展水平要高于东北整体经济发展水平。

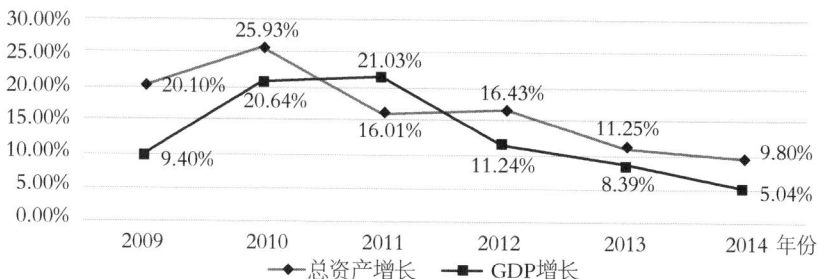

图 4-3　东北上市公司总资产增速与 GDP 增速

4.4　东北上市公司财务质量恶化

从总体来看,东北上市公司的总资产和资产负债率都出现同步上涨的趋势。

如图 4-4 所示,2008—2014 年,东北上市公司的总资产和资产负债率同步上涨,总资产的增速则呈现出逐渐放缓的趋势。具体来看,总资产从 2008 年的 5 677.59 亿元增长到 2014 年的 14 166.54 亿元,增长了 1.50 倍，增幅达到 149.52%，年均复合增长 16.46%。从每年的单独增长看，2009 年、2010 年的增长速度高于年均复合增长速度，2011—2014 年的增长速度低于年均复合增长速度。2009 年的增速为 20.10%，到 2010 年增长到 25.93%，主要是在 2009 年中央和地方的财政政策的刺激下，固定资产投资力度加大，上市公司的总资产随着整体经济环境的扩张而实现快速增长，2011 年增速回落到 16.01%，2012 年稍有增长，为 16.43%，2013 年、2014 年增速继续下降，分别为 11.25% 和 9.80%。2011 年到 2012 年的总资产增长速度较为平稳，2013 年和 2014 年资产增速放缓主要是由于国家经济进入转型调整期，东北经济环境遭遇寒冬，2015 年资产增速进一步下滑。从资产负债率上看，东北上市公司的整体资产负债率偏高，一直高于 55% 的水平，从 2008 年的 56.56% 上升到 2013 年的 63.45%，在 2014 年下降到 62.43%。资产负债率过高容易引发企业进入财务困境，每年要支付大量利息，债权人的债务请求可能还会危及公司的信用和正常的经营活动。

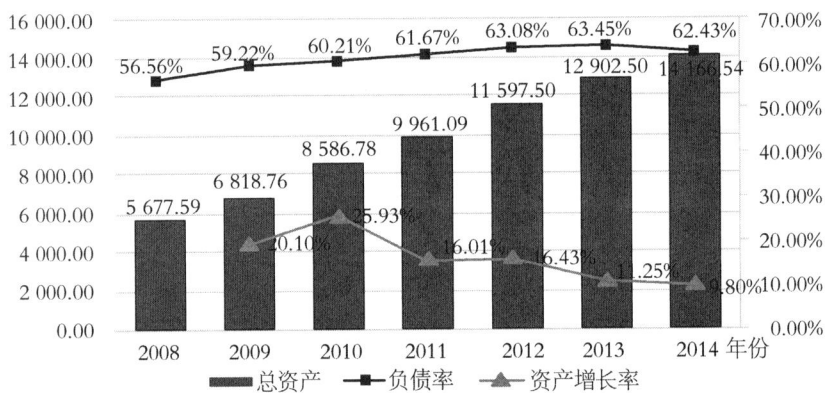

图 4-4　东北上市公司 2008—2014 年总资产、资产负债率与资产
增长率（金额单位：亿元）

东北是我国最早进入工业化的经济区，工业基础雄厚，一直被誉为共和国的"长子"，为祖国初期的经济建设作出了不可磨灭的贡献，但在进入 21 世纪时却出现了经济停滞甚至下滑的趋势，引起了政府的高度关注。而上市公司作为地区经济的发动机，发挥了极其重要的作用。

由于银行业高度依赖负债进行经营的特殊性，在剔除了银行之后的上市公司统计中，上海市共有上市公司 218 家，比东北上市公司总数之和的 144 家多 74 家，总数量是东北上市公司数量的 1.51 倍。上海市 218 家上市公司总资产为 6.86 万亿元，东北上市公司总资产为 1.42 万亿元，前者是后者的 4.83 倍。从平均每家上市公司占有的资产来看，东北的平均资产是 98.38 亿元，而上海市是 314.88 亿元，后者是前者的 3.20 倍，平均资产规模的差距相对总资产规模差距有所缩小。从资产负债率上看，东北上市公司的资产负债率为 62.43%，要低于上海市上市公司的 74.57%，表明东北上市公司的经营风险要小于上海市上市公司。

从总资产来看，东北地区上市公司的资产规模一直在增长，但最近几年明显增速放缓。鉴于全球经济放缓和国内经济新常态转型，以及东北 GDP 下降，预计短期内东北上市公司的资产增速依然会保持下降的趋势，甚至有可能出现负增长的局面，这一点尤其值得上市公司和地方政府警惕。从资产负债率上看，东北地区的负债比偏高，且一直呈现上升的趋势，仅在 2014 年稍微下降。整体经济环境下滑，企业财务状况不佳，资本市场进入寒冬，上市公司更应该注意自身负债问题，避免过度的短期债务，合理安排债务结构，适当降低负债率，使公司能够平稳快速发展。通过与上海市上市公司的对比，可以看出东北上市公司明显规模偏小，与经济发达的上海市存在一个数量级的差别。东北地区不仅在上市公司的数量上存在差距，在财务质量上问题也不少。一方面，需要东北地方政府大力支撑企业上市，从资本市场获得发展所需的宝贵资金，接受市场的监督，规范企业现代化运作，从而增加上市公司数量；另一方面，已经上市的公司需要努力发展自身业务，努力做大做强，方能在激烈的市场竞争中立于不败之地，从而提高东北上市公司的质量。

4.4.1　三大产业上市公司总资产分析

如图 4-5 所示，东北第一产业上市公司的总资产从 2008 年的 152.9 亿元增加到 2014 年的 246.46 亿元，增长幅度为 61.19%，年均复合增长 8.28%；第二产业上市公司的总资产从 2008 年的 4 365.57 亿元

增加到 2014 年的 9 913.43 亿元，增长幅度为 127.08%，年均复合增长
14.65%；第三产业上市公司的总资产从 2008 年的 1 159.12 亿元增加到
2014 年的 4 006.65 亿元，增长幅度为 245.66%，年均复合增长
22.96%。从总体上来看，第二产业上市公司居多，总资产占据了上市公
司总量的一半以上，并且是第一、第三产业上市公司的两倍；从年均复
合增速来看，第三产业上市公司大于第二产业上市公司，第二产业上市
公司大于第一产业上市公司。

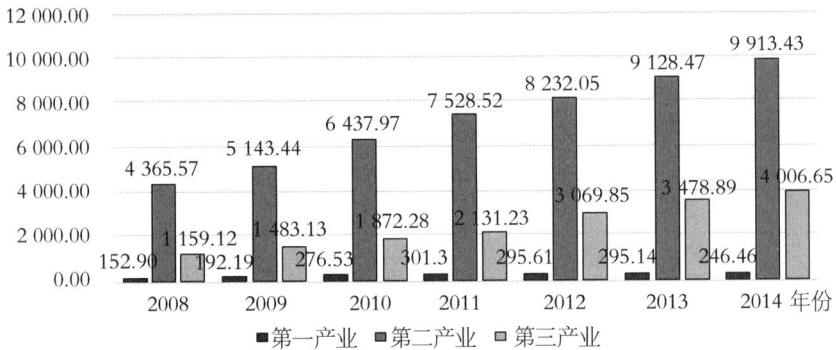

图 4-5　2008—2014 年东北三大产业上市公司总资产（单位：亿元）

　　如图 4-6 所示，东北上市公司总资产增速在 2009—2014 年整体上
都呈现下降的趋势，第一产业上市公司的降幅最大，第三产业上市公司
的波动幅度最大，第二产业上市公司呈现缓慢下降的走势。具体来看，
第一产业上市公司总资产增速在 2009 年是 25.70%，迅速上升到 2010
年的 43.89%，之后便一路下降，到 2012 年增速已经为负值，到 2014
年增速为−16.49%，表明第一产业上市公司总资产在 3 年内不仅没有增
长，反而呈现下降的趋势。第二产业上市公司总资产增速从 2009 年的
17.82%，增长到 2010 年的 25.17%，接着一路下降到 2014 年的 8.60%，
表明第二产业上市公司总资产步入增速逐渐放缓的周期，总资产的规模
依然不断在增大，并且都高于同期的 GDP 增速。第三产业上市公司增
速变化幅度较大，2009 年是 27.95%，2010 年缓慢下降到 26.24%，2011
年快速下降到 13.83%，到 2012 年又反弹到 44.04%，2013 年、2014 年
逐渐回落，2014 年增速为 15.17%，虽然变动幅度较大，但第三产业上
市公司总资产的平均增长速度依然是最大的。

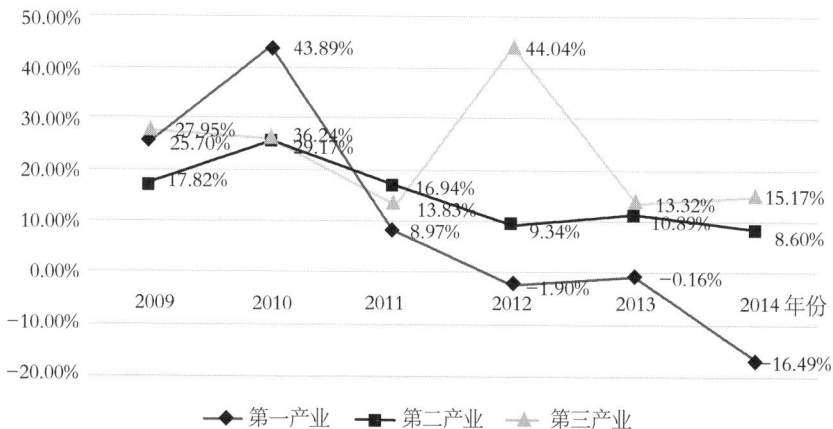

图 4-6　2009—2014 年东北三大产业上市公司总资产增速

三大产业总资产增速全线放缓，第一产业由 25.7% 下降到 -16.49%；第二产业由 17.82% 下降到 8.6%；第三产业由 27.95% 下降到 15.17%。三大产业全线放缓引起 GDP 增长缺乏足够的资产支持，经济增速放缓是意料中的事。

4.4.2　三大产业平均总资产

如图 4-7 所示，从总体上来看，第一产业上市公司的平均总资产呈现出先上升后下降的趋势，第二、第三产业上市公司呈现一直上升的趋势。2008 年，第二产业上市公司的平均总资产最多为 49.05 亿元，第一产业上市公司平均总资产和第三产业上市公司平均总资产相当，分别为 30.58 亿元、30.50 亿元，第一产业上市公司略大于第三产业上市公司。2014 年，第一产业上市公司平均总资产先上升后下降，当年为 41.08 亿元，增长不多；第二产业上市公司平均总资产为 100.14 亿元，取得 1 倍多的增长；第三产业上市公司平均总资产达到 102.73 亿元，已经超过第二产业上市公司。具体来看，第一产业上市公司平均总资产从 2008 年的 30.58 亿元增长到 2014 年的 41.08 亿元，增长了 34.33%，年均复合增长 5.04%；第二产业上市公司平均总资产从 2008 年的 49.05 亿元增长到 2014 年的 100.14 亿元，增长了 104.16%，年均复合增长 12.40%；第三产业上市公司平均总资产从 2008 年的 30.50 亿元增长到

2014 年的 102.73 亿元，增长了 236.82%，年均复合增长 22.45%。从数据可以看出，第三产业上市公司平均总资产增速最快，平均资产规模从 2008 年的第三位上升至 2014 年的第一位；第二产业上市公司保持较高增长速度，但在 2013 年、2014 年已经落后于第三产业上市公司；第一产业上市公司平均资产增速最小，规模变化不大。

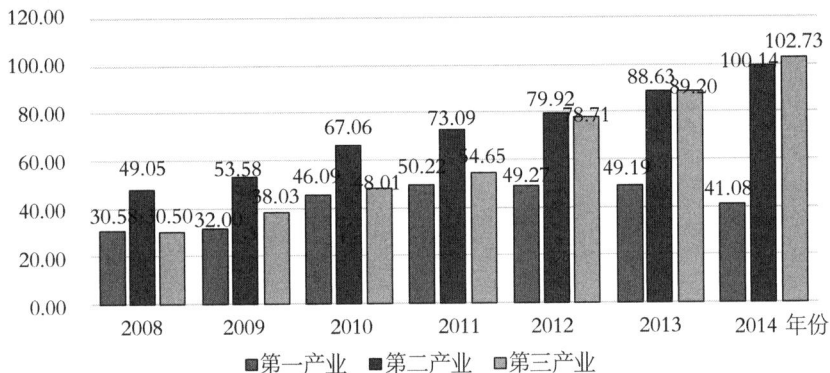

图 4-7　东北三大产业上市公司平均总资产（单位：亿元）

如图 4-8 所示，东北第三产业上市公司平均资产最多，第二产业上市公司次之，第一产业上市公司平均规模最小，第三产业上市公司比第二产业上市公司占有少量的优势；上海市第三产业上市公司平均总资产占有绝对优势，其规模是第二产业上市公司平均总资产的 3.57 倍，是第一产业上市公司平均规模的 41.87 倍，由此可见，上海市上市公司主要是以第三产业为主。通过对比可以发现，东北第一产业上市公司平均资产大于上海市第一产业上市公司，上海市第二产业上市公司规模比东北第二产业上市公司大 50%左右，而上海市第三产业上市公司平均资产规模比东北具有较为明显的优势，前者是后者的 5.32 倍。

与上海市产业结构相比，东北上市公司的主要差距在第三产业。第三产业的兴旺发达是现代经济的重要特征，是劳动生产率提高和社会进步的必然结果。上海市第三产业的高度发达与政府的经济政策密切相关。早在 20 世纪 90 年代，上海便高瞻远瞩地提出了"优先发展第三产业，调整优化第二产业，稳步发展第一产业"的"三二一"产业发展政策，从此第三产业在上海经济中的比重不断上升，对经济的贡献度越来

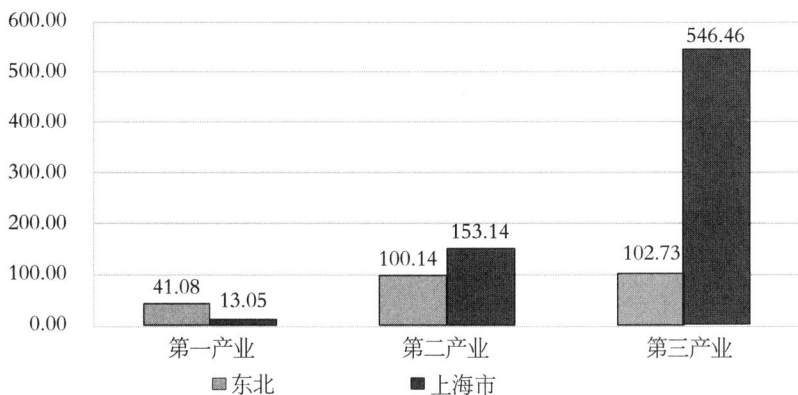

图 4-8 东北和上海市 2014 年上市公司平均总资产（单位：亿元）

越大。在第三产业中，上海市的金融、房地产、信息、交通运输、计算机软件服务等行业占据了三产的优势地位，尤其是上海市的金融资产，为上海市经济发展提供了不竭的财务支持。

4.4.3 资产比重分析

如图 4-9 所示，东北第二产业上市公司拥有绝对优势的地位，在 2008 年，第二产业所占比重超过了第一、第三产业比重之和的 3.33 倍。即使到 2014 年，第二产业上市公司总资产有所下降，其比重依然是第一、三产业上市公司的 2.33 倍，这表明东北上市公司还是以第二产业为主。2008—2014 年，东北上市公司第一、二产业所占的比重都呈现下降趋势。第一产业上市公司总资产比重从 2008 年的 2.69% 下降到 2014 年的 1.74%，下降了 0.95 个百分点；第二产业上市公司总资产比重从 2008 年的 76.89% 下降到 2014 年的 69.98%，下降了 6.91 个百分点；第三产业上市公司总资产比重则从 2008 年的 20.42% 增长到 2014 年的 28.28%，增长了 7.86 个百分点。第三产业上市公司的起点虽然规模不大，但发展较为迅速，在三大产业上市公司中所占的比重稳中有升。可以看出，第二产业上市公司总资产占有绝对优势主要是由于数量远超第一、第三产业上市公司，平均资产规模和第三产业上市公司相当，一旦第三产业上市公司数量追赶上第二产业，第三产业上市公司所占比重还会提升。

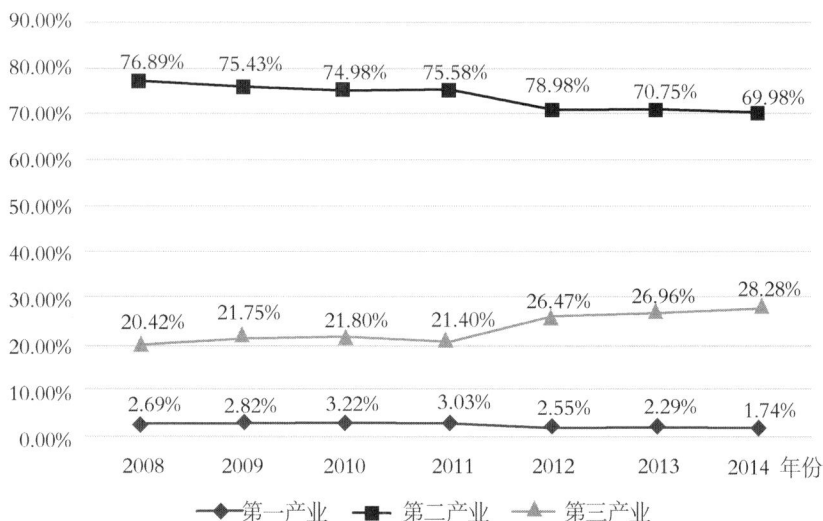

图 4-9　2008—2014 年东北三大产业上市公司总资产比重

　　通过东北三大产业上市公司 2008—2014 年总资产比重的自身纵向比较，可以看出东北三大产业上市公司的发展变化情况，再通过与上海市 2014 年的比较，可以看出横向的发展不足：近期难以达到"大力发展服务经济，提高第三产业在经济活动中比重"的目标。

　　如图 4-10 所示，从 2014 年东北三大产业上市公司总资产比重和上海市对比来看，东北第二产业占有了绝对优势，达到 69.98%，第三产业为 28.28%，第一产业比重最小，为 1.74%，表明以制造业为主的第二产业占据了东北上市公司的主体，第三产业上市公司资产不足 30%，仍有很大发展空间。上海市第二、第三产业上市总公司总资产比重基本和东北第二、第三产业对调，上海市第三产业总资产比重为 71.65%，第二产业比重为 28.33%，第一产业可以忽略不计，只有 0.02%。上海市以金融、旅游、服务业等为代表的第三产业支撑了上海市的第二产业，补贴了第一产业，金融业实力雄厚，具备了发达经济体的特征。东北上市公司应该努力向上海市上市公司看齐，提高第三产业的比重，大力发展服务业。服务业的增多能够容纳更多的就业人群，提高居民可支配收入，扩大消费，促进地区的再生产，真正实现国富民强。

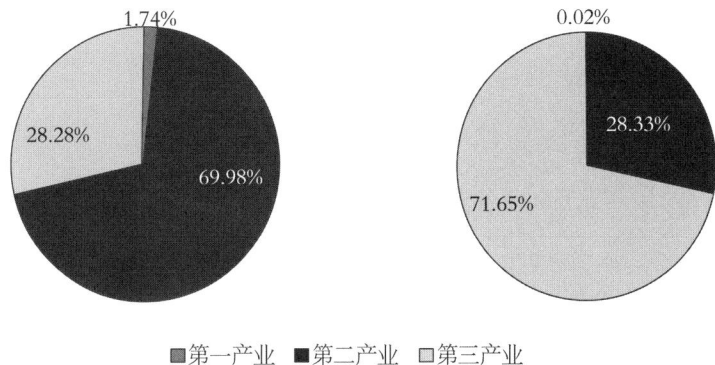

第一产业　　第二产业　　第三产业

（a）东北三大产业上市公司总资产比重　　（b）上海三大产业上市公司总资产比重

图 4-10　东北和上海市 2014 年三大产业上市公司总资产比重

4.5　GDP 总量 vs 上市公司收入周转率低

上市公司总收入是东北所有上市公司一个会计年度的营业收入之和，而 GDP 则是东北在一个年度内生产的所有产品和提供劳务的货币表现形式。我们在这里具有创新性地建立一个比率，即 GDP 上市公司周转率，计算公式为：GDP 上市公司周转率=总收入/GDP×100%，表示 1 元钱的 GDP 带动了多少上市公司营业额。这一数值越高，表明上市公司营业收入越高，反之亦然。这是本书的一个具有开创性的研究方法。

如图 4-11 所示，从总量上来看，东北的 GDP 从 2008 年的 28 409.05 亿元增长到 2014 年的 57 469.81 亿元，增长超过 1 倍，年均复合增长 12.46%；上市公司总收入从 2008 年的 3 618.30 亿元增长到 2014 年的 6 631.59 亿元，增长量未能超过 1 倍，年均复合增长 10.62%。从年均复合增长的数据看，上市公司的总收入增长速度要低于 GDP 同期增速，即可以理解为随着时间的推移，相同数量的 GDP 带来的上市公司营业收入正在逐渐减少。从营业收入占 GDP 比重上来看，东北上市公司总收入占 GDP 的比重呈现波动下降的趋势，这也是总收入年均复合增长低于同期 GDP 增长所带来的必然结果。具体从每年数据上看，这一比例从 2008 年的 12.74%下降到 2009 年的 12.24%，之后在 2010 年上升幅度较大，达到了 13.85%，从 2010 年到 2012 年一直呈现下降的趋势，2011 年、2012 年比例分别为 13.42%、12.01%，2013 年与 2012 年持平，仍然为 12.01%，2014 年下降到 11.54%。随着市场化逐步推进，上市公司拥有得天独厚的资金、技术、人才优势，辅之以当地政府的政策优势，东北上市公司总收入占 GDP 的比重应该呈现逐步上升的趋势，而事实却不仅没能保持这一比例，反而有所下降，不得不引起深思。这说明东北经济的效率偏低，相同的 GDP 却仅带动了更少的上市公司营业额，作为经济龙头的上市公司发展缓慢，进而降低了当地 GDP 的增速。

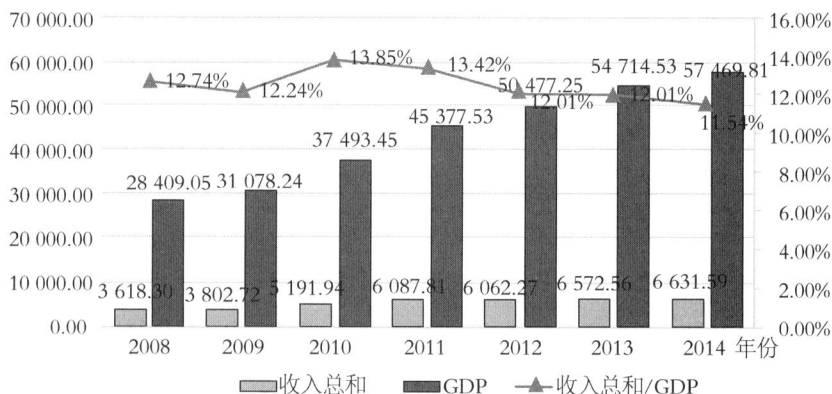

图 4-11　东北上市公司总收入占 GDP 比重（金额单位：亿元）

东北上市公司总收入和东北 GDP 总量对比分析，能看出总体的趋势，找出问题所在，进而提出合理建议。

东北上市公司总收入的年均复合增长要低于同期 GDP，但具体到每一年份，总收入的增速并非每一年都低于 GDP。由图 4-12 可知，总收入在 2010 年和 2013 年要高于同期 GDP。整体来看，上市公司总收入波动幅度较大，呈现波动下降的趋势，GDP 呈现先增加后缓慢下降的趋势，但多数情况下 GDP 增速要高于同期总收入。GDP 增速在 2009 年为 9.40%，2010 年、2011 年都保持了高速增长，分别为 20.64%、21.03%，之后 3 年缓慢下滑，2012—2014 年分别为 11.24%、8.42%、5.04%，GDP 增速逐渐放缓，但仍然保持了一定的稳定性。上市公司总收入增速从 2009 年的 5.10% 迅速上升到 2010 年的 36.53%，之后两年连续下降，分别为 17.25%、−0.42%，2013 年反弹到 8.39%，2014 年增长几乎停滞，变为 0.90%。从增速来看，总收入在 2012—2014 年几乎陷入停滞状态，而同期 GDP 仍然保持增长，即上市公司周转率逐渐降低，每一单位 GDP 所能产生的营业收入减少，上市公司效益下降，进而导致整个地区 GDP 增长放缓。

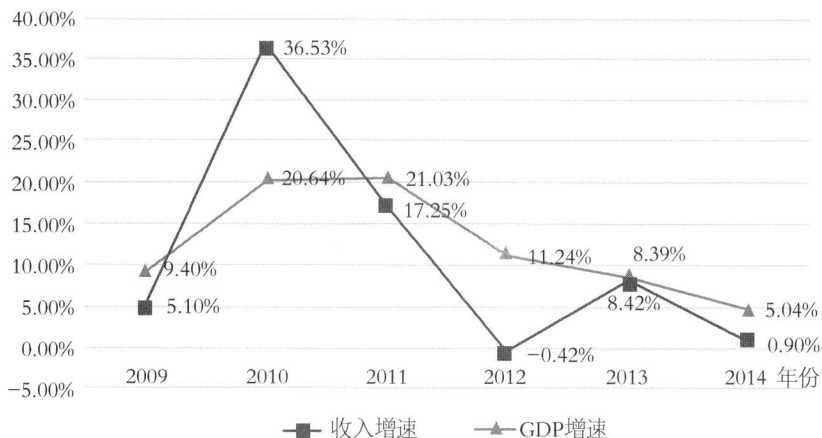

图 4-12　东北 GDP 与上市公司总收入增长率

4.6　东北上市公司总收入增长速度大幅放缓

如图 4-13 所示，东北上市公司总收入从 2008 年的 3 618.30 亿元增长到 2014 年的 6 631.59 亿元，增长了 3 013.29 亿元，增幅为 83.28%，年均复合增长 10.62%；2010 年、2011 年的增长幅度较大，高于年均复合增长水平，其他年份低于这一水平。东北上市公司总收入的增长率变化趋势呈现出先增加后波动下降的趋势，具体来看，2009 年的增长幅度为 5.1%，2010 年增长大幅增加，达到了 36.53%，2011 年增幅稍有回落，依然达到了 17.25%，2012 年增幅下降为 −0.42%，2013 年反弹到 8.42%，2014 年又下降到 0.90%。综合 2008 年到 2014 年的收入和增长率来看，收入逐渐增多，但增幅逐渐放慢；增长率逐渐变小，东北上市公司的总收入增长乏力。

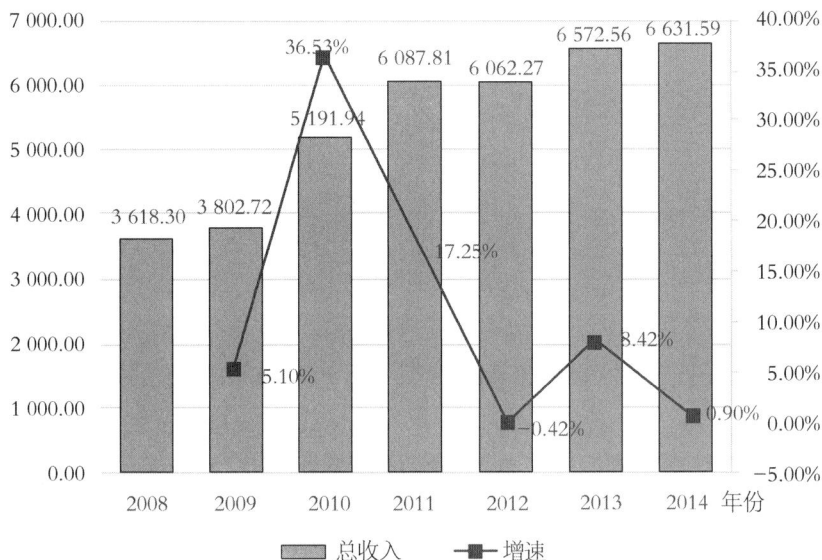

图 4-13　东北上市公司总收入（金额单位：亿元）

4.6.1　三大产业上市公司总收入

如图 4-14 所示，东北第一产业上市公司的总收入从 2008 年的 90.52 亿元增加到 2014 年的 193.91 亿元，增长幅度为 114.22%，年均复合增长 13.54%；第二产业上市公司的总收入从 2008 年的 2 920.51 亿元增加到 2014 年的 5 013.10 亿元，增长幅度为 71.65%，年均复合增长 9.42%；第三产业上市公司的总资产从 2008 年的 607.27 亿元增加到 2014 年的 1 424.58 亿元，增长幅度为 134.59%，年均复合增长 15.27%。总体上来看，第二产业上市公司居多，数量上占据了东北上市公司总数的 69.59%；从收入金额上来看，2008 年第二产业上市公司总收入为 2 920.51 亿元，是第一、第三产业上市公司之和 697.79 亿元的 4.19 倍，2014 年第二产业上市公司总收入为 5 013.10 亿元，增长有所放缓，依然是第一、三产业上市公司之和 1 618.49 亿元的 3.10 倍。从年均复合增速来看，第三产业上市公司大于第一产业上市公司，第一产业上市公司大于第二产业上市公司，第二产业上市公司在 2012—2014 年的收入增速明显放缓。

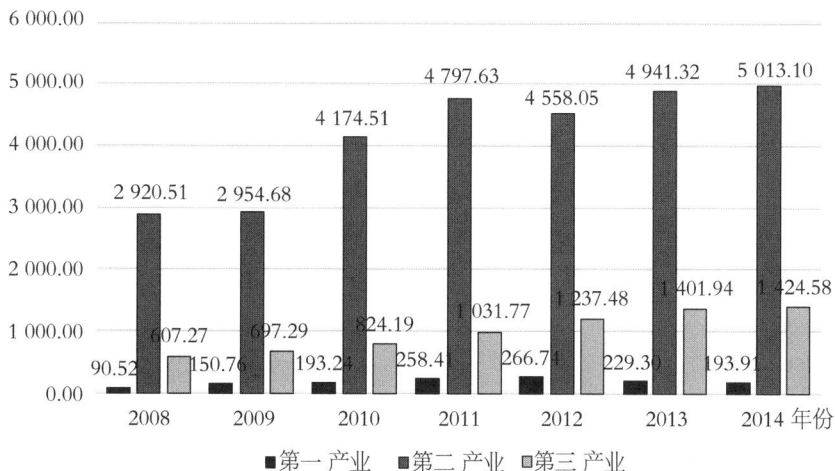

图 4-14　东北三大产业上市公司总收入（单位：亿元）

如图 4-15 所示，东北上市公司总收入增速在 2009—2014 年整体呈现下降的趋势，第一产业上市公司的降幅最大；第二产业上市公司的波动幅度最大，呈现波动式下降；第三产业上市公司走势平稳，先缓慢上升，再缓慢下降。增速连续放缓说明企业营业收入有了问题，表现在 GDP 中是通缩、萧条或衰退。通过企业营业收入这一微观角度可以窥探出东北经济发展出现了大问题，进而在宏观层面上表现为 GDP 的增速放缓。具体来看，第一产业上市公司总收入增速在 2009 年高达 66.54%，2010 年便腰斩至 28.18%，之后反弹到 2011 年的 33.73%，到 2012 年增速已经变为个位数，降至 3.23%，2013 年、2014 年增速分别为−14.04%、−15.43%，表明第一产业上市公司总收入在 2013 年、2014 年连续两年减少。由于我国出口以第二产业居多，深受经济危机影响。东北第二产业上市公司总收入 2009 年的增速仅为 1.17%，在宽松财政政策刺激下，2010 年的增速增长到 41.28%，随后呈波浪式下降，2012 年仅为 −4.99%，2013 年反弹到 8.41%，2014 年再次下降到 1.45%。从前文关于第二产业上市公司的总资产与 GDP 增速对比可以得知，第二产业上市公司总资产增速要大于同期 GDP 增速，但其总收入远远低于同期 GDP 增速，表明第二产业上市公司投资效率并不高，投入的较多资产并没有完全转化为收入。第三产业上市公司增速波动幅度没有第一、二产业剧烈，前 5 年始终保持大于 13%的增速，从 2009 年的 14.82%增长到 2011 年的 25.19%，随后缓慢回落到 2013 年的 13.29%，2014 年下降到 1.62%，虽然在 2014 年的增速有较大压力，但第三产业上市公司总收入增速依然好于其他两个产业。

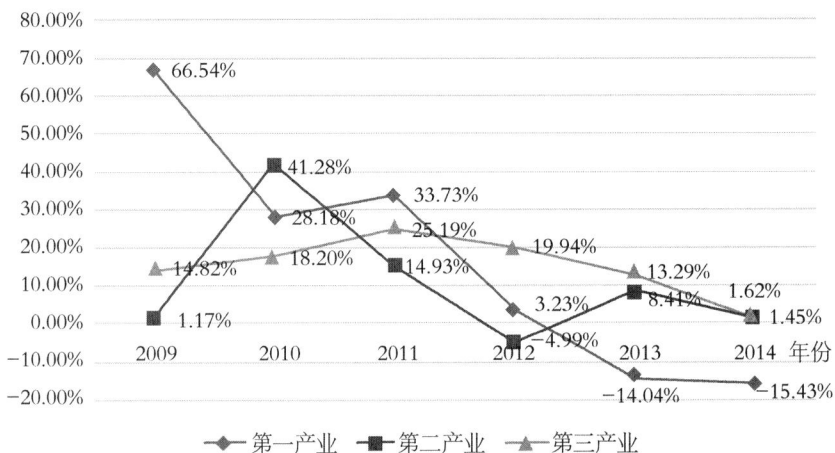

图 4-15 2009—2014 年东北三大产业上市公司总收入增速

4.6.2 三大产业上市公司平均总收入偏低

如图 4-16 所示，东北三大产业上市公司平均总收入呈现增长的趋势。第一产业上市公司平均总收入先增后降，第二产业上市公司平均总收入波动上升，第三产业上市公司平均总收入稳步上升。第一产业上市公司平均总收入从 2008 年的 18.10 亿元增长到 2012 年的 44.46 亿元，达到最高值，随后下降到 2014 年的 32.32 亿元，2008—2014 年的增幅为 78.56%，年均复合增长 10.15%；第二产业上市公司平均总收入 2008 年是 32.81 亿元，2009 年稍有下降，回落至 30.78 亿元，2010 年、2011 年连续增长，分别为 43.48 亿元、46.58 亿元，2012 年回落到 44.25 亿元，2013 年、2014 年连续增长，分别为 47.97 亿元、50.64 亿元，2008—2014 年的增幅为 54.34%，年均复合增长 7.50%；第三产业上市公司平均总收入 2008 年是 15.98 亿元，到 2014 年一直呈现稳步上升的趋势，2014 年平均总收入为 36.53 亿元，增长幅度为 128.60%，年均复合增长 14.81%。从年均复合增长速度上看，第三产业上市公司好于第一产业上市公司,第一产业上市公司好于第二产业上市公司。

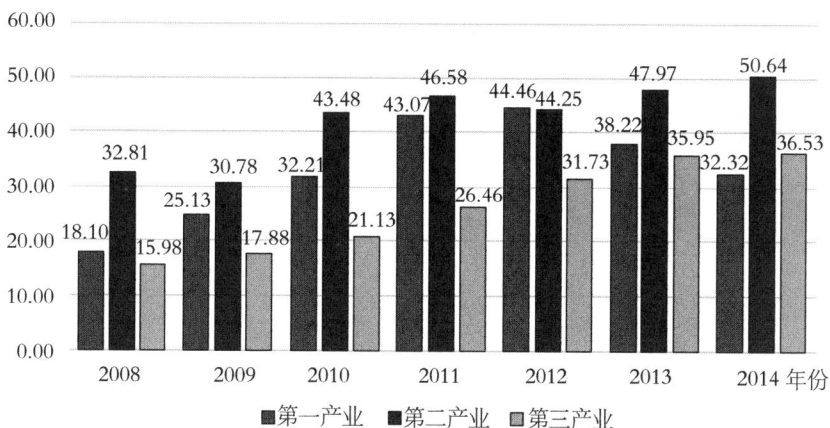

图 4-16 东北三大产业上市公司平均总收入(单位:亿元)

如图 4-17 所示,东北第二产业上市公司平均总收入最多,第三产业上市公司次之,第一产业上市公司平均总收入最少,第一产业上市公司和第二产业上市公司的平均总收入相当;上海市第三产业上市公司的平均总收入最高。通过对比可以发现,东北第一产业上市公司平均总收入为 32.32 亿元,上海市为 4.57 亿元,东北上市公司平均总收入高于上海市;东北第二产业上市公司的平均总收入为 50.64 亿元,上海市第二产业上市公司总收入为 103.14 亿元,上海市是东北的 2.04 倍;东北第三产业上市公司的平均总收入是 36.53 亿元,上海市第三产业上市公司的平均总收入是 116.38 亿元,两者差距较大,后者是前者的 3.19 倍。

如图 4-18 所示,东北第二产业处于绝对优势的地位,2008 年第二产业上市公司总收入的比重是第一、第三产业比重之和的 4.19 倍,到 2014 年,第三产业上市公司总收入所占比重有所增加,但第一产业上市公司总收入所占比重依然是第一、第三产业上市公司总收入比重之和的 3.10 倍,表明东北上市公司总收入还是以第二产业为主。从经济所占比重的变化趋势来看,2008—2014 年,东北第一产业上市公司总收入所占的比重呈现先上升再下降的趋势,从 2008 年的 2.50% 上升至 2012 年的 4.40%,接着下降到 2014 年的 2.92%;第二产业上市公司总

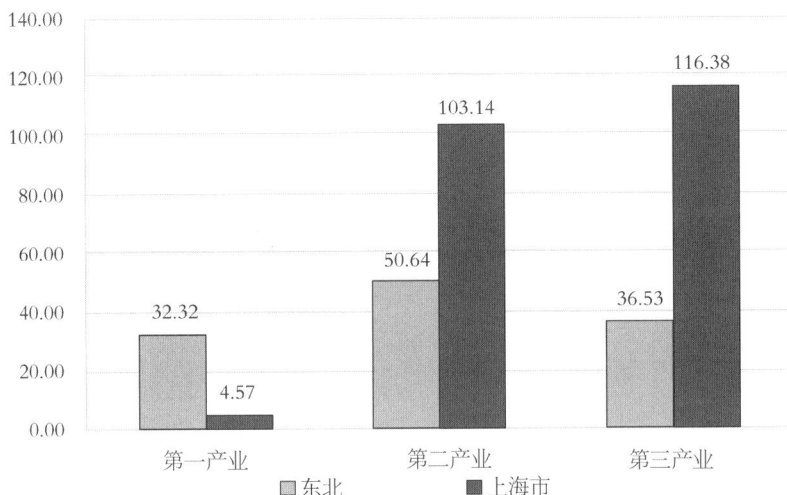

图 4-17 东北和上海市 2014 年上市公司平均总收入（单位：亿元）

收入所占的比重呈现波动式下降趋势，从 2008 年的 80.71%下降到 2014 年的 75.59%，下降了 5.12 个百分点；第三产业上市公司总收入所占比重呈现出波动式上升趋势，从 2008 年的 16.78%增长到 2014 年的 21.48%，增长了 4.7 个百分点。

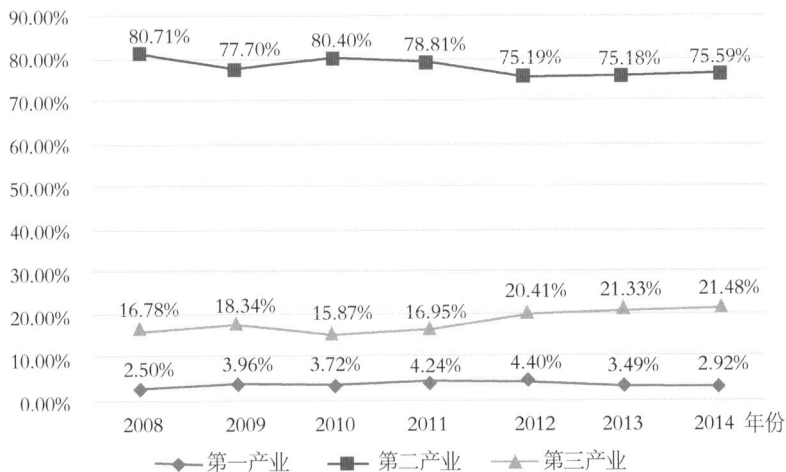

图 4-18 2008—2014 年东北三大产业上市公司总收入比重

4.6.3 第二产业收入比重过大

如图 4-19 所示，东北第二产业上市公司总收入占了绝大部分，达到 75.59%，第三产业上市公司总收入占 21.48%，第一产业上市公司总收入所占比重最小，为 2.92%。这表明以制造业为主的第二产业创造了东北上市公司的绝大部分收入，第三产业上市公司总收入比重刚过 20%，仍有很大的发展空间。上海市第二产业上市公司总收入比重也高于第三产业，但两者差距较小，第二产业为 55.56%，第三产业为 44.42%，第一产业可以忽略不计，只有 0.02%，第二产业和第三产业几乎平分了三大产业上市公司的总收入。

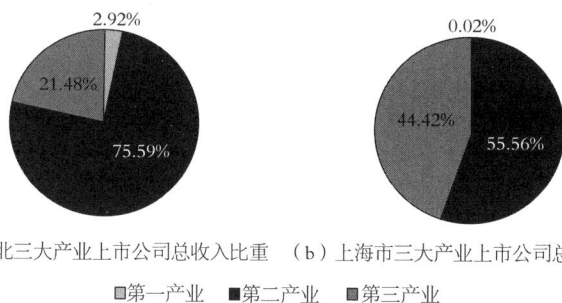

（a）东北三大产业上市公司总收入比重　（b）上海市三大产业上市公司总收入比重

□第一产业　■第二产业　■第三产业

注：第 i 产业所占比重=第 i 产业收入/上市公司总收入，i=1，2，3。

图 4-19　东北和上海市三大产业上市公司总收入比重图

4.7　东北上市公司净利润增长波动过大

如图 4-20 所示，东北上市公司净利润呈现波动式上涨的趋势。从 2008 年的 161.76 亿元增长到 2014 年的 309.96 亿元，增长了 148.2 亿元，增幅为 91.62%，年均复合增长 11.45%，2009 年、2010 年和 2013 年的增长幅度较大，高于年均复合增长水平，其他年份低于这一水平。具体来看，从 2008 年的 161.76 亿元增长到 2010 年的 305.13 亿元，2011 年、2012 年连续下降，分别为 270.94 亿元、194.17 亿元，2013 年迅速反弹到 358.56 亿元，2014 年稍有回落，为 309.96 亿元。从增长率看，2009 年的增长幅度为 16.34%，2010 年增幅较大，达到了 62.14%，2011 年增速下降较大，为 -11.20%，2012 年增幅依然为负值，为 -28.34%，2013 年迅速反弹到 84.66%，2014 年又下降到 -13.56%。

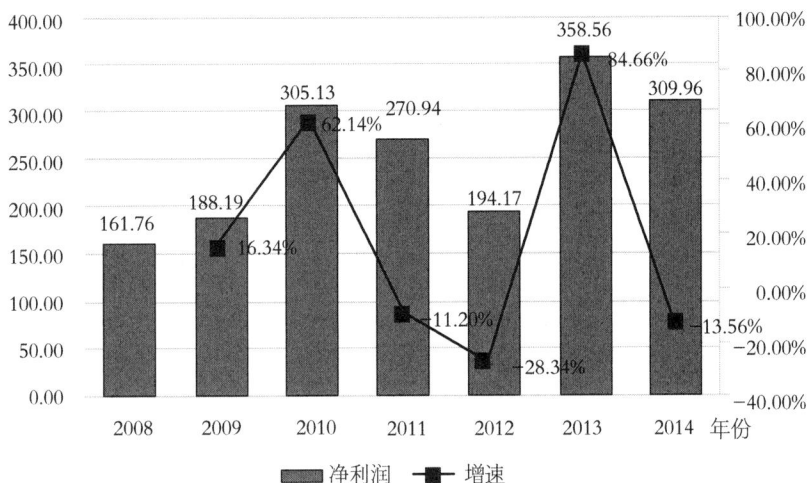

图 4-20 东北上市公司净利润及增速（金额单位：亿元）

4.7.1 三大产业上市公司盈利能力脆弱

如图 4-21 所示，东北第一产业上市公司的净利润从 2008 年的 7.99 亿元增加到 2011 年的 14.81 亿元，年均复合增长 22.84%，2012—2014 年的利润下滑幅度较大，到 2014 年只剩下 0.28 亿元，年均复合增长 -73.36%；第二产业上市公司的净利润从 2008 年的 94.65 亿元增加到 2014 年的 182.91 亿元，增长幅度为 93.25%，年均复合增长 11.61%；第三产业上市公司的总资产从 2008 年的 59.12 亿元增加到 2014 年的 126.76 亿元，增长幅度为 114.41%，年均复合增长 13.56%。总体上来看，第二产业上市公司居多，净利润占据了上市公司总利润的一半以上，但所占利润的优势已经不像总资产和营业收入那样动辄达到第一、三产业之和的 3～4 倍那么明显了；从年均复合增速来看，第三产业上市公司表现最好，一直呈现比较稳定的上升趋势，第二产业上市公司呈现波动式增长，最终趋势还是上升的，但第一产业上市公司表现较差，甚至有利润为负值的年份。

如图 4-22 所示，东北上市公司净利润总体上呈下降的趋势。第一产业上市公司表现最差，净利润增速从 2009 年的 8.00% 增长到 2011 的 30.72%，到 2012 年出现断崖式下降，达到 -77.80%，2013 年、2014 年

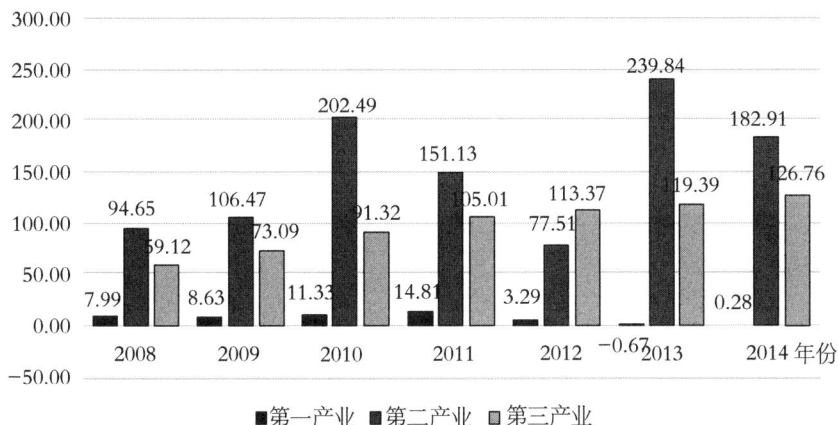

图 4-21　2008—2014 年东北三大产业上市公司净利润（单位：亿元）

也没有好转的迹象，分别为 -120.40%、-142.17%，按照这种趋势持续下去，以后的净利润增速好转的可能性不大。第一产业上市公司在2012—2014 年几乎没有正的利润。第二产业上市公司净利润增速波动较大，从 2009 年的 12.48% 增长到 2010 年的 90.19%，2011 年、2012 年增长速度都是负值，分别为 -25.36%、-48.72%，2013 年快速增长到209.45%，但在 2014 年再次变为 -23.74%，第二产业上市公司净利润的增速极其不稳定，表明上市公司的净利润受政策的影响较大。第三产业上市公司净利润的增速也呈现缓慢下降的趋势，从 2009 年的 23.65% 下降为 2014 年的 6.17%，增幅逐渐减小。

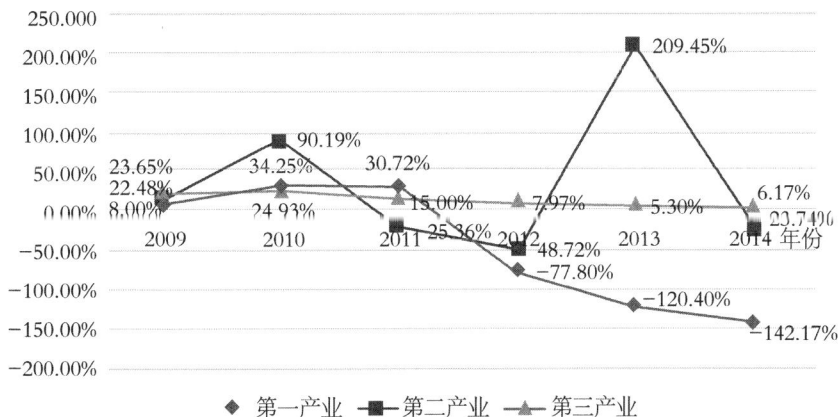

图 4-22　东北三大产业上市公司净利润增速

结合图 4-22 分析，第二产业上市公司的收入是东北经济收入的核心来源，占 76% 的份额。但是，从净利润的角度来看，2008—2014年，第二产业上市公司的净利润波幅较大，而且波动率呈现了逐渐增加的趋势，利润的稳定性极其脆弱。

4.7.2 三大产业上市公司平均利润

如图 4-23 所示，东北三大产业上市公司平均净利润变化较大。第一产业上市公司平均净利润先降后升，接着迅速下降，2013 年变为负值；第二产业上市公司平均净利润波幅较大，终值较 2008 年还是增长的；第三产业上市公司平均净利润稳步上升。第一产业上市公司平均净利润从 2008 年的 1.60 亿元下降到 2009 年的 1.44 亿元，2010 年、2011年连续增长，分别为 1.89 亿元、2.47 亿元，2012 年急剧下降到 0.55 亿元，2013 年变为 -0.11 亿元，2014 年为 0.05 亿元，2008—2014 年的降幅为 96.88%，年均复合下降 43.88%。第二产业上市公司平均净利润2008 年是 1.06 亿元，2009 年稍有增长，达到 1.11 亿元，2010 年大幅增长，为 2.11 亿元，2011 年、2012 年连续下降，分别为 1.47 亿元、0.75 亿元，2013 年反弹到 2.33 亿元，2014 年回落到 1.85 亿元，2008—2014 年的增幅为 74.53%，年均复合增长 9.73%。第三产业上市公司平均净利润 2008 年是 1.56 亿元，到 2014 年一直呈现稳步上升的趋势，2014 年平均净利润为 3.25 亿元，增幅为 108.33%，年均复合增长13.01%。从年均复合增长速度上看，第三产业上市公司好于第二产业上市公司，第一产业上市公司最差，出现了负的增长。

如图 4-24 所示，东北第三产业上市公司平均净利润最高，第二产业上市公司次之，第一产业上市公司平均净利润最低，分别为 3.25 亿元、1.85 亿元、0.05 亿元，第三产业上市公司比第二产业上市公司高出75.68%；上海市第三产业上市公司平均净利润最高，第二产业上市公司次之，第一产业上市公司最低，分别是 10.52 亿元、4.29 亿元、0.17 亿元，第三产业上市公司的平均净利润是第二产业上市公司和第一产业上市公司之和的 2.36 倍，表明上海市上市公司第三产业较为发达。通过三大产业横向对比发现，上海市每一产业上市公司平均净利润都要高于

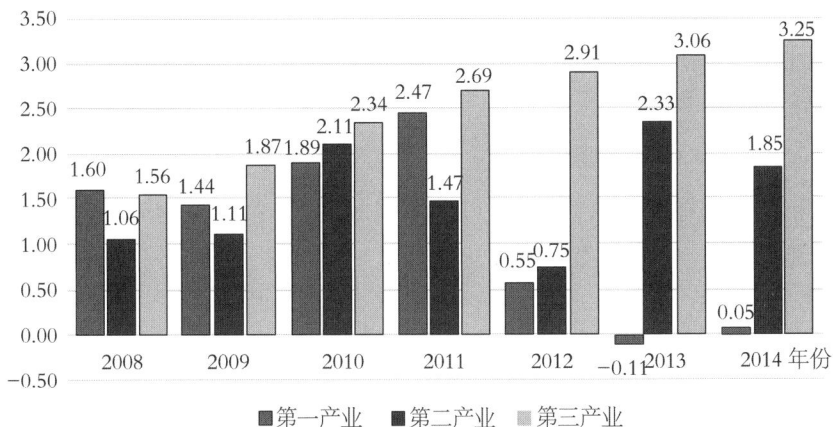

图 4-23　东北三大产业上市公司平均净利润（单位：亿元）

东北，其中第一产业上市公司是东北的 3.4 倍，第二产业上市公司是东北的 2.32 倍，第三产业上市公司是东北的 3.24 倍。

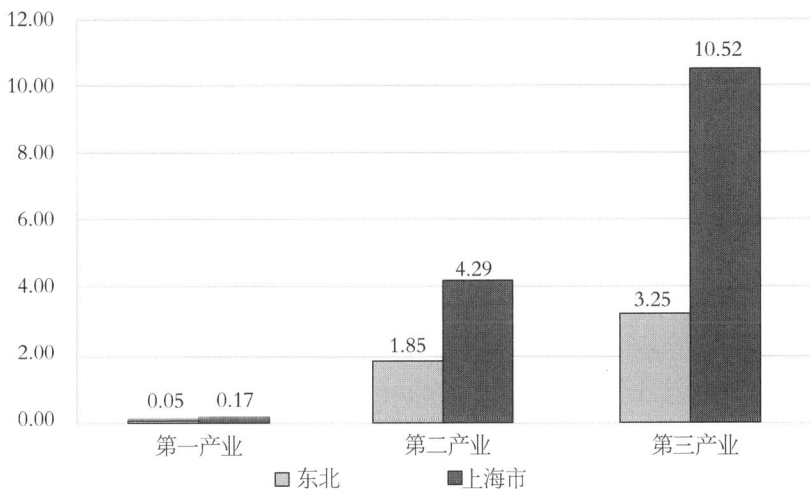

图 4-24　东北和上海市 2014 年上市公司平均净利润（单位：亿元）

4.7.3　利润比重分析

如图 4-25 所示，东北第一产业上市公司净利润所占比重较低，主要是以第二产业上市公司、第三产业上市公司为主，第二产业上市公司所占比重高于第三产业，只有在 2012 年第二产业上市公司低于第三产业。2008—2014 年，第一产业上市公司净利润所占比重从 4.94%下降到

0.09%，净利润占据总利润微乎其微的比例。第二产业上市公司净利润比重从 2008 年的 58.51% 波动上升，接着反复波动，到 2014 年为 59.01%，变化不大。第三产业上市公司净利润比重从 2008 年的 36.55% 增长到 2014 年的 40.90%，增长了 4.35 个百分点。2014 年，第二产业上市公司的净利润仅仅是第一、三产业上市公司的 1.44 倍，与总资产和总收入相比，领先优势降低。

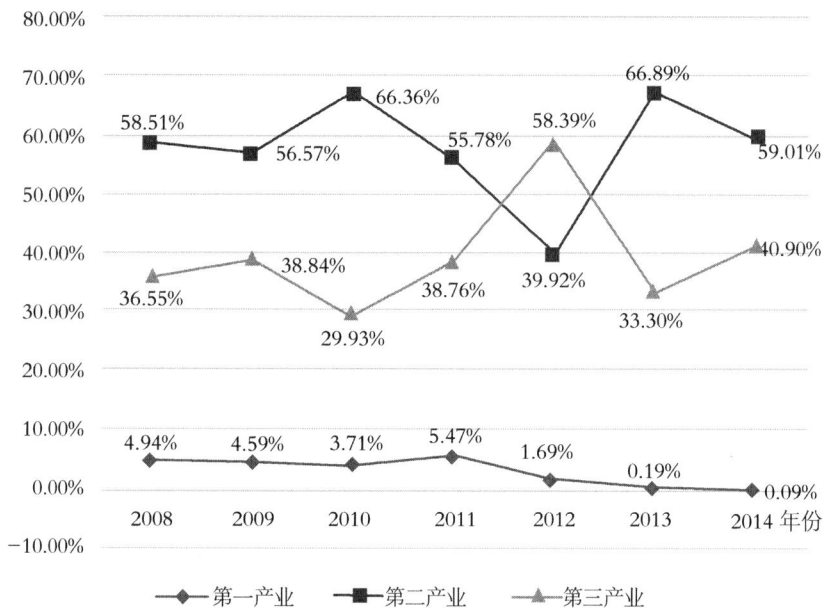

图 4-25　东北三大产业上市公司净利润比重

如图 4-26 所示，东北第二产业上市公司利润占了绝大部分，达到 59.01%，第三产业上市公司利润比重为 40.90%，第一产业上市公司利润比重最小，为 0.09%，表明第二产业上市公司创造了东北上市公司的绝大部分利润，第三产业上市公司利润也占据了较大的份额，为 40.90%。上海市第二、三产业上市公司利润比重刚好与东北相反，其第三产业上市公司利润比重为 63.49%，第二产业上市公司利润比重为 36.50%，第一产业上市公司利润比重可以忽略不计，只有 0.01%，第二产业和第三产业几乎平分了整个三大产业上市公司的利润。

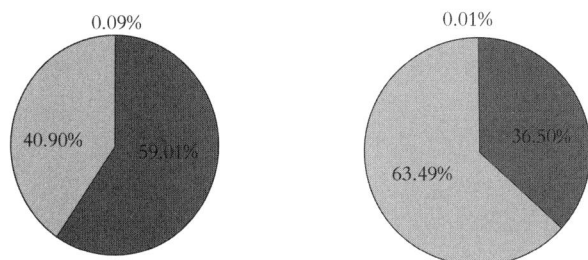

（a）东北三大产业上市公司利润比重　（b）上海市三大产业上市公司利润比重
■第一产业　■第二产业　□第三产业

图 4-26　东北和上海市上市公司利润比重

4.8　东北上市公司利润率

4.8.1　东北上市公司利润率及增速分析

如图 4-27 所示，东北上市公司利润率保持在 4%~5%，其中 2010 年和 2013 年高于 5%，2012 年低于 4%，其他年份在这两者之间。东北整体上市公司利润率在 2008—2014 年呈现出先增加再减少、再次增加到减少的趋势。2008 年的利润率为 4.47%，2009 年为 4.95%，2010 年

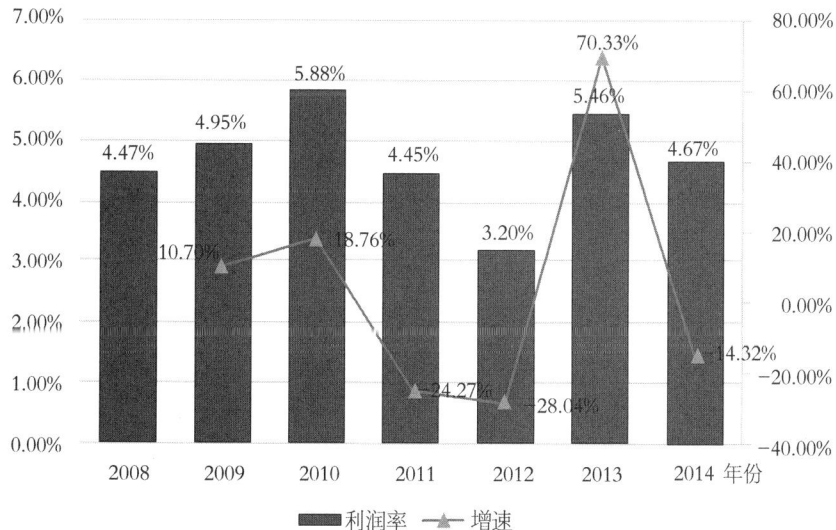

图 4-27　东北三大产业上市公司利润率及增速

增长到 5.88%，之后连续下降，2011 年和 2012 年分别为 4.45% 和 3.2%，2013 又反弹至 5.46%，2014 年再次下滑，达到 4.67%。2008—2014 年，东北上市公司利润率的最大值在 2010 年，为 5.88%，最小值出现在 2012 年，为 3.20%，平均值为 4.73%。从利润率的增速来看，2009 年、2010 年为正值，2011 年、2012 年利润率增速为负值，2013 年再次为正，2014 年为负。具体从每年数值看，2009 年、2010 年利润率增速分别为 10.70%、18.76%，2011 年增速下降为-24.27%，2012 年增速再次下降到-28.04%，2013 年利润率同比增长 70.33%，2014 年利润率同比下降 14.32%，为 4.67%。

4.8.2　东北三大产业上市公司利润率

如图 4-28 所示，东北三大产业上市公司 2008—2014 年变化较为明显：第一产业上市公司利润率下滑趋势明显；第二产业上市公司利润率较低，但变化幅度不大；第三产业上市公司利润率较高，保持比较稳定。第一产业上市公司从 2008 年的 8.83% 一路下滑到 2014 年的 0.15%，表明第一产业上市公司的寒冬已经到来，这一类型的上市公司进入微利年份。第二产业上市公司从 2008 年的 3.2% 增长到 2010 年的 4.85%，接着下降到 2012 年的 1.7%，2013 年、2014 年出现反弹，分别为 4.85%、3.65%，虽然能够保证利润率，但利润率并不高，盈利能力并不强。第三产业上市公司利润率呈现平稳波动状态，从 2008 年的 9.73% 增长到 2010 年的 11.08%，从 2010 年开始缓慢下降，至 2014 年为 8.9%，表明第三产业上市公司的盈利能力要远远强于第一、二产业。

如图 4-29 所示，东北第一产业上市公司利润率增速几乎一直为负值，第二产业上市公司利润率增速变化幅度较大，第三产业上市公司利润率增速在 2009 年、2010 年是正值，而 2011—2014 年为负值。东北第一产业上市公司 2009 年利润率增速为-35.15%，2010 年增长到 2.39%，2011—2014 年都是负值，且呈现逐渐扩大的趋势，分别为-2.25%、-78.49%、-123.73%、-149.87%；第二产业上市公司利润率

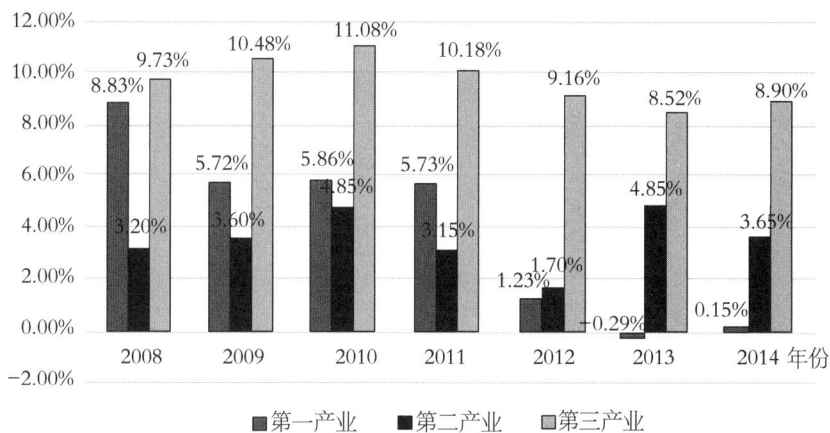

图 4-28　东北三大产业上市公司 2008—2014 年利润率

增速在 2009 年、2010 年都是正值，分别为 12.43%、34.61%， 2011
年、2012 年增长率都是负值，分别为-35.06%、-46.02%，2013 年利润
率同比增长 185.45%，2014 年同比下降 24.83%；第三产业上市公司
2009 年利润率增长率为 7.68%，2010 年增长率为 5.69%，2011 年到
2013 年增长率都是负值，分别为-8.14%、-9.98%、-7.05%，2014 年利
润率增速为 4.49%。

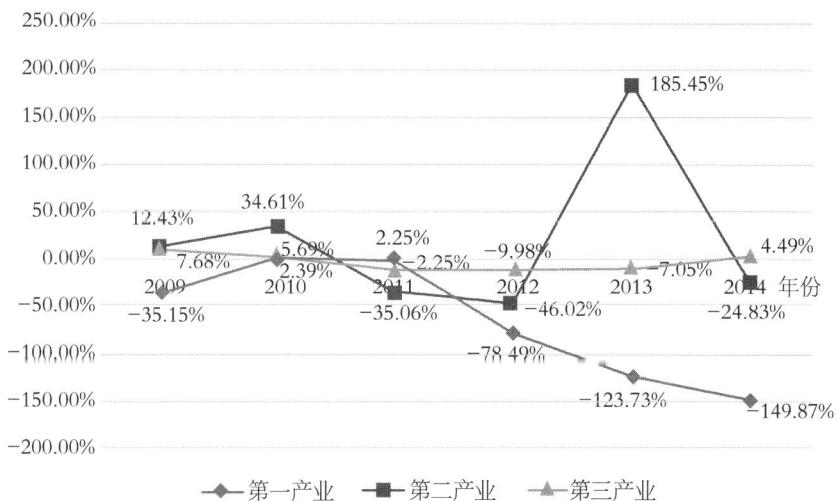

图 4-29　东北三大产业上市公司利润率增速

　　如图 4-30 所示，东北和上海市的第三产业上市公司的利润率都是

最高，第二产业上市公司次之，第一产业上市公司最低。上海市第一产业上市公司利润率是 3.74%，东北是 0.15%，前者是后者的 25 倍；上海市第二产业上市公司利润率为 4.16%，东北和上海市相接近，利润率为 3.65%；在第三产业上市公司利润率对比中，二者较为接近，上海市的为 9.04%，东北的为 8.90%。

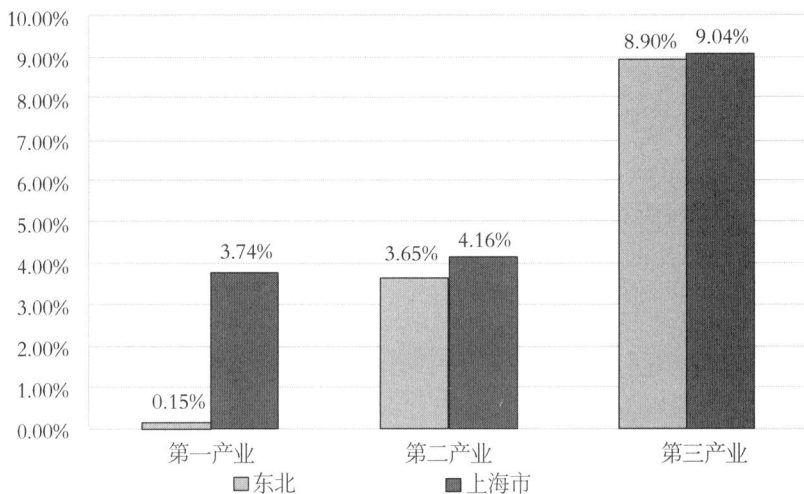

图 4-30　东北和上海市上市公司 2014 年利润率

4.9　东北上市公司总资产报酬率

4.9.1　东北上市公司总资产报酬率及增速分析

如图 4-31 所示，东北上市公司总资产报酬率保持在 2%～3%，其中 2010 年高于 3%，2012 年低于 2%，其他年份在这两者之间。东北上市公司总资产报酬率 2008—2014 年呈现出先增加再减少、再次增加然后减少的趋势。具体来看，2008 年东北上市公司的总资产报酬率为 2.85%，2009 年为 2.76%，2010 年增长到 3.55%，之后连续下降，2011 年和 2012 年分别为 2.72% 和 1.67%，2013 年又反弹至 2.78%，2014 年再次下滑，达到 2.19%。2008—2014 年，东北上市公司总资产报酬率的最大值在 2010 年，为 3.55%，最小值出现在 2012

年，为 1.67%，平均值为 2.65%。从总资产报酬率的增速来看，2009年、2010 年为正值，2011 年、2012 年总资产报酬率增速为负值，2013 年再次为正，2014 年为负。具体从每年数值看，2009 年、2010年东北上市公司的总资产报酬率增速分别为−3.13%、28.75%，2011年增速为−23.45%，2012 年增速依然为负值，达到−38.45%，2013 年总资产报酬率同比增长 65.99%，2014 年总资产报酬率同比下降21.27%，为 2.19%。

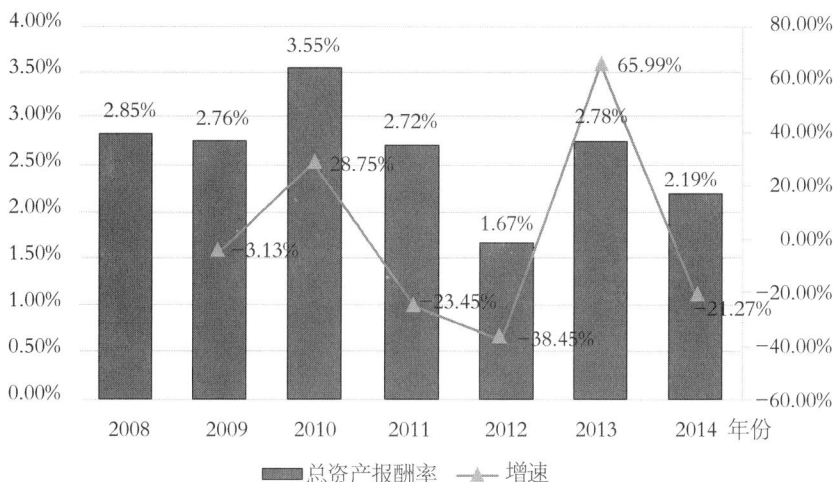

注：总资产报酬率=净利润÷上市公司总资产×100%。

图 4-31　东北上市公司总资产报酬率及增速

4.9.2　东北三大产业上市公司总资产报酬率

如图 4-32 所示，东北三大产业上市公司 2008—2014 年变化较为明显：第一产业总资产报酬率下滑趋势比较明显；第二产业上市公司总资产报酬率较低，但变化幅度不大，第三产业上市公司总资产报酬率较高，缓慢下降。具体来看，第一产业上市公司从 2008 年的 5.23%一直下降到 2014 年的 0.11%，进入近似无利的年份。第二产业上市公司从2008 年的 2.17%增长到 2010 年的 3.15%，接着下降到 2012 年的0.94%，2013 年、2014 年出现反弹，分别为 2.63%、1.85%，虽然能够保证正的总资产报酬率，但并不高，盈利能力并不强，有的年份甚至不如同期银行存款利率。第三产业上市公司总资产报酬率呈现缓慢下滑状态，2008 年为 5.10%，之后 3 年分别为 4.93%、4.88%、4.93%，保持在 5%左右的水平，之后缓慢下滑，到 2014 年总资产报酬率是 3.16%，表明第三产业上市公司的总资产报酬率要强于第一、二产业。

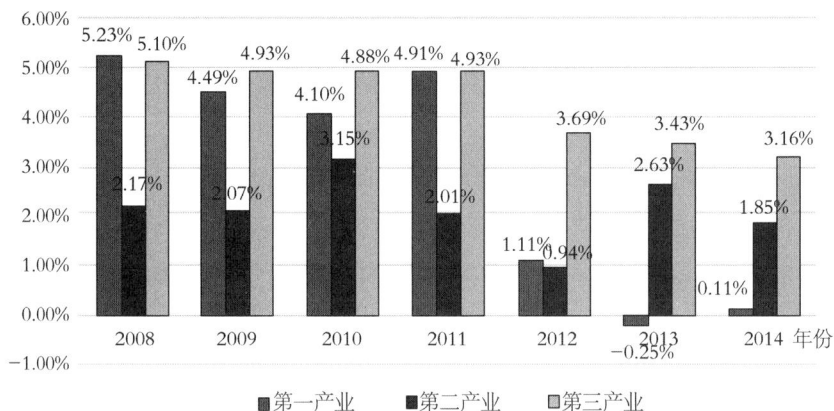

图 4-32　东北三大产业上市公司总资产报酬率

如图 4-33 所示，东北第一产业上市公司总资产报酬率增速只有在 2011 年为正值，其他年份皆为负值，且同比下降幅度逐渐增加，表明东北第一产业上市公司总资产报酬率一直在减少；第二产业上市公司总资产报酬率增速变化幅度较大，表明第二产业上市公司总资产报酬率变动幅度也较大；第三产业上市公司总资产报酬率增速在 2011 年是正值，其他年份为负值，但同比降低的幅度较小，表明第三产业上市公司总资产报酬率呈现小幅度下降的趋势。具体来看，东北第一产业上市公司 2009 年总资产报酬率增速为 -14.08%，2010 年为 -8.78%，2011 年为 19.96%，2012—2014 年都是负值，且呈现逐渐扩大的趋势，分别为 -77.37%、-120.43%、-150.50%；第二产业上市公司总资产报酬率增速在 2009 年为 -4.53%，2010 年是正值，为 51.59%，2011 年、2012 年增长率都是负值，分别为 -36.18%、-53.10%，2013 年总资产报酬率同比增长 179.06%，2014 年同比下降 29.77%；第三产业上市公司 2009 年总资产报酬率增长率为 -3.37%，2010 年为 -1.04%，2011 年为 1.02%，2012—2014 年增长率都是负值，分别为 -25.04%、-7.08%、-7.81%。

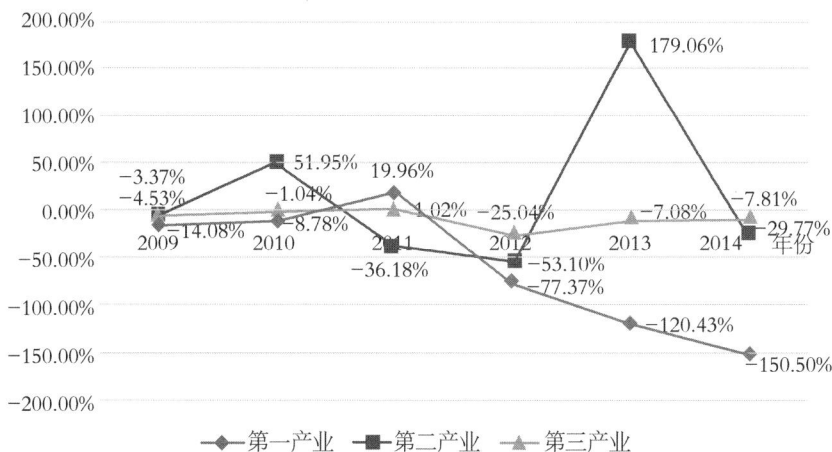

图 4-33　东北三大产业上市公司 ROA 增速

　　如图 4-34 所示，东北第三产业上市公司总资产报酬率最高，第二产业次之，第一产业最低；上海市第二产业上市公司总资产报酬率最高，第三产业次之，第二产业最低。具体来看，上海市第一产业上市公司总资产报酬率是 1.31%，东北是 0.11%，前者是后者的 11.91 倍；上海市第二产业上市公司总资产报酬率为 2.80%，东北为 1.85%，上海市是东北的 1.51 倍；上海市第三产业上市公司利润率为 1.93%，而东北是 3.16%，东北是上海市的 0.61 倍。上海市第三产业资产规模较大，但产生报酬的能力并没有东北第三产业上市公司多。

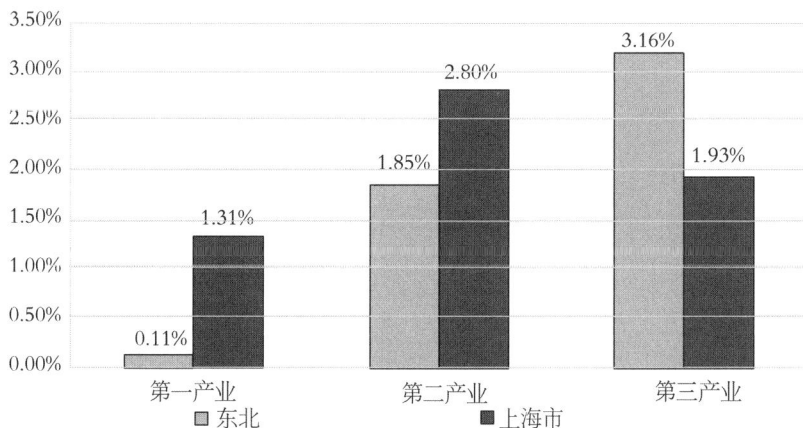

图 4-34　东北和上海市上市公司 2014 年总资产报酬率

4.10 东北上市公司净资产报酬率

4.10.1 东北上市公司净资产报酬率及增速

如图 4-35 所示，整体来看，东北上市公司净资产报酬率保持在 5%~8%，其中 2010 年高于 8%，2012 年低于 5%，其他年份在这两者之间。东北上市公司净资产报酬率在 2008—2014 年间呈现出增加—减少—增加—减少的趋势。具体来看，2008 年的总资产报酬率为 6.56%，2009 年为 6.77%，2010 年增长到 8.93%，之后连续下降，2011 年和 2012 年分别为 7.10%和 4.53%，2013 年又反弹至 7.60%，2014 年再次下滑，达到 5.82%。2008—2014 年，东北上市公司净资产报酬率的最大值在 2010 年，为 8.93%，最小值出现在 2012 年，为 4.53%，平均值为 6.76%。从净资产报酬率的增速来看，2009 年、2010 年为正值，表明净资产报酬率增加，2011 年、2012 年净资产报酬率增速为负值，表明净资产报酬率减少，2013 年再次为正，净资产报酬率增加，2014 年为负，净资产报酬率减少。具体从每年数值看，2009 年、2010 年净资产报酬率增速分别为 3.17%、31.97%，2011 年增速为-20.53%，2012 年增速依然为负值，达到-36.11%，2013 年净资产报酬率同比增长 67.67%，2014 年净资产报酬率同比下降 23.39%，为 5.82%。

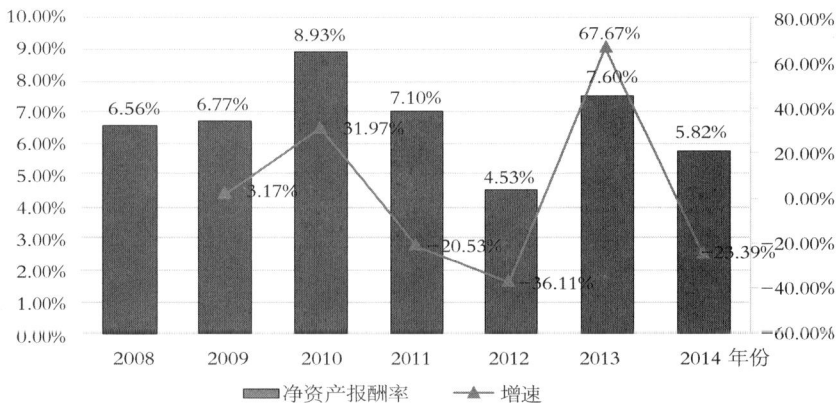

图 4-35　东北上市公司净资产报酬率及增速

4.10.2 东北三大产业上市公司净资产报酬率

如图 4-36 所示，东北第一产业上市公司净资产报酬率呈现快速下滑趋势；第二产业上市公司净资产报酬率较低，但变化幅度不大，基本保持在 5%左右；第三产业上市公司净资产报酬率较高，但依然呈现缓慢下降的趋势。具体来看，第一产业上市公司从 2008 年的 9.89%反弹至 2011 年的 11.39%，2012 年下降到 2.62%，2013 年、2014 年一直在 0 左右徘徊，表明股东的报酬基本为 0。第二产业上市公司从 2008 年的 5.19%增长到 2010 年的 8.12%，接着下降到 2012 年的 2.65%，2013 年、2014 年出现反弹，分别为 7.35%、5.00%，虽然资产报酬率并不高，但还算比较稳定。第三产业上市公司总资产报酬率呈现缓慢下滑状态，2008—2011 年基本保持在 11%左右，2012—2014 年净资产报酬率逐渐下滑至 8.29%，但依然高于第一、第二产业上市公司。

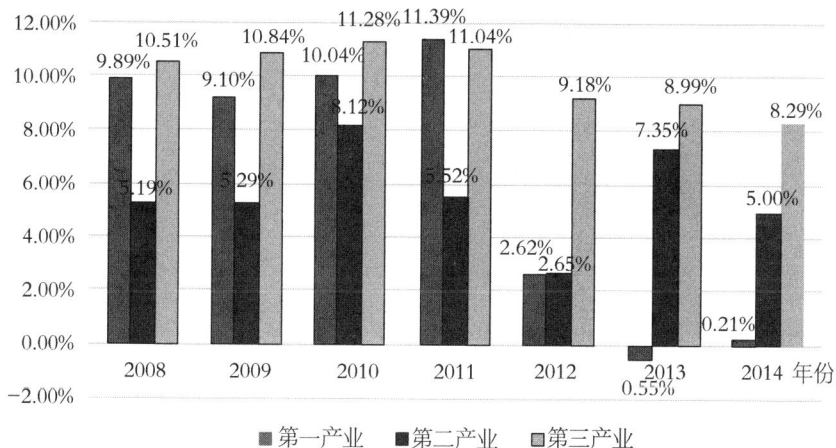

图 4-36 东北三大产业上市公司净资产报酬率

如图 4-37 所示，东北第一产业上市公司净资产报酬率增速在 2010 年、2011 年为正值，其他年份皆为负值，净资产报酬率增速呈现先增加再急剧减少的趋势，且后 3 年同比下降的幅度在扩大，表明东北第一产业上市公司净资产报酬率一直在减少；第二产业上市公司净资产报酬率增速变化幅度较大，且呈波动式变动，变动幅度逐渐加大，表明第二产业上市公司净资产报酬率变动幅度也较大；第三产业上市公司总资产报酬率增速在 2009 年、2010 年是正值，2011—2014 年均为负值，表明第三产业上市公司净资产报酬率呈现出先增加后下降的趋势。具体来看，东北第一产业上市公司 2009 年净资产报酬率增速为−8.06%，2010 年同比增长−10.42%%，2011 年的净资产报酬率增速为 13.36%，2012—2014 年都是负值，且呈现逐渐扩大的趋势，分别为−76.98%、−120.92%、−138.78%；第二产业上市公司净资产报酬率增速 2009 年为 1.92%，2010 年同比增长 53.37%，2011 年、2012 年都是负值，2011 年为−31.97%，2012 年为−51.96%，2013 年净资产报酬率同比增长 176.90%，2014 年同比下降 31.95%；第三产业上市公司 2009 年、2010 年净资产报酬率增长率均为正值，分别为 3.16%、4.11%，2011—2014 年为负值，分别为−2.14%、−16.86%、−2.13%、−7.79%，即第三产业上市公司净资产报酬率 2009—2010 年是增加的，2011—2014 年是减少的。

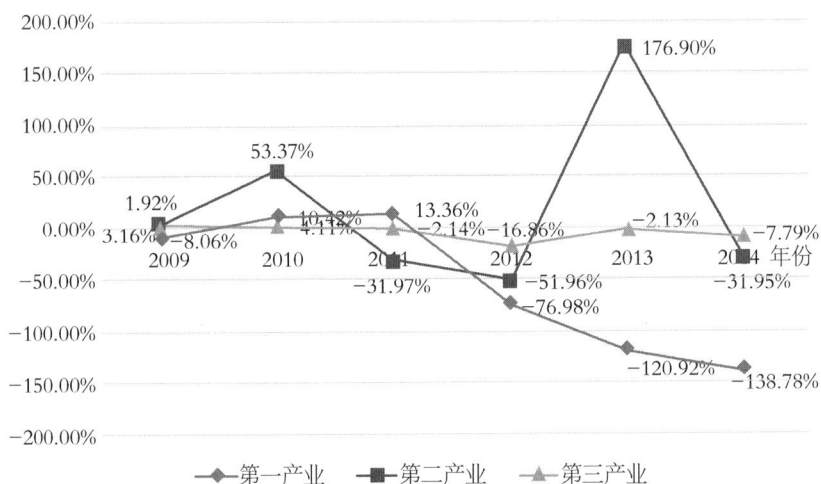

图 4-37 东北三大产业上市公司净资产报酬率增速

如图 4-38 所示，东北和上海市都是第三产业上市公司的净资产报酬率最高，第二产业次之，第一产业最低。上海市第一产业上市公司净资产报酬率是 1.88%，东北是 0.21%，前者是后者的 8.95 倍；上海市第二产业上市公司净资产报酬率为 7.48%，东北少于上海市，为 5.00%，上海市是东北的 1.50 倍；上海市第三产业上市公司净资产报酬率为 9.30%，而东北是 8.29%，上海市是东北的 1.12 倍。

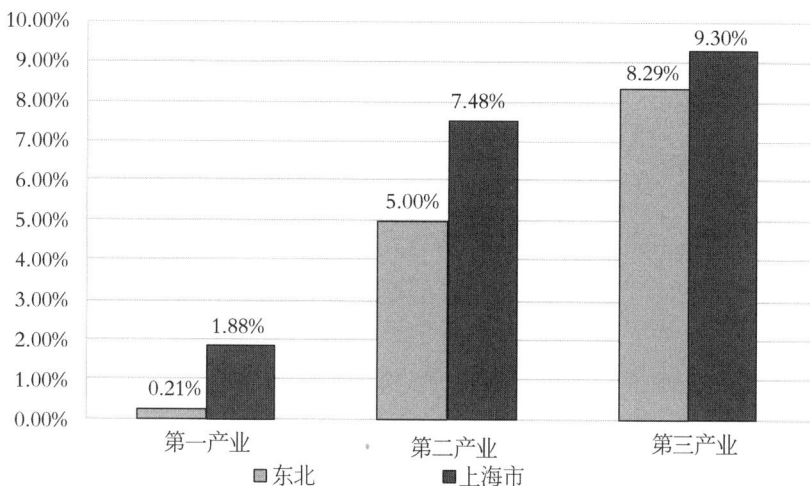

图 4-38　东北和上海市上市公司 2014 年净资产报酬率

4.11　东北上市公司回归分析

4.11.1　多元回归的引入

在市场的经济活动中，经常会遇到某一市场现象的发展和变化取决于几个影响因素的情况，也就是一个因变量和几个自变量有依存关系。有时几个影响因素主次难以区分，或者有的因素虽属次要，但也不能略去其作用。例如，某一商品的销售量既与人口的增长变化有关，也与商品价格的变化有关。这时采用一元回归分析预测法进行预测是难以奏效的，需要采用多元回归分析预测法。

多元回归分析预测法，是指通过对两个或两个以上的自变量与一个因变量的相关分析，建立预测模型进行预测的方法。当自变量与因变量之间存在线性关系时，称为多元线性回归分析。

经过课题组多年经验及数据研究，我们初步认定影响东北 GDP 的相关数据有东北上市公司总资产、东北上市公司净资产、东北上市公司总收入、东北上市公司净利润等 4 项数据。在接下来的研究中，我们利用统计学概念，充分证明这些指标与 GDP 的相关性。

4.11.2 多元回归分析的原则

1. 数据真实准确

在进行统计分析时，首先就要保证统计数据的真实性与准确性，真实准确的统计数据是反映事物现状、得出正确统计结果的基础与保障。

本书研究的 GDP 数据来自国家统计局官网，而上市公司相关数据则来自上市公司经过两大交易所发布的年度报告，且这些年报都是经过会计师事务所审计的公开数据。

2. 模型建立

根据统计学概念，我们选择建立的是线性多元回归模型，东北GDP 为因变量，东北上市公司总资产、净资产、总收入、净利润分别为 4 个自变量。

3. 检验符合标准

在完成了统计分析之后并不是问题的终结，进行统计结果的检验是十分必要的，我们通过 SPSS 软件算得的模型结果对模型进行检验。

4.11.3 多元线性回归模型

多元线性回归模型的一般形式为：

$$Y_i = \beta_0 + \beta_1 X_{1i} + \beta_2 X_{2i} + \cdots + \beta_k X_{ki} + \mu_i \quad (i=1, 2, \cdots, n)$$

式中：k 为解释变量的数目；β_j（j=1, 2, $\cdots$, k）称为回归系数；设 Y为因变量，X_1, X_2, $\cdots$, X_k 为自变量，并且自变量与因变量之间为线性关系时，则多元线性回归模型为：

$$Y = b_0 + b_1 X_1 + \cdots + b_k X_k + e$$

式中：0 为常数项；b_1, b_2, $\cdots$, b_k 为回归系数；1 为 X_1, X_2, $\cdots$, X_k固定时，1 每增加一个单位对 Y 的效应，即 1 对 Y 的偏回归系数；同理，2 为 X_1, X_2, $\cdots$, X_k固定时，2 每增加一个单位对 Y 的效应，即 2对 Y 的偏回归系数，等等。

SPSS 软件的基本功能包括数据管理、统计分析、图表分析、输出管理等。SPSS 统计分析过程包括描述性统计、均值比较、一般线性模型、相关分析、回归分析、对数线性模型、聚类分析、数据简化、生存分析、时间序列分析、多重响应等几大类，每类中又分好几个统计过程，比如回归分析中又分线性回归分析、曲线估计、Logistic 回归、Probit 回归、加权估计、两阶段最小二乘法、非线性回归等多个统计过程，而且每个过程中又允许用户选择不同的方法及参数。SPSS 软件也有专门的绘图系统，可以根据数据绘制各种图形。

4.11.4　东北上市公司实证研究

1. 散点图

本书在此选用了 SPSS 统计分析软件来绘制 GDP 与上市公司总资产、净资产、总收入、净利润的散点图。将数据输入 SPSS 软件形成数据集后，显示结果输出窗口。

GDP 随着上市公司负债的递增而递增，同样随着净资产的递增而递增，GDP 与负债和净资产之间显然是存在关系的。运用同样方法、同样步骤，可以得出 GDP 与总收入、净收入也是存在关联性关系的。

2. 标准化残差图

根据图 4-39，数据呈现正态分布，标准残差为 0.845。在数据十分匮乏的情况下，0.8 以上的标准残差都是可以接受的。

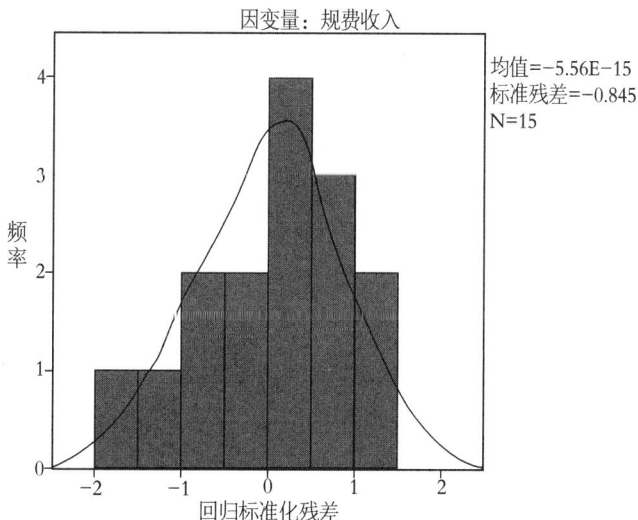

图 4-39　直方图

为了使数据的拟合程度更好，将数据单位都换成亿元。数据输入后如表 4-1 所示。

表 4-1　　　　　　　　　2008—2014 年经济指标表　　　　　　单位：亿元

V₁	GDP	总资产	净资产	总收入	净利润
2008	28 409.05	5 677.59	2 466.26	3 618.30	161.76
2009	31 078.24	6 818.76	2 780.99	3 802.72	188.19
2010	37 493.45	8 586.78	3 416.64	5 191.94	305.13
2011	45 377.53	9 961.09	3 817.67	6 087.81	270.94
2012	50 477.25	11 597.50	4 281.82	6 062.27	194.17
2013	54 714.53	12 902.50	4 715.93	6 572.56	358.56
2014	57 469.81	14 166.54	5 321.67	6 631.59	309.96

3. 回归公式的建立及系数表

可以得出多元回归模型为：

$$Y = 7\,622.056 + 4.682X_1 - 5.428X_2 + 2.346X_3 - 10.255X_4$$

式中：Y 表示 GDP；X_1 表示上市公司总资产；X_2 表示上市公司净资产；X_3 表示上市公司总收入；X_4 表示上市公司净利润。常数 7 622.056 起到平衡模型中各变量关系的作用。

从表 4-2 中可以看出，总资产 X_1 的系数 4.682，表示当总资产每增加 1 亿元时，GDP 增加 4.682 亿元；净资产每增加 1 亿元时，GDP 减少 5.428 亿元；总收入每增加 1 亿元时，GDP 增加 2.346 亿元；净利润每增加 1 亿元时，GDP 减少 10.255 亿元。

表 4-2　　　　　　　　　　　　　系数

模型		非标准化系数		标准系数
		B	标准误差	试用版
1	（常量）	7 622.056	4 664.018	
	总资产	4.682	2.239	1.280
	净资产	−5.428	6.326	−0.486
	总收入	2.346	1.234	0.258
	净利润	−10.255	8.641	−0.067

注：因变量：GDP。

可以发现，GDP与上市公司总资产、总收入呈现正相关关系，而与净资产、净利润却呈现负相关关系，从另一个角度也说明，4个解释变量指标 X_1、X_2、X_3、X_4 存在多重共线性现象，因而，从这两个影响因素分析，净利润指标系数呈现负数则是合乎情理的。

如表4-3所示的结果表明：GDP与总资产之间的相关系数 r 为0.994，GDP与净资产之间的相关系数 r 为0.988，GDP与总收入之间的相关系数 r 为0.968，GDP与净利润之间的相关系数 r 为0.675。这说明在0.01的水平上，GDP与总资产、净资产、总收入、净利润分别显著相关，进行此多元回归分析是非常有意义的。

表4-3 相关性

		GDP	总资产	净资产	总收入	净利润
GDP	Pearson相关性	1	0.0994**	0.988**	0.968**	0.675
	显著性(双侧)		0.000	0.000	0.000	0.096
	N	7	7	7	7	7
总资产	Pearson相关性	0.994**	1	0.998**	0.952**	0.69500
	显著性(双侧)	0.000		0.000	0.001	.083
	N	7	7	7	7	7
净资产	Pearson相关性	0.988**	0.998**	1	0.944**	0.701
	显著性(双侧)	0.000	0.000		0.001	0.079
	N	7	7	7	7	7
总收入	Pearson相关性	0.968**	0.952**	0.944**	1	0.747
	显著性(双侧)	0.000	0.001	0.001		0.054
	N	7	7	7	7	7
净利润	Pearson相关性	0.675	0.695	0.701	0.747	1
	显著性(双侧)	0.096	0.083	0.079	0.054	
	N	7	7	7	7	7

注：**表示在0.01水平（双侧）上显著相关。

4. 模型汇总表和方差分析表

根据输出结果中的模型汇总表（见表4-4），判断系数（R^2）为0.997。判断系数的值越大，表明模型拟合度越大，0.997表示因变量GDP变异性中的99.7%可以被自变量总资产、净资产、总收入、净利润解释。

表 4-4   模型汇总表

模型	R	R^2	调整 R^2	标准估计的误差
1	0.999	0.997	0.992	1 001.81310

注：（1）因变量：GDP。（2）预测变量：（常量），净利润，总资产，总收入，净资产。

方差分析（ANOVA）表（见表 4-5）列出了变异源、自由度、均方、F 值及对 F 的显著性检验。回归方程显著性检验结果表明：回归平方和为 789 198 080.6，残差平方和为 2 007 258.974，总平方和为 791 205 339.5，对应的 F 统计量的值为 196.586，显著性水平为 0.005 < 0.05，可以认为所建立的回归方程有效。

表 4-5   方差分析表

模型		平方和	df	均方	F	Sig.
1	回归	789 198 080.6	4	197 299 520.1	196.586	0.005
	残差	2 007 258.974	2	1 003 629.487		
	总计	791 205 339.5	6			

注：（1）因变量：GDP。（2）预测变量：（常量），净利润，资资产，总收入，净资产。

根据图 4-40，可进一步看出数据的拟合程度比较好。

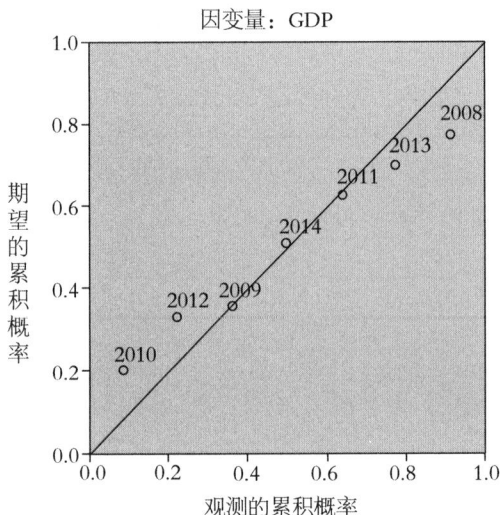

图 4-40 回归标准化残差的标准 P-P 图

5. 描述性统计和多重共线性诊断

根据表 4-6，GDP 均值为 43 574.2657 亿元，标准偏差为 11 483.35999；总资产为 9 958.6816 亿元，标准偏差为 3 139.18311；净资产为 3 828.7107 亿元，标准偏差为 1 028.37124，总收入为 5 423.8832 亿元，标准偏差为 1 262.82968；净利润为 255.5294 亿元，标准偏差为 74.57358。

表 4-6　　　　　　　　描述性统计量

	均值	标准偏差	N
GDP	43 574.2657	11 483.35999	7
总资产	9 958.6816	3 139.18311	7
净资产	3 828.7107	1 028.37124	7
总收入	5 423.8832	1 262.82968	7
净利润	255.5294	74.57358	7

共线性诊断表见表 4-7。2 维、3 维、4 维、5 维的特征值均小于 1，可以说明自变量之间存在一定的共线性。方差比例中也有接近于 1 的数值，更进一步说明自变量之间具有共线性。而从实际情况来看，总资产与净资产、总收入与净利润之间都是息息相关的指标，所以，它们之间存在共线性是不可避免的，也是可以解释的。

表 4-7　　　　　　　　共线性诊断

模型	维数	特征值	条件索引	方差比例				
				（常量）	总资产	净资产	总收入	净利润
1	1	4.923	1.000	0.00	0.00	0.00	0.00	0.00
	2	0.047	10.197	0.10	0.00	0.00	0.00	0.00
	3	0.027	13.598	0.01	0.00	0.00	0.00	0.81
	4	0.003	40.762	0.06	0.01	0.01	0.79	0.10
	5	0.000	201.210	0.03	0.99	0.99	0.21	0.09

注：因变量：GDP。

4.11.5　多元回归分析结论

在上述的实证研究中，对东北 GDP 和东北上市公司总资产、净资产、总收入、净利润做出了拟合的线性回归模型，并分别计算了它们之间的相关系数。从中可以看出，东北 GDP 和东北上市公司总资产、净资产、总收入、净利润之间均有非常强的相关性。我们运用线性回归模型结合 SPSS 软件对上述数据进行了分析，相关系数分别为 0.994、0.988、0.968、0.675。从这几组数据可以看出，东北 GDP 和东北上市公司总资产、净资产、总收入、净利润的线性相关程度都是很高的。从 $Y=7\,622.056+4.682X_1-5.428X_2+2.346X_3-10.255X_4$ 这个回归模型中我们可以发现，GDP 与总资产、总收入呈现正相关关系，而与净资产、净利润呈现负相关关系，原因是净资产降低时，公司杠杆加大，能够带动 GDP 的发展，而相关系数最小值在 0.675。从另一个角度也说明，4 个解释变量指标 X_1、X_2、X_3、X_4 存在多重共线性现象，而我们根据习惯，将 4 个指标均纳入线性模型中，当我们需要这些指标一并出现的时候，系数呈现负数则是合乎情理的。多元回归结果表明，上市公司对东北地区 GDP 有重要的贡献作用。如果上市公司做好了，东北地区经济也就好了，上市公司和 GDP 有密切的联系。

4.12　促进东北上市公司发展的建议

4.12.1　引导和培育优势企业上市

上市公司数量的多寡既是一个地区经济发展水平高低的反映，也是影响地区经济快速发展的重要因素。目前东北地区上市公司数量偏少的现状无疑成为上市公司促进区域经济发展作用发挥的绊脚石，加大力度培养上市后备企业，积极引导优势企业上市，以增加东北地区上市公司数量，服务区域经济，成为东北地区各省政府的首要任务。

首先，东北地区各省政府必须转变思想，破除部门权力化和利益化的偏差，认识到企业上市对地方经济的贡献，真正为促进发展铺路搭桥，为引导和培育优势企业上市服务。其次，要明确界定企业上市培育的主体范围，东北地区各省政府在进行企业上市培育时，必须有针对性，培育对象要能基本满足上市条件，政府可以采用实地考察和企业报名的形式，建立后备企业信息资源库，重点培育够条件的企业，时刻关注有潜力的企业，长期规范基础相对较差的企业，预选一批，培育一批，上市一批，储备一批，长期规划，坚持不懈地实行分类指导、梯度培育和动态管理制度。再次，东北地区各省政府必须整合资金、人才、信息、市场、技术等资源，与金融机构、风险与创业投资机构以及证券、产权交易、资产评估、会计、法律、咨询等中介机构建立沟通协调机制，按照"企业为主、政府推动、中介尽责"的原则，形成上市企业培育的联动工作机制，构建东北地区企业改制上市的良好格局。最后，东北要多向上海市上市公司学习，他山之石，可以攻玉，要学习借鉴其他省份的成功经验，结合本地区实情，融会贯通，为我所用。

4.12.2　加大并购重组力度，推动产业升级

上市公司推动区域产业结构优化升级，必须以上市公司自身产业结构调整为前提。只有具备良好结构和发展前景的上市公司才能为区域经济的发展贡献力量，才能加快区域产业结构优化调整的步伐；否则，产业结构低度化、企业结构散漫化的上市公司扩张只会加剧区域产业结构的失衡。就东北地区上市公司来看，其主要以制造业为主，行业覆盖面较窄，上市公司产业结构与东北地区整体经济的产业结构出现了一定程度的偏差，这种偏差在第一和第三产业中表现尤为突出。东北地区上市公司要想实现对产业结构的优化调整，就必须加大并购重组力度，积极进入到体现地区产业布局和经济发展重点的高新技术产业和服务产业之中，扩大第三产业上市公司的比重显得至关重要。

近年来，随着我国资本市场股权分置改革的不断推进，全流通制度下的资本市场资源配置功能进一步完善，以"调结构、兴产业"为目的的上市公司并购重组绩效显著，重组数量不断增加，交易规模不断扩大。东北地区上市公司要想提高并购重组积极性，保证并购重组能够顺利进行，首先，要对并购重组有一个正确的认识，亏损上市公司的"壳"资源价值固然重要，但是通过并购重组使企业获得新生，将推动区域经济发展的新生力量，尤其是将体现地区产业布局和经济发展重点的高科技、软硬件、新能源、新材料等现代制造业和服务业纳入资本市场，实现区域产业结构的优化升级才是并购重组实施的首要目的；其

次，上市公司并购重组涉及资产、财务、法律等多方面的问题，是一项极为复杂的交易过程，这就要求上市公司要有充分的前期准备，选择合适的中介机构，以保证财务审计、资产评估、并购定价、方案设计以及配套融资安排等环节的顺利实施；最后，掌握上市公司经营决策权和经营管理权的管理层，是上市公司并购重组的策划者、组织者和参与者，他们的意志和意愿直接左右着上市公司并购重组方案的实施，若要使东北地区上市公司并购重组良性发展，上市公司就必须建立起一套有效的监督、激励机制。

通过大力推进东北企业上市，采取市场化运作，向上海市等发达地区学习经验，不断优化东北地区产业结构，提高第三产业在东北经济中的比重，东北上市公司一定能够在东北经济活动中发挥越来越重要的作用。

第 5 章　我国钢铁行业上市公司研究

　　本章主要是从财务的角度对钢铁行业的现状及问题进行评价和探索。本章以我国钢铁行业的 52 家上市公司为研究对象，说明整个钢铁行业的情况。数据来源是 52 家钢铁行业上市公司各年披露的年报，选取的指标有 8 个：总资产、营业收入、净利润、ROE、ROA、营业收入净利润率、总资产周转率和固定资产周转率。总资产、营业收入和净利润指标是对钢铁行业的规模和盈亏情况进行研究，ROE、ROA 和营业收入净利润率指标则重点研究钢铁行业的盈利能力；总资产周转率和固定资产周转率则分析了钢铁行业的营运能力。4 个维度的研究有助于我们看到一个完整的、原始状态的钢铁行业。

5.1　钢铁行业上市公司总资产情况

　　如图 5-1 所示，钢铁行业上市公司 2008—2014 年总资产处于上升趋势，逐年增加，从 2008 年的 9 588.56 亿元一直增加到 2014 年的 16 001.66 亿元，增长了 66.88%。如果用 52 家上市公司的资产算术平均值来大致代表钢铁行业的资产平均水平，也可以看出钢铁行业的资产平均水平在上升，从 2008 年的 184.40 亿元增加到 2014 年的 307.72 亿元。就资产平均值的增长速度而言，2009—2014 年分别为 15.76%、10.65%、10.34%、3.44%、7.75% 和 5.95%。钢铁行业的资产平均水平的增长分为两个阶段：第一阶段是 2008—2011 年，增长较快，从 184.40 亿元增长到 260.60 亿元；第二阶段是 2012—2014 年，增速明显放缓，各年的增长率均不足 10%。资产平均值的增长速度波动较大，总体增长速度处于下降趋势。钢铁行业的总资产规模两极分化严重，2008—2014 年，各年的行业总资产最大值保持在 2 000 亿元以上，占据该最大值的一直是宝钢股份，宝钢股份是钢铁行业的龙头企业。宝钢股份 2008—2014 年的总资产分别为 2 000.21 亿元、2 011.43 亿元、2 160.65 亿元、2 311.00 亿元、2 143.57 亿元、2 266.68 亿元和 2 286.53 亿元，远远领先于钢铁行业的其他上市公司的资产规模。钢铁行业总资产最小值与最大值的差距悬殊，最大值各年均在 2 000 亿元以上，而最小值各年均保持在个位数，有几百倍甚至上千倍的差距。从总资产的角度来看，在这 52 家上市公司中，规模最小的为红宇新材，2008—2014 年的总资产分别为 1.00 亿元、1.92 亿元、2.93 亿元、3.53 亿元、7.97 亿元、8.28 亿元和 8.35 亿元，与规模最大的宝钢股份之间的差距非常大。

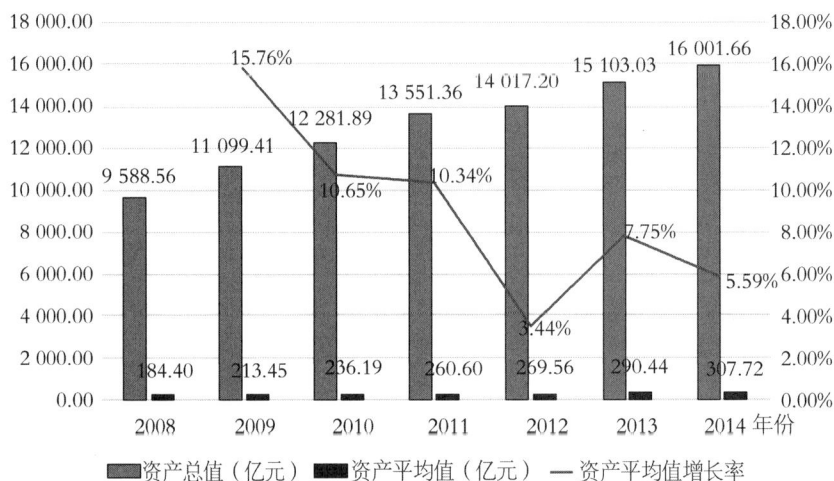

图 5-1　钢铁行业 2008—2014 年资产总值、平均值及平均值增长率

2008—2014 年钢铁行业 52 家上市公司的总资产中位数分别为 55.30 亿元、59.48 亿元、69.52 亿元、84.34 亿元、85.71 亿元、85.81 亿元和 78.85 亿元。由于这里的中位数是将总资产从小到大依次排列取中间值，也就是说，在 52 家上市公司中，有一半的公司总资产规模在中位数以下，而另一半公司总资产规模在中位数以上。将中位数与平均值作一下比较，可以看出各年的资产平均值明显高于中位数。结合前面的分析可以说明，有一些资产较多的公司拉动了整个行业的资产平均水平，比如宝钢、鞍钢这样的大公司。

方差衡量一组数据离散的程度。方差越大，数据的波动也就越大。2008—2014 年，52 家上市公司的总资产方差分别为 111 215.76、130 806.80、146 684.74、179 091.30、171 145.91、190 119.38 和 199 345.87。52 家上市公司总资产方差不断加大，说明这些公司资产的离散程度越来越高。一些资产多的公司规模一直居高不下，而一些资产很少的公司没有明显提升。总体而言，52 家上市公司的资产规模与行业资产平均值的偏离程度一直在加大。

以 2014 年的数据为例，钢铁行业 52 家上市公司的总资产规模排在前 3 位的分别是：宝钢股份（2 286.53 亿元）、河北钢铁（1 703.68 亿元）和包钢股份（1 036.66 亿元）。

宝钢股份是一家专注于钢铁业的公司，主要钢铁产品分为碳钢、不锈钢和特殊钢三大类，是我国最大、最现代化的钢铁联合企业，在国际钢铁市场上属于世界级钢铁联合企业。公司专业生产高技术含量、高附加值的钢铁产品，采用国际先进的质量管理，主要产品均获得国际权威机构认可，在成为中国市场主要钢材供应商的同时，产品出口到日本、韩国、欧美等 40 多个国家和地区。公司具有雄厚的研发实力，从事新技术、新产品、新工艺、新装备的开发研制，积聚了不竭的发展动力。《世界钢铁业指南》评定宝钢股份在世界钢铁行业的综合竞争力为前 3 名，认为是未来最具发展潜力的钢铁企业之一。

2008—2014 年占据中国钢铁行业 52 家上市公司资产规模最大值的一直是宝钢股份，分别为 2 000.21 亿元、2 011.43 亿元、2 160.65 亿元、2 311.00 亿元、2 143.57 亿元、2 266.68 亿元和 2 286.53 亿元。

总资产排在第二位的是河北钢铁，2008—2014 年河北钢铁的总资产分别为 415.19 亿元、1 027.34 亿元、1 049.38 亿元、1 410.41 亿元、1 547.84 亿元、1 668.98 亿元和 1 703.68 亿元。可以看到河北钢铁 2009 年资产增长得很快，是 2008 年的 2.5 倍。其之后几年的总资产规模一直在扩大，保持在 1 000 亿元以上。

总资产排在第三位的是包钢股份，其 2008—2014 年的总资产分别为 438.99 亿元、429.42 亿元、420.44 亿元、497.33 亿元、637.59 亿元、879.24 亿元和 1 036.66 亿元。鞍钢股份的资产规模在钢铁行业名列前茅，在 2009 年的时候资产规模就达到了 1 000 亿元，但是 2010—2014 年其资产规模一直在缩小，2014 年的 912.91 亿元总资产没有排进前 3 名。

如图 5-2 所示，钢铁行业上市公司 2008—2014 年的资产规模一直在扩大。许多钢铁企业为了维持生存都保持着原有的规模甚至是持续扩大规模。通常公司总资产的增长可能说明公司有更大的建设发展项目或者有一个较好的未来前景，但是这里的背景是钢铁行业严重的产能过剩，总资产的不断增加并没有带来经营效益的好转，反而销量越来越低迷，这说明盲目地扩大生产规模并不能改善状况。钢铁行业供大于求，很多企业的产品卖不出去，存货的积压造成总资产的增加。

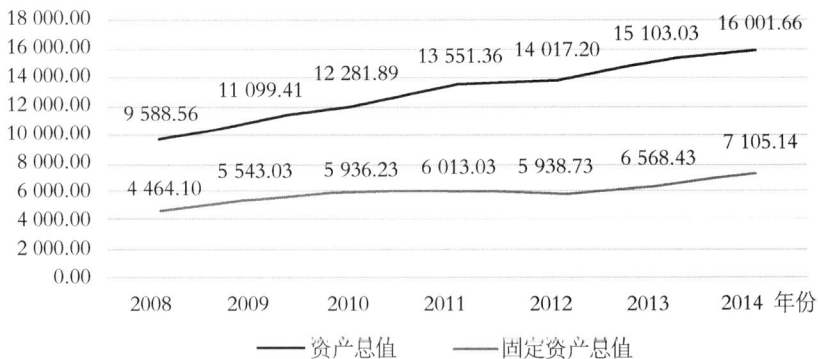

图 5-2　钢铁行业 2008—2014 年资产总值和固定资产总值（单位：亿元）

（1）在成熟的市场经济国家，大多数情况下，产能过剩行业的固定资产投资并不会出现过度增长。但在我国，由于体制性因素，地方政府对于投资的过快增长起到助推作用，已存在的过剩产能并未对固定资产投资起到抑制作用。美国次贷危机引发全球性经济危机之后，我国钢铁行业面临艰难的外部环境，亏损严重，然而巨额亏损并未引起企业减产。2010—2012年固定资产投资额增速下降，分别为7.09%、1.29%和−1.24%，但从2013年开始增速又开始上升，截至2014年已经有7 105.14亿元的固定资产投资额，形成的新增产能势必加大产能过剩的压力。

（2）从另一个角度来看，钢铁行业的资产平均值虽然保持增长趋势，但总体增长速度处于下降趋势。换言之，我国钢铁行业的资产平均水平的增长趋势趋于缓和。由此可以看到，一些抑制产能过剩进一步恶化的政策对钢铁行业的规模扩大起到了一定的抑制作用。

5.2 钢铁行业上市公司营业收入情况

钢铁行业52家上市公司的营业收入处于波动状态。从图5-3可以看出，就全行业52家上市公司的营业收入总和来看，2008年为11 539.93亿元，2009年降到9 770.03亿元，2010年上升到12 792.37亿元，2011年继续上升至14 742.85亿元，2012年再次下降，为13 378.31亿元，2013年小幅度回升至13 597.17亿元，2014年继续下降到12 887.14亿元。这52家上市公司2008—2014年的营业收入平均值分别为221.92亿元、187.89亿元、246.01亿元、283.52亿元、257.28亿元、261.48亿元和247.83亿元。前面分析的钢铁行业的平均资产在上升，然而平均营业收入并没有一直在上升，反而有所下跌。与此同时，从图5-3中可以看到，营业收入平均值的增长波动剧烈，2009—2014年分别为−15.34%、30.93%、15.25%、−9.26%、1.64%和−5.22%。

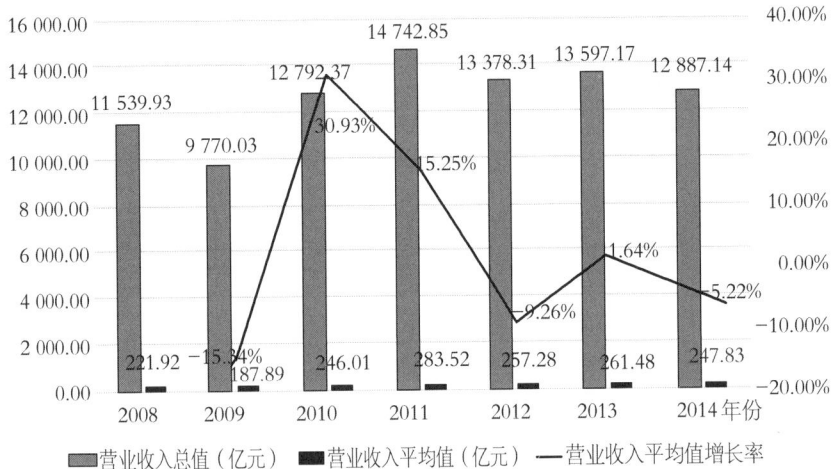

图5-3　钢铁行业2008—2014年营业收入总值、平均值及平均值增长率

与总资产的情况相类似，52家上市公司各年营业收入的最大值与最小值的差距也是巨大的。前面提到过龙头企业——宝钢股份的总资产规模历年来在52家上市公司中保持最大，同样，其也占据了2008—2014年各年钢铁行业营业收入的最大值，分别为2 003.32亿元、1 483.26亿元、2 021.49亿元、2 225.05亿元、1 911.36亿元、1 896.88亿元和1 874.14亿元。而红宇新材的资产规模在52家上市公司中是最小的，同样其各年的营业收入也处于行业最小值的位置，分别为0.91亿元、1.26亿元、2.08亿元、2.45亿元、2.37亿元、1.91亿元和2.13亿元，与宝钢股份的营业收入差距悬殊。宝钢股份以其庞大的资产规模在钢铁行业处于领先地位，2008—2014年的营业收入变化趋势与行业平均水平的变化趋势基本一致。

2008—2014年52家上市公司的各年营业收入的中位数分别为72.37亿元、53.74亿元、74.72亿元、87.35亿元、74.97亿元、73.46亿元和73.33亿元，波动并不大，基本稳定在70多亿元。各年的营业收入中位数普遍小于行业营业收入平均值，同样说明一些营业收入较高的公司拉动了整个行业的营业收入平均水平。通过分析钢铁行业营业收入的离散程度，我们发现钢铁行业资产的方差不断扩大，营业收入的方差波动较大。2008—2014年52家上市公司的营业收入方差分别为 115 711.28、76 878.80、136 904.89、175 512.88、141 655.17、145 307.41 和 132 069.44。这说明 52 家上市公司的营业收入的离散程度较高。2009 年是营业收入平均值最低的一年，同样也是营业收入方差最小的一年。这说明这一年各公司的营业收入水平相对于其他几年更加集中。2011 年是营业收入平均值最高的一年，也是营业收入方差最大的一年，从这一现象看到了营业收入的平均值越大，方差越大。

受美国次贷危机影响，2009 年钢铁行业的营业收入普遍下降；2010 年和 2011 年营业收入较好，整体呈上升态势；2012 年钢铁下游生产领域需求萎缩，导致钢材市场疲软，钢铁企业营业收入普遍又出现下降趋势。结合前面的分析可以看出，钢铁行业的资产规模一直在扩大，但并没有带来营业收入的增加，相反地，营业收入近几年还处于下降的趋势，从这一点上可以看出钢铁市场存在供过于求的情况，反映出钢铁行业的过剩产能（见图 5-4）。

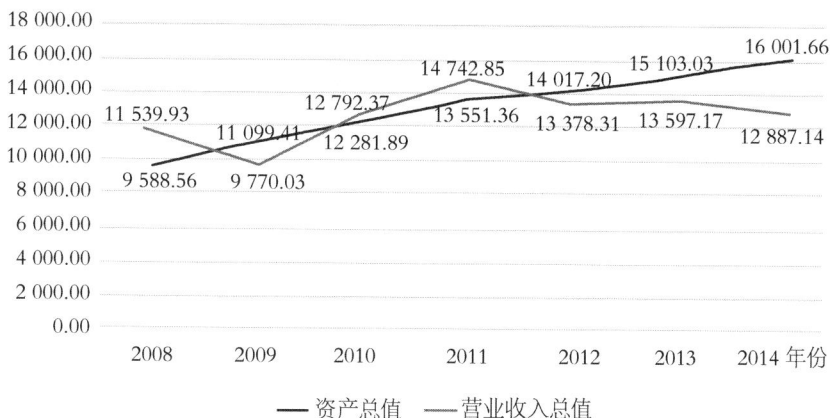

图 5-4　钢铁行业 2008—2014 年资产总值和营业收入总值（单位：亿元）

5.3　钢铁行业上市公司净利润概况

如图 5-5 所示，钢铁行业 52 家上市公司 2008—2014 年行业净利润总额分别为 256.14 亿元、120.59 亿元、310.83 亿元、187.81 亿元、−48.89 亿元、96.89 亿元和 40.76 亿元，可以很明显地看出整个钢铁行业效益整体下滑，呈现出一种低迷的状态。以净利润平均值来代表钢铁行业的净利润平均水平，则可以看到 2008—2014 年 52 家上市公司净利润平均水平为 4.93 亿元、2.32 亿元、5.98 亿元、3.61 亿元、−0.94 亿元、1.86 亿元和 0.78 亿元。营业收入的情况相类似，平均净利润也是在 2009 年有所下降，虽然 2010 年有所回升，但 2011—2014 年平均净利润持续走低，2012 年整个行业的净利润平均水平甚至是负值，为 −0.94 亿元，说明 2012 年整个行业几乎都是处于亏损状态，即使有盈利也是甚微。造成这一现象的最重要原因是成本居高不下。

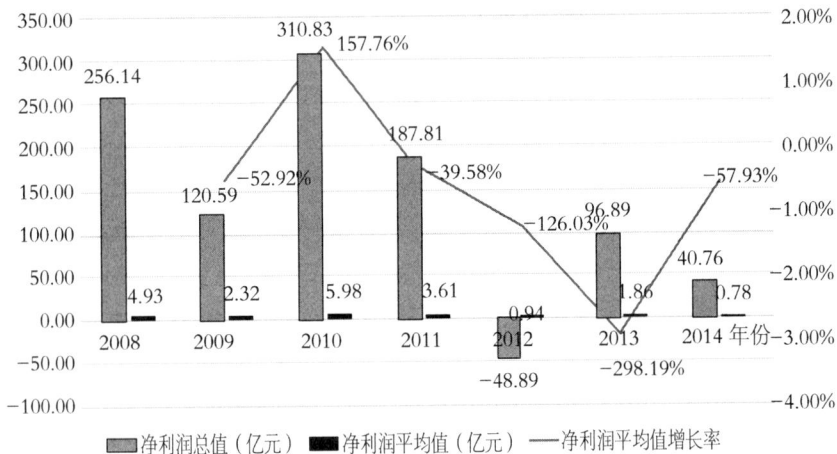

图 5-5　钢铁行业 2008—2014 年净利润总值、平均值及平均值增长率

　　钢铁行业净利润的最大值与最小值之间也是存在较大的差距，各年的最小值均是亏损状态的负值，且最小值有越来越小的趋势。宝钢股份在总资产与营业收入中均保持最大的地位，各年的净利润最大值也由宝钢股份占据。宝钢股份 2008—2014 年的净利润分别为 66.01 亿元、60.95 亿元、133.61 亿元、77.36 亿元、104.33 亿元、60.40 亿元和 60.91 亿元。总体来看，宝钢股份在这 7 年间的效益并没有大幅下滑，可以注意到甚至在整个行业都处于亏损状态的 2012 年，宝钢股份依旧保持着较高的盈利，并没有受到太大的冲击。前面提到的红宇新材在总资产和营业收入中历年来都是最小值，然而这里红宇新材并不是净利润的最小值，虽然红宇新材历年的盈利甚微均不足 1 亿元，但是 7 年里都处于盈

利状态，并无亏损。52 家上市公司 2008—2014 年净利润的最小值分别为 −16.12 亿元、−16.36 亿元、−27.40 亿元、−23.32 亿元、−42.52 亿元、−24.99 亿元和 −59.72 亿元，2014 年的攀钢钒钛可以说是出现了巨额亏损，为 −59.72 亿元。

52 家上市公司 2008—2014 年净利润的中位数分别为 1.03 亿元、1.07 亿元、2.15 亿元、1.73 亿元、0.92 亿元、1.41 亿元和 1.04 亿元。这说明在 52 家上市公司中一半公司的净利润在 1 亿元左右，整个钢铁行业上市公司收益甚微。通过研究 52 家上市公司净利润的离散程度可以看出，2008—2014 年的方差处于波动状况，分别为 158.53、96.12、369.53、151.96、373.45、100.32 和 169.54。注意到在净利润平均值为负值的 2012 年，净利润的方差达到最大值。

在这里以 2014 年的数据为依据，钢铁行业 52 家上市公司 2014 年的净利润排在前 3 位的分别是：宝钢股份（60.91 亿元）、武钢股份（12.93 亿元）和鞍钢股份（9.24 亿元）。

前面描述过，宝钢股份的总资产和营业收入在行业中都占据第一的位置，2008—2014 年宝钢股份的净利润在 52 家钢铁上市公司中也一直是第一，分别为 66.01 亿元、60.95 亿元、133.61 亿元、77.36 亿元、104.33 亿元、60.40 亿元和 60.91 亿元。总体来看，宝钢股份在这 7 年间的效益并没有过多地下滑，甚至在整个行业都处于亏损状态的 2012 年，宝钢股份依旧保持较高的盈利，并没有受到太大的冲击。

净利润排在第二位的是武钢股份，可以看到第二名与第一名之间的差距略大，武钢股份 2008—2014 年的净利润分别为 51.90 亿元、15.19 亿元、17.07 亿元、9.49 亿元、0.41 亿元、4.41 亿元和 12.93 亿元。可以看到武钢股份的净利润波动比较大，且总体处于下滑状态，尤其是 2012 年的净利润不足 1 亿元，之后两年又有所回升。武钢股份公司是由武汉钢铁集团公司控股的国内第二大钢铁上市公司，主要经营钢铁生产、销售，拥有当今世界先进水平的炼铁、炼钢、轧钢等完整的钢铁生产工艺流程，钢材产品共计 7 大类 500 多个品种。其主要产品有冷轧薄板、冷轧硅钢等，商品材总生产能力 1 000 万吨，其中 80% 为市场俏销的各类板材。

净利润排第三位的为鞍钢股份，其在 7 年间的净利润波动很大，且中间有两年出现了较大的亏损，2008—2014 年的净利润分别为 29.81 亿元、6.86 亿元、19.50 亿元、−23.32 亿元、−42.52 亿元、7.55 亿元和9.24 亿元。和武钢股份的情况类似，鞍钢股份这几年的净利润也在下滑，但与其他的钢铁上市公司相比，其可以排进前三名。鞍钢股份有限公司是国内大型钢材生产企业，主要业务为生产及销售热轧产品、冷轧产品、中厚板及其他钢铁产品。该公司已经成为以汽车板、家电板、集装箱板、造船板、管线钢、冷轧硅钢等为主导产品的精品板材基地。2006 年该公司开发的高强和超高强度船体结构、海洋工程结构用钢，通过英国、挪威等 9 国船级社的权威认证，钢种从 10 个增加到 128 个，最大厚度规格从原来的 40 毫米增加到 100 毫米，产品达到国内领先、世界先进水平。

一个特别令人忧虑的现象是，我国钢铁业 2008—2014 年处于亏损状况，而世界三大铁矿砂公司营业利润却居高不下。巴西淡水河谷一家公司年净利润比我国 52 家上市公司的利润总和还要高，其一家公司的总资产比我国钢铁业上市公司总资产总和都要多。由此可见，我国钢铁上市公司处于小、弱、乱的境地。

5.4 钢铁行业上市公司净资产收益率概况

如图 5-6 所示，ROE 反映了股东权益的收益水平，用以衡量公司运用自有资本的效率。指标值越高，说明投资带来的收益越高。该指标体现了自有资本获得净收益的能力。这里在计算钢铁行业的 ROE 时，是用 52 家上市公司的净利润总额比上 52 家上市公司的股东权益总额得来的。各年的净利润总额在前面已经描述过，2008—2014 年的股东权益总额分别是 3 992.25 亿元、4 346.11 亿元、4 682.09 亿元、5 052.77亿元、5 053.16 亿元、5 314.42 亿元和 5 524.88 亿元，和总资产一样，股东权益总额逐年上升。算出的行业 ROE 2008—2014 年分别为6.42%、2.77%、6.64%、3.72%、−0.97%、1.82%和 0.74%。从图 5-6 中可以看到，2008—2014 年钢铁行业 ROE 的走向与净利润的走向基本一致，2009 年 ROE 从 6.42%降到 2.77%，2010 年回升为 6.64%，但在之后的几年 ROE 持续降低，由于 2012 年的净利润总额为负值，因而 2012 年的 ROE 也达到了近几年来的最低点，为 −0.97%，2013 年与 2014 年的 ROE 也非常低，2014 年的 ROE 甚至达不到 1 个百分点，只有 0.74%。换言之，钢铁行业的投资带来的收益很低。

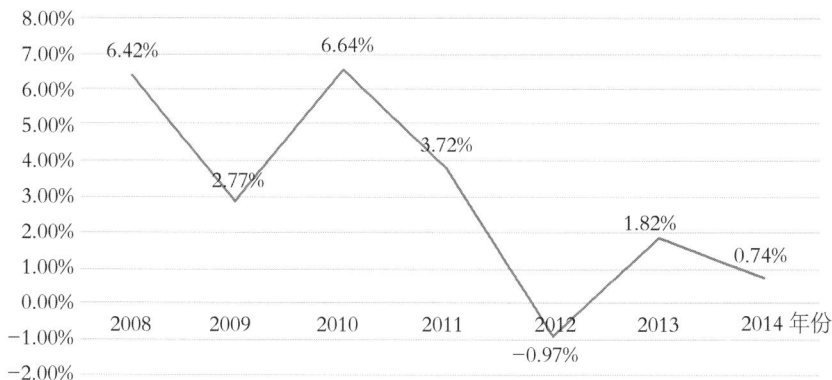

图 5-6　钢铁行业 52 家上市公司 2008—2014 年行业 ROE

在这 7 年中，52 家上市公司的 ROE 的最大值与最小值之间的差异也很大。2008—2014 年 ROE 的最大值分别为 48.73%、34.21%、37.06%、1 580.74%、17.76%、21.09% 和 20.86%。在这里注意到一个现象，前面分析总资产、营业收入以及净利润时，宝钢股份都以绝对的优势占据行业第一的位置，但宝钢股份的 ROE 并不处于第一位，其近年来的 ROE 几乎都在 10% 以下，从 ROE 的角度来看不及比它规模小的一些公司。一些资产规模比较小、营业收入也不算高的公司的 ROE 却非常高，如永兴特钢、奥瑞金等，可以看出这些公司的投资报酬率比较高。这里注意到 2011 年行业的 ROE 最大值为华联矿业的 1 580.74%，研究之后发现华联矿业 2011 年的净利润为 3.02 亿元，而股东权益在这 年为 0.24 亿元，这也是 52 家上市公司 7 年来的股东权益中的唯一一个负值，因而算出来的 ROE 也比较大。2008—2014 年 52 家上市公司 ROE 的最小值均为负数，分别为 −28.25%、−13.09%、−25.35%、−38.64%、−71.48%、−25.15% 和 −127.14%。

2008—2014 年钢铁行业上市公司的 ROE 中位数分别为 7.24%、4.36%、6.44%、5.99%、3.31%、2.17% 和 2.03%。在这里注意到这 7 年间

52 家上市公司的 ROE 的中位数基本都要高于算出的行业 ROE，这说明在这些上市公司中有一些 ROE 很低的公司拉低了整个行业的 ROE 水平。前面分析过整个行业的 ROE 走势，如果看一下具体的各个公司的 7 年间 ROE 变化可以发现，有很多公司 2008—2010 年的 ROE 维持在较稳定的水平甚至是较高的水平，而在 2011—2014 年 ROE 下降了许多，持续走低，如宝鼎重工、玉龙股份、鸿路钢构等。最后看到钢铁行业 ROE 各年的方差处于波动状态，2008—2014 年 52 家上市公司 ROE 的方差分别为 0.0198、0.0116、0.0161、4.7846、0.0242、0.0054 和 0.0463。2011 年的方差较高是因为 2011 年的最大值比较例外，也就是说 2011 年的 ROE 的离散程度较高。

5.5 钢铁行业上市公司 ROA 情况

如图 5-7 所示，ROA 即资产收益率，是净利润与总资产的比值，是用来衡量每单位资产创造多少净利润的指标，是企业运用其全部资产获取利润能力的集中体现。在这里计算的钢铁行业 ROA 是用 52 家上市公司的净利润总额比上 52 家上市公司的资产总额得到的，2008—2014 年分别为 2.67%、1.09%、2.53%、1.39%、−0.35%、0.64% 和 0.25%。行业 ROA 的走势与行业 ROE 的走势基本保持一致，2009 年行业 ROA 从 2.67% 降到 1.09%，2010 年有所回升为 2.53%，从 2010 年以后 ROA 持续走低。与 ROE 一样，由于 2012 年整个行业的净利润总额为负值，因而 ROA 也是在 2012 年达到了近几年来的最低点，为−0.35%。2013 年与 2014 年的 ROA 也较低，均不足 1 个百分点，分别为 0.64% 和 0.25%。以 2014 年的 ROA 为例，说明钢铁行业这一年每 100 元的资产仅能赚取 0.25 元的净利润。资产收益率越高，表示企业的资产运用越有效率、经营能力越好。这里钢铁行业的资产收益率很低，表示钢铁企业总资产运用的效率偏低，或是资产投资过多造成浪费。从这个角度不难发现，钢铁行业投入了大量资产，但并没有得到理想的利润报酬，说明了钢铁行业高成本、收益率低的形势。当资产收益率偏低时，应当分析该企业是否销售净利润率过低或总资产周转率过低，具体分析要在分析销售净利润率和总资产周转率这两个指标之后进行。

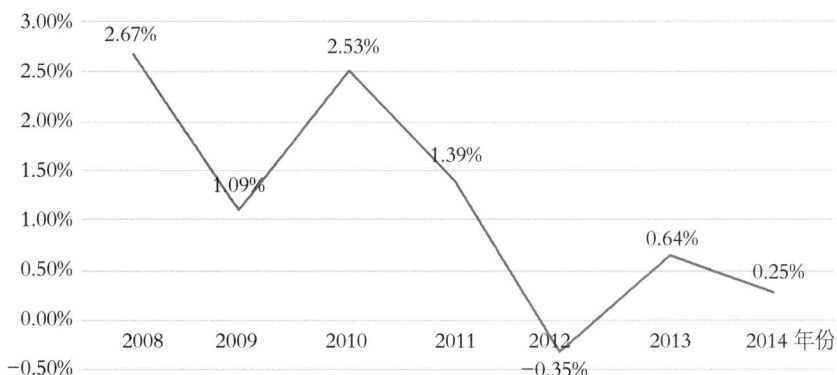

图 5-7　钢铁行业 52 家上市公司 2008—2014 年行业 ROA

与之前 ROE 情况类似，这里历年的 ROA 最大值也并非宝钢股份。宝钢股份 2008—2014 年的 ROA 分别为 3.30%、3.03%、6.18%、3.35%、4.87%、2.66% 和 2.66%。2008—2014 年 52 家上市公司的 ROA 最大值分别为 29.79%、20.07%、20.14%、16.96%、12.41%、12.52% 和 13.11%。观察这 52 家公司的 ROA 发现，一些在钢铁行业领先的大公司的资产收益率并不高，如鞍钢股份、宝钢股份、武钢股份等。占据这些 ROA 最大值的是一些规模较小的公司，如永兴特钢、宝鼎重工等。这说明这些公司的规模和创造的利润虽然远不及宝钢股份、鞍钢股份这样的大企业，但它们的资产运用效率更高，合理有效地运用了企业的资产。2008—2014 年 52 家钢铁行业上市公司 ROA 的最小值分别为 -9.33%、-4.44%、-7.01%、-28.60%、-10.87%、-5.20% 和 -11.41%，从这些最小值中可以看出一些钢铁公司投入的资产不仅没有获得报酬，反而带来了亏损。

钢铁行业 52 家上市公司 2008—2014 年 ROA 的中位数分别为 3.17%、1.94%、3.28%、2.78%、1.32%、0.87% 和 0.88%，与 ROE 的情况相类似，这 7 年间 52 家上市公司的 ROA 的中位数基本都要高于算出的行业 ROA，这说明在这些上市公司中有一些 ROA 很低的公司拉低了整个行业的 ROA 水平。2013 年和 2014 年 ROA 的中位数分别为 0.87% 和 0.88%，这说明 2013 年和 2014 年钢铁行业 52 家上市公司中有

一半的公司 ROA 不足 1 个百分点，资产运用效率甚低。2008—2014 年
ROA 的方差处于波动状态，分别为 0.0047、0.0027、0.0030、0.0043、
0.0023、0.0013 和 0.0020。但相对于 ROE 的方差来说，ROA 的方差波
动较为平缓，2012—2014 年钢铁行业 52 家上市公司的 ROA 离散程度
有所降低。

利润率低、总资产收益率极低，每 100 元的资产仅能赚取 0.25 元
的净利润，说明钢铁业存在勉强维持经营的"僵尸"企业，兼并重组是
未来我国钢铁业的趋势。

5.6 钢铁行业上市公司营业收入净利润率情况

营业收入净利润率是指企业的净利润与营业收入的百分比，用以衡
量企业一定时期的营业收入获取利润的能力。该指标反映每一元营业收
入带来的净利润的多少，表示营业收入的收益水平。它与净利润成正比
关系，与营业收入成反比关系。企业在增加营业收入的同时，必须相应
地获得更多的净利润，才能使净利润率保持不变或有所提高。这里计算
的行业营业收入净利润率是用钢铁行业 52 家上市公司的净利润总额比
上 52 家上市公司的营业收入总额得到的。各年的净利润总额和营业收
入总额在前面已经描述过。行业营业收入净利润率 0.25%说明钢铁行业
这一年每 100 元的资产仅能赚取 0.25 元的净利润，2008—2014 年分别
为 2.22%、1.23%、2.43%、1.27%、－0.37%、0.71%和 0.32%。如图 5-8
所示，行业营业收入净利润率的走势与前面的 ROE 和 ROA 指标保持
一致，因为这三者都属于盈利能力指标。2008 年的营业净利润率为
2.22%，2009 年降到 1.23%，2010 年有所回升为 2.43%，这已是 7 年间
最高的净利润率，之后几年里营业净利润率持续走低。因为 2012
年的行业净利润总额为负值，因此 2012 年的净利润率达到最低，
为－0.37%。2013 年和 2014 年的营业净利润率也非常低，分别为 0.71%
和 0.32%，均不足 1 个百分点，与其他行业如港口行业和房地产行业百
分之十几甚至百分之二十几的净利润率相比较，差距甚远。以 2014 年
0.32%的净利润率为例，也就是说 2014 年钢铁行业每 100 元的营业收入

仅能带来 0.32 元的净利润, 钢铁行业的效益之低不言而喻。

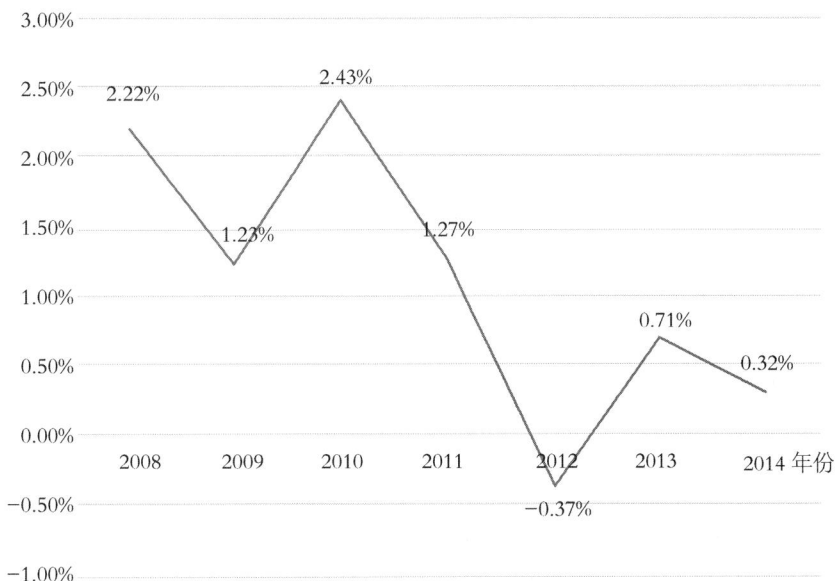

图 5-8　钢铁行业 52 家上市公司 2008—2014 年行业营业收入净利润率

钢铁企业在经营中发现, 企业在扩大销售的同时, 由于销售费用、财务费用、管理费用的大幅增加, 企业净利润在下降, 甚至出现利润负增长。扩大生产和销售规模未必会为企业带来正的收益。在这里可以看到, 虽然近年来钢铁行业的资产规模与投资规模在不断扩大, 但是盈利能力却在走下坡路。

2014 年钢铁行业每 100 元的营业收入仅能带来 0.32 元的净利润, 2008—2014 年 52 家上市公司营业净利润率的最大值分别为 37.09%、24.45%、31.89%、27.89%、21.72%、23.83% 和 25.40%。这里同样发现历年的净利润率最大值都不是传统的钢铁行业大企业, 反而是一些规模较小的公司, 如金岭矿业、红宇新材等。净利润率最大值与最小值的差距比较大, 其中 2011 年最大值与最小值的差距达到了 80 多个百分点, 2008—2014 年营业净利润率的最小值分别为 −13.64%、−4.79%、−12.54%、−55.07%、−16.71%、−14.23% 和 −35.59%。

2008—2014 年净利润率的中位数为 2.63%、1.38%、2.47%、1.81%、1.39%、1.32% 和 1.07%。从中位数可以看到, 52 家上市公司中

有一半的公司净利润率都低到 2% 以下，钢铁行业效益整体不景气。2008—2014 年钢铁行业净利润率的方差波动程度不大，分别为 0.0046、0.0034、0.0047、0.0107、0.0049、0.0038 和 0.0064。方差最大的是 2011 年，说明 2011 年 52 家上市公司的营业收入净利润率离散程度最大，前面提到的净利润率最大值与最小值的差距在 2011 年拉到最大，也能反映出这一年的离散程度高。

在行业整体微利运行的情况下，盈利能力作为上市公司的基础生存能力显得尤为重要，盈利能力的强弱在危机中关系着企业能否在市场竞争中继续生存和发展。

营业净利润率反映了企业净利润与营业收入的关系，提高营业净利润率有两个途径：一是扩大营业收入；二是降低成本和费用。但是步入 2012 年后，受国内外经济增速放缓、产能过剩和财务成本居高不下等因素的影响，我国钢铁行业的营业收入不断下降，成本和费用又不断上升。每百元营业净利润只有 0.32 元，钢铁业面临严重的生存危机。

5.7　钢铁行业上市公司总资产周转率情况

总资产周转率是营业收入与总资产的比值，综合反映了企业整体资产的营运能力。总资产周转率是综合评价企业全部资产的经营质量和利用效率的重要指标。总资产周转率越大，说明总资产周转越快，反映出销售能力越强；反之亦然。在这里计算的钢铁行业总资产周转率是通过 52 家上市公司营业收入总额比上 52 家上市公司资产总额得到的。2008—2014 年钢铁行业总资产周转率分别为 1.20 次、0.88 次、1.04 次、1.09 次、0.95 次、0.90 次和 0.81 次。从图 5-9 中可以看出，2009 年的总资产周转率从上年的 1.20 次降到 0.88 次，之后两年有所回升，分别为 1.04 次和 1.09 次。2011—2014 年总资产周转率一直处于下降状态，从 1.09 次降到 0.81 次。总体来说，钢铁行业的总资产周转率保持在较高的水平。近几年的总资产周转率有所下降主要源于行业营业收入同比下降，而行业资产规模却在上升。研究发现，钢铁行业的运营能力在上下游板块中相对较强，在总资产周转率方面，相比于煤炭、水泥、通用机械、房地产等板块，其总资产周转率要远高于其他板块，处于中上等水平。

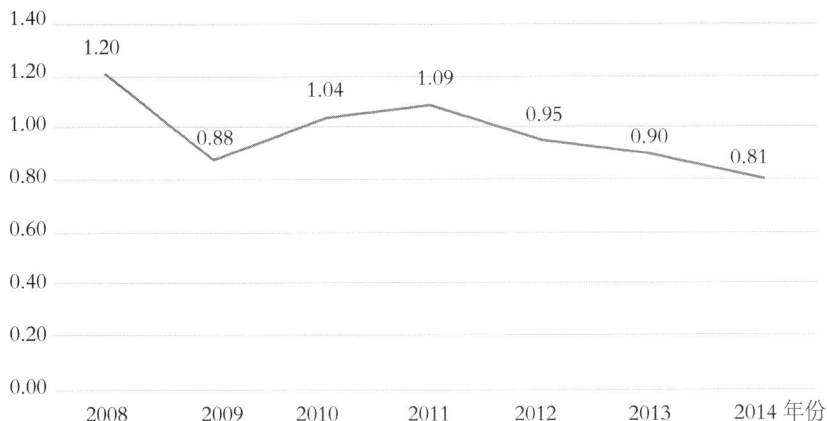

图 5-9　钢铁行业 52 家上市公司 2008—2014 年行业总资产周转率

钢铁行业 52 家上市公司 2008—2014 年的总资产周转率最大值分别为 3.91 次、2.15 次、2.47 次、2.66 次、2.55 次、2.25 次和 2.24 次，这些最大值分别由永兴特钢和三钢闽光占据，而永兴特钢和三钢闽光在这 52 家上市公司中的规模并不大。观察这 52 家上市公司的总资产周转率后发现，总资产周转率的高低一方面与企业运营能力高低紧密相关，另一方面与上市公司资产规模大小存在一定的相关性。资产规模越大，总资产周转率相对越低。宝钢股份、鞍钢股份、包钢股份、河北钢铁这些公司的资产规模都位居前列，但它们的总资产周转率却比一些小规模上市公司要低。例如永兴特钢在 2008 年的总资产还不足 10 亿元，但它在这一年的总资产周转率却达到了 3.91 次，而宝钢股份、鞍钢股份、包钢股份、河北钢铁这些大规模公司的总资产周转率均不足 1 次。2008—2014 年 52 家上市公司的总资产周转率最小值分别为 0.51 次、0.45 次、0.49 次、0.47 次、0.30 次、0.23 次和 0.25 次，与最大值之间的差距较大。

2008—2014 年 52 家上市公司总资产周转率中位数分别为 1.18 次、0.90 次、0.95 次、0.95 次、0.90 次、0.84 次和 0.78 次。2008—2014 年钢铁行业总资产周转率的方差总体较为稳定，分别为 0.5139、0.2051、0.2276、0.2756、0.2360、0.2153 和 0.2209。除了个别总资产周转率非

常高或非常低的公司以外，钢铁行业上市公司的总资产周转率相互间差
距较小，表明中国钢铁上市公司在资产组成、营业收入组成上基本接
近。2008 年的方差最大，这说明 2008 年 52 家上市公司的总资产周转
率离散程度较高，一个主要的原因是这一年某些公司的总资产周转率远
高于行业平均水平。

我国钢铁上市公司的总资产周转率如此之高在世界上也是不多见
的。这说明总资产的周转利用率还是相当高的，难以带上"资产利用率
不高""产能过剩"的帽子。我国钢铁市场还有相当大的消费潜力，市
场的容量相当大；市场竞争惨烈，同质化竞争，竞相压价，进口铁矿砂
成本高，生产成本居高不下，卖价过低，这些是钢铁业问题的症结
所在。

5.8　钢铁行业上市公司固定资产周转率情况

固定资产周转率是营业收入与固定资产的比值，主要用于分析对
厂房、设备等固定资产的利用效率，比率越高，说明利用率越高，
管理水平越好。如果固定资产周转率与同行业平均水平相比偏低，
则说明企业对固定资产的利用率较低，可能会影响企业的获利能
力。这里计算的钢铁行业固定资产周转率是通过钢铁行业 52 家上市
公司的营业收入总额比上 52 家上市公司的固定资产总额得到的。行
业营业收入总额在前面已经描述过。2008—2014 年钢铁行业固定资产
总额分别是 4 464.10 亿元、5 543.03 亿元、5 936.23 亿元、6 013.03 亿
元、5 938.73 亿元、6 568.43 亿元和 7 105.14 亿元。除了 2012 年有少许
下降以外，行业固定资产总额基本保持增长。2008—2014 年钢铁行业
固定资产周转率分别为 2.59 次、1.76 次、2.15 次、2.45 次、2.25 次、
2.07 次和 1.81 次。行业固定资产周转率的走势与总资产周转率的走势
基本一致，2009 年由上年的 2.59 降到 1.76，之后两年有所回升，分别
为 2.15 和 2.45。2011—2014 年的固定资产周转率一致处于下降状态，
从 2.45 降到 1.81。总体来看，钢铁行业的固定资产周转率较低，而房
地产行业的固定资产周转率近几年都维持在十几左右。2011—2014 年

行业的固定资产周转率有所下降源于行业营业收入有所减少，而固定资产在增加，钢铁行业对固定资产的利用率有待进一步提高。

如图 5-10 所示，钢铁行业 52 家上市公司 2008—2014 年固定资产周转率最大值分别为 26.89 次、20.07 次、15.03 次、18.18 次、11.88 次、14.10 次和 10.79 次。与总资产周转率的情况类似，占据这些最大值的并非行业规模领先的宝钢股份、河北钢铁等这样的大公司，而是资产规模较小的鲁银投资、金洲管道、永兴特钢等公司，这些公司历年来的固定资产周转率都要领先于行业平均水平，说明这些公司的资产规模和固定资产规模虽然不大，但对固定资产的利用率高，管理水平较好。52 家上市公司 2008—2014 年固定资产周转率的最小值分别为 1.17 次、0.93 次、1.12 次、1.20 次、0.82 次、0.71 次和 0.41 次，2014 年固定资产周转率的最大值与最小值的差距是近年来最小的。

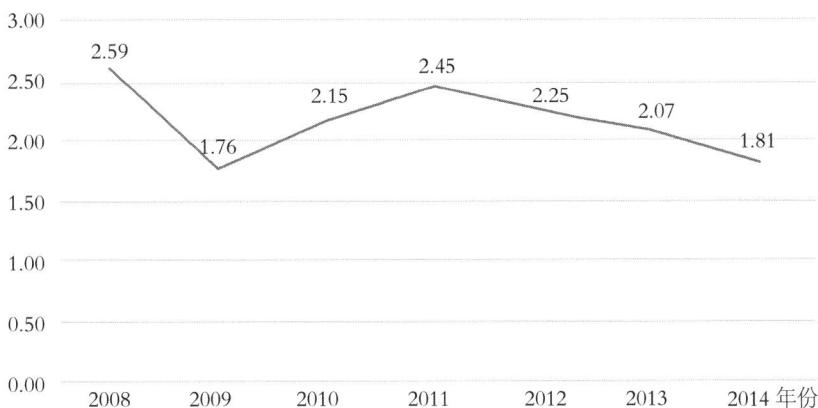

图 5-10　钢铁行业 52 家上市公司 2008—2014 年行业固定资产周转率

2008—2014 年钢铁行业 52 家上市公司固定资产周转率的中位数分别为 3.75 次、3.30 次、3.06 次、3.42 次、2.87 次、2.26 次和 2.15 次。将中位数与整个行业的固定资产周转率对比发现，历年的中位数都要高于历年的行业固定资产周转率，这说明一些固定资产周转率较低的公司拉低了整个行业的固定资产周转率水平。2008—2014 年的 52 家上市公司的固定资产周转率方差分别为 21.72、14.58、8.12、13.53、5.77、6.99 和 4.22。可以看出该方差虽然在波动，但是有减小的趋势，也就是说钢铁行业固定资产周转率离散程度有减小的趋势，这一点从 2014 年的固定资产周转率最大值与最小值之间的差距是历年来最小的可看出。

固定资产周转率的研究再一次验证了由总资产周转率研究所得出的结论，即我国钢铁上市公司的资产利用率较高，产能过剩难以从资产管理中得出。钢铁行业整体效益大幅下滑，行业盈利水平前所未有地低，冠以"产能过剩"难以自圆其说，产品售价低、成本高才是钢铁业的本质问题。产品销售价格低、成本高使企业转型升级的能力下降，严重影响行业的健康发展。

5.9 灰色预测模型

如果一个系统具有层次、结构关系的模糊性，动态变化的随机性，指标数据的不完备或不确定性，则称这些特性为灰色性，具有灰色性的系统称为灰色系统。对灰色系统建立的预测模型称为灰色模型（Grey Model，GM），它揭示了系统内部事物连续发展变化的过程。

灰色模型就是通过少量的、不完全的信息，建立灰色微分预测模型，对事物发展规律作出模糊性的长期描述。基本思想是用原始数据组成原始序列（0），经累加生成法生成序列（1），这能够使原始数据的随机性被削弱，呈现出较为明显的特征规律。对生成变换后的序列（1）建立微分方程型的模型即 GM。GM（1，1）表示 1 阶的、1 个变量的微分方程模型。

在上述研究中，研究的对象是钢铁行业 52 家上市公司 2008—2014年总共 7 年的财务指标。基于上述数据对钢铁行业未来几年的走势作趋势预测。由于灰色模型不需要大量的样本且样本不需要有规律性地分布，以净利润为例，仅通过 2008—2014 年的净利润数据对未来几年的净利润作预测，信息比较少，因而比较适合利用灰色模型来进行预测。以下是对一些反映钢铁行业盈利水平的指标作出的灰色预测。

5.9.1 净利润预测

根据钢铁行业 52 家上市公司 2008—2014 年的净利润平均值，建立钢铁行业净利润平均值灰色预测模型。

模型是一阶一元灰色模型，即 GM（1，1）。须指出的是，建模时先要作一次累加，因此要求原始数据均为非负数；否则，累加时会正负抵销，达不到使数据序列随时间递增的目的。2012 年的净利润平均值为负值（见表 5-1），如果是这样的原始数据则无法进行 GM（1，1）预测，因而对原始数据列进行"数据整体提升处理"，即每个原始数剧都加上相同的正数，得到新的序列，都为正。用软件进行灰色预测后得到预测序列，再减去之前加上的那个正数就可得到真正的预测序列。在此将每个原始数据都加上 1，得到如表 5-2 所示的数据列。

表 5-1　　**钢铁行业 52 家上市公司 2008—2014 年净利润平均值**　单位：亿元

年份	2008	2009	2010	2011	2012	2013	2014
净利润平均值	4.93	2.32	5.98	3.61	−0.94	1.86	0.78

表 5-2　　　　　　　　　**整体提升后的数列（一）**

2008	2009	2010	2011	2012	2013	2014
5.93	3.32	6.98	4.61	0.06	2.86	1.78

根据表 5-2 中的数据，应用之前的灰色模型，经过精算得到模型中的各个系数，a= 0.194045，u= 6.719589，进而得到灰色预测模型为：

$$x^{(1)}(k+1)=28.698988e^{-0.194045k}+34.628988$$

得到的未来 6 步预测为 1.58、1.30、1.07、0.88、0.73、0.60，再减去之前原始序列加上的 1，可得到 2015—2020 年净利润平均值的预测值（见表 5-3）。

表 5-3　　**钢铁行业 52 家上市公司 2015—2020 年净利润**
平均值的预测值　单位：亿元

年份	2015	2016	2017	2018	2019	2020
预测值	0.58	0.30	0.07	−0.12	−0.27	−0.40

我们可以看到，根据预测，2015—2020 年钢铁行业的净利润仍将持续走低，钢铁行业 52 家上市公司的平均净利润在未来几年可能连 1 亿元都无法达到，甚至是负值。从未来几年的预测数据来看，钢铁行业的前景不容乐观，盈利水平或将持续走低甚至是持续亏损。未来告诉我们，维持现行的钢产量和价格水平，将来仍将亏损。如果要提高效率，

在其他条件不变的情况下，要么提高价格，要么降低产能，要么合并重组。钢铁业将面临大规模兼并浪潮。

5.9.2　营业收入净利润率预测

根据钢铁行业 52 家上市公司 2008—2014 年的行业营业收入净利润率（见表 5-4），建立钢铁行业营业收入净利润率灰色预测模型。

表 5-4　**钢铁行业 52 家上市公司 2008—2014 年行业营业收入净利润率**

年份	2008	2009	2010	2011	2012	2013	2014
营业收入净利润率	2.22%	1.23%	2.43%	1.27%	−0.37%	0.71%	0.32%

与净利润的情况类似，在这里 2012 年的营业收入净利润率出现了负值，无法满足 GM（1，1）模型原始数据不能为负数的要求，同样地，为了能实现预测，将原始数据列都加上一个相同的正值 0.004，得到如表 5-5 所示的数据列。

表 5-5　　　　　　　　　　**整体提升后的数列（二）**

2008	2009	2010	2011	2012	2013	2014
0.0262	0.0163	0.0283	0.0167	0.0003	0.0111	0.0072

根据表 5-5 中的数据，应用之前的灰色模型，经过精算得到模型中的各个系数，a= 0.23202，u= 0.030859，进而得到灰色预测模型为：

$$x^{(1)}(k+1) = -0.106803e^{-0.23202k} + 0.133003$$

得到的未来 6 年预测为 0.005497、0.004359、0.003456、0.00274、0.002173、0.001723，再减去之前原始序列加上的 0.004，可得到 2015—2020 年营业收入净利润率的预测值（见表 5-6）。

表 5-6　**钢铁行业 52 家上市公司 2015—2020 年营业收入净利润率的预测值**

年份	2015	2016	2017	2018	2019	2020
预测值	0.15%	0.04%	−0.05%	−0.13%	−0.18%	−0.23%

将 2008—2014 年的行业营业收入净利润率的实际值与 2015—2020 年的营业收入净利润率的预测值做成曲线图（见图 5-11）。

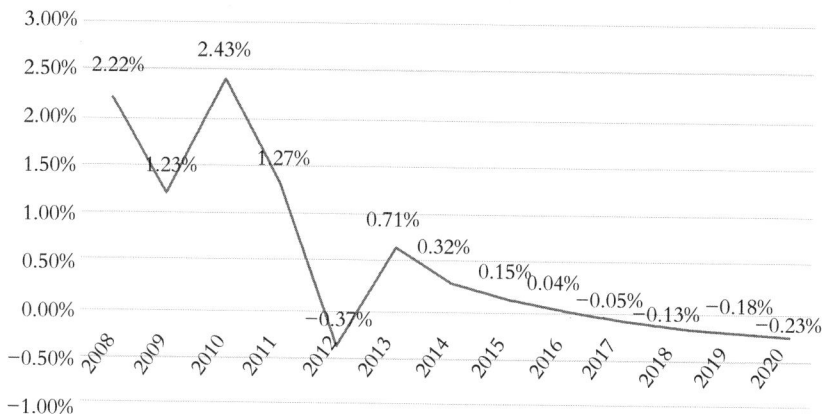

图 5-11　钢铁行业 52 家上市公司 2008—2020 年行业营业收入净利润率

从图 5-11 可以看到，与净利润平均值的走势类似，钢铁行业的营业收入净利润率在未来几年内持续走低，盈利水平持续降低，预测显示 2015—2016 年的营业收入净利润率不仅小于 1%，且 2017—2020 年钢铁行业的营业收入净利润率均为负值，也就是处于亏损状态，从该预测可以看到钢铁行业的盈利水平难以回转，钢铁行业的前景堪忧。上述预测表明，维持现行的钢产量和价格水平，将来钢铁企业的净利润率仍将很低。提高效率、提高资产质量是钢铁企业的当务之急。

5.10　东北的钢铁上市公司财务研究

从表 5-7 可以看到，在钢铁行业 52 家上市公司中，有 4 家属于东北的钢铁上市公司，分别是本钢板材、鞍钢股份、抚顺特钢和凌钢股份，并且这 4 家公司都是辽宁省的钢铁企业。下面分别对这 4 家公司作一个简要的介绍和分析。

表 5-7　　　　　钢铁行业 52 家上市公司所属地域

西宁特钢	青海	河北钢铁	河北	凌钢股份	辽宁
本钢板材	辽宁	马钢股份	安徽	澳洋顺昌	江苏
鞍钢股份	辽宁	东方铁塔	山东	三钢闽光	福建
抚顺特钢	辽宁	法尔胜	江苏	贵绳股份	贵州

5.10.1　本钢板材

本钢板材股份有限公司是一家以钢铁冶炼及压延加工为主的企业。公司地处辽宁省本溪市。公司的矿石的自给率在80%以上，在收购了本钢集团钢铁主业资产后，规模经济优势将逐渐显现。目前该公司产品直接进入汽车、家电、集装箱、石油管线等重点行业的重点企业。公司除自有矿山优势外，在拳头产品方面也表现突出，成为国内唯一一家既能生产"厚规格"又能轧制"薄规格"集装箱板用钢的重点钢铁企业，市场前景广阔。

2008—2014年，本钢板材的总资产逐年增加，但2012年比较特殊，2012年总资产从上年的410.59亿元减少到383.26亿元，随后2年总资产继续增加，到2014年本钢板材总资产为491.71亿元。本钢板材的营业收入在这7年间处于波动的状况，近几年最高的营业收入是2011年的504.32亿元，最低为2009年的355.98亿元，2009年也是钢铁行业营业收入平均值最低的一年。除了2009年亏损15.45亿元以外，本钢板材这几年都保持盈利状态，但最近几年的净利润明显下降，2012年的净利润只有0.69亿元，这可能与2012年整个行业都处于一种亏损状态有一定的关系。

ROE、ROA和营业收入净利润率的走势与净利润的走势基本一致，这三者都属于盈利能力指标。由于2009年的净利润为负值，自然3个盈利能力指标在这一年都是负值。总体来看，本钢板材近几年的盈利水平较低，以营业收入净利润率为例，2012—2014年均不足1个百分点。

和其他钢铁上市公司一样，本钢板材的总资产周转率保持在较高的水平，但最近几年有所降低，从2010年的1.27次降到2014年的0.84次，这与本钢板材的营业收入减少但总资产规模扩大有关。本钢板材的固定资产周转率在这几年较为稳定，都高于行业平均水平。

5.10.2　鞍钢股份

鞍钢股份有限公司总部坐落在辽宁省鞍山市，鞍山地区已探明的铁矿石储量约占全国的 1/4。鞍钢股份始建于 1916 年，前身是日伪时期的鞍山制铁所和昭和制钢所。1948 年鞍山钢铁公司成立，翌年 7 月 9 日在废墟上开工，迅速恢复了生产，并进行了大规模技术改造和基本建设。鞍钢股份是新中国第一个恢复建设的大型钢铁联合企业和最早建成的钢铁生产基地，被喻为"中国钢铁工业的摇篮""共和国钢铁工业的长子"。

鞍钢股份依靠自主创新，开发出拥有自主知识产权的短流程中薄板坯连铸连轧带钢技术，并成功输出到山东济钢，实现由产品输出到成套技术输出的转变，改写了我国冶金重大成套设计依赖进口的历史。企业综合竞争力进入国际先进企业行列，国际影响力显著增强。

鞍钢股份的总资产变化分为两个阶段：一是从 2008 年至 2010 年资产增加，从 921.84 亿元增加到 1 051.14 亿元；二是从 2010 年至 2014 年资产逐渐减少，到 2014 年为 912.91 亿元。鞍钢股份的营业收入 2010—2014 年逐年递减，从 924.31 亿元降到 740.46 亿元。鞍钢股份在这 7 年间的净利润波动较大，2008 年是净利润最大的一年，为 29.81 亿元。鞍钢股份在 2011 年和 2012 年都出现了较大的亏损，虽然 2013—2014 年扭亏为盈，但与 2011 年之前的净利润水平相比还是有明显的下降。

从盈利能力的角度来看，鞍钢股份近几年的盈利水平较低，由于 2011 年和 2012 年的净利润都为负值，因而 2011 年和 2012 年的 ROE、ROA 以及营业收入净利润率均为负值。与本钢板材的情况相类似，鞍钢股份的这 3 个盈利能力指标总体较低，营业收入净利润率也是在 1 个百分点上下波动。2012 年受到整个钢铁行业大环境的影响（2012 年全行业亏损），这一年鞍钢股份的亏损达到了 42.52 亿元。

鞍钢股份 2008—2014 年的总资产周转率普遍低于本钢板材，7 年都在 1 次以下。前面分析总资产周转率时提到过，资产规模越大，总资产周转率相对越低。鞍钢股份的资产规模要大于本钢板材，因而前者的总资产周转率要低于后者。2008—2014 年，鞍钢股份每一年的固定资产周转率都要低于行业平均水平，这说明鞍钢股份对固定资产的利用率有待进一步提高。

5.10.3　抚顺特钢

抚顺特钢是"抚顺特殊钢股份有限公司"的简称，公司位于素有"中国煤都"之称的辽宁省抚顺市，是东北特钢集团旗下最重要的生产基地之一，是中国不可替代的国防军工、航空航天等高科技领域使用特殊钢材料的生产研发基地。抚顺特钢因其装备先进、技术力量雄厚、品种齐全、质量优良，曾长期雄居国内特钢行业排头兵位置，为新中国的航空航天、国防军工等高科技事业的发展作出了卓越贡献。

抚顺特钢始建于 1937 年。在中华人民共和国的冶金史上，抚顺特钢曾创造了诸多的第一：生产出第一炉不锈钢、第一炉高速工具钢、第一炉高温合金、第一炉高强钢和超高强钢。抚顺特钢以特种合金（高温合金和钛合金）、工模具钢、汽车用高档结构钢作为三大主导产品。以特种合金、超高强度钢、工模具钢、方扁钢、特种不锈钢、高合金管材作为六大支柱品牌产品。

与本钢板材和鞍钢股份相比，抚顺特钢的总资产规模要小得多。2008—2014 年，抚顺特钢的总资产从 47.31 亿元增长到 116.53 亿元，大约增长了 1.5 倍。而其营业收入在这 7 年间总体保持稳定，既没有明显地增加，也没有明显地减少，在 50 亿元上下波动。2008—2014 年抚顺特钢的净利润也基本保持稳定，虽然净利润都在 1 亿元之内，但并没有像本钢板材和鞍钢股份那样出现个别年份亏损的情况。

从盈利能力指标来看，抚顺特钢的 ROE、ROA 以及营业收入净利润率几乎都要低于钢铁行业平均水平。抚顺特钢 2008—2014 年 7 年间的 ROA 和营业收入净利润率都在 1 个百分点以内，虽然 2014 年有所回升，但盈利水平依然不够理想。较低的 ROA 说明抚顺特钢总资产运用的效率偏低，或是资产投资过多。

抚顺特钢 2008—2014 年的总资产周转率持续降低，从 2008 年的 1.13 次降到 2014 年的 0.47 次，这主要是因为抚顺特钢这 7 年的营业收入没有增加，但总资产规模一直在扩大。总资产周转变慢说明销售能力变弱，且 2008—2014 年抚顺特钢每一年的总资产周转率都要低于行业平均水平，这说明抚顺特钢的营运能力不是很理想，有进一步提升的空间。抚顺特钢的固定资产周转率基本是高于行业平均水平的，但最近两年有所下降。

5.10.4 凌钢股份

凌源钢铁股份有限公司是于 1994 年 5 月 4 日由原凌源钢铁公司（1997 年 12 月 29 日改制为凌源钢铁集团有限责任公司）独家发起，以定向募集方式设立的股份有限公司。公司是凌钢的主体，2000 年在上交所挂牌上市。凌钢股份多年入选上证 180、沪深 300 指数，是中证 380 指数和中证光大阳光指数样本股。其自 2000 年上市以来，累计分红超过 10 亿元，具有通畅的资本市场再融资能力。

主体装备逐步向大型化、现代化、节能化发展。公司是凌钢集团唯一的钢铁产品生产单位，通过近年来大规模技术改造，现有年产钢能力 600 万吨，主要设备包括高炉 5 座、转炉 6 座、连续棒材轧线 5 条、高速线材轧线 1 条、中宽热带轧线 1 条、焊接钢管生产线 9 条。其工艺结构和产品结构合理，具有较强的市场竞争能力。

凌钢股份的总资产 2008—2014 年逐年增长，从 63.29 亿元增长到 143.22 亿元，大约增长了 1.3 倍。其营业收入在 7 年间波动上升，最高的一年为 2013 年的 156.51 亿元，总体营业收入要高于抚顺特钢。凌钢股份的净利润处于下降的状态，净利润最高为 2010 年的 5.96 亿元，此后净利润不断下降，2014 年亏损 7.13 亿元。与抚顺特钢相比其净利润波动比较大。

由于 2014 年的净利润为负值，ROE、ROA 以及营业收入净利润率都为负值。这 3 个盈利能力指标的走势与净利润的走势保持一致：2009 年有所下降，2010 年升至最大值，之后几年持续下降。从营业收入净利润率来看，2008—2012 年凌钢股份的营业收入净利润率几乎都要高于行业平均水平，但 2013—2014 年其盈利能力明显下降，以致达不到行业平均水平。

凌钢股份的历年总资产周转率高于抚顺特钢，也要高于行业平均水平，营运能力良好。但与其自身相比总资产周转率有一定程度的下降，从 2008 年的 1.45 次降到 2014 年的 1.00 次，原因是营业收入增加的幅度小于总资产增加的幅度。凌钢股份的固定资产周转率在 2008—2014 年也有所下降，从 2008 年的 4.75 次降到 2014 年的 1.97 次，尽管有所下降，但还是高于行业平均水平。凌钢股份的营运能力在这 7 年间有所下降，在未来还有一定的提升空间。

5.11　中国 GDP 与钢铁

如图 5-12 所示，通过 GDP 与粗钢产量的相关研究，发现万元 GDP 耗费钢材的走势对调控我国钢铁市场存量和增量资产有很重要的作用。我们假设，我国经济保持 4%～6% 的增长，钢铁消耗量还将增长，但速度下降；同时我们假设，万元 GDP 耗钢量呈现下降的趋势。

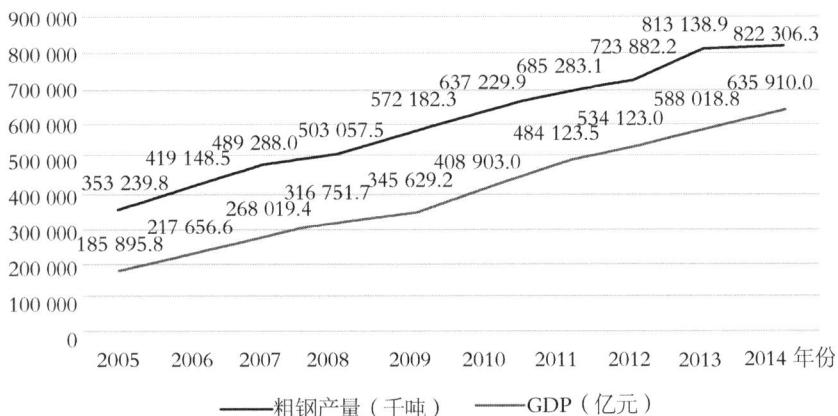

图 5-12　中国过去十年粗钢产量与 GDP 对比

通过 GDP 和钢产量的数据选取，绘制了如图 5-12 所示的对比趋势图。一般结论如下：我国 GDP 和钢铁消费量短期内不会重合并出现，拐点暂时不会出现，因为世界经济 L 形经济走势短期内不会出现，对我国的经济影响加大。因此，出钢产量和 GDP 两根阳线还将平行运行一段时期。

从图 5-12 中可以很明显地看出，粗钢产量与 GDP 存在较大的相关性，用 SPSS 软件对这组数据进行检测，相关性如表 5-8 所示，其中

Y 代表 GDP（亿元），X 代表粗钢产量（千吨）。

表 5-8 相关性检验

		Y	X
Y	Pearson 相关性	1	0.992**
	显著性（双侧）		0.000
	N	10	10
X	Pearson 相关性	0.992**	1
	显著性（双侧）	0.000	
	N	10	10

注：**表示在 0.01 水平（双侧）上显著相关。

二者的相关系数达到了 0.992。据了解美国、日本的粗钢产量变化与 GDP 的关联度相对较低，与经济结构体系相对合理完善的发达国家相比，作为发展中国家的中国的经济体的增长模式明显更为粗放，其经济增长在很大程度上依赖于第二产业——制造业的发展，尤其是固定资产投资建设的拉动。

近年来，我国经济发展方式发生了较大变化，GDP 逐步由以往依靠投资拉动向依靠消费拉动转变，第三产业对 GDP 贡献率已经超过了第二产业，这种变化将难以带动大规模钢材消费增长，但消费拉动的经济模式在 5 年内难以形成。

从图 5-13 可以看到，在 2005—2014 年，第二产业增加值所占 GDP 比重一直在下降，相反第三产业增加值的比重在逐渐上升，从 2012 年开始，第三产业对 GDP 贡献率开始超过第二产业。一般认为按照以往 GDP 与钢铁消费强度的关系，GDP 增长 7%，钢铁产量增长率应该是 3%。但因为中国当前 GDP 的构成正在发生变化，随着投资占比的大幅下降，钢铁需求萎缩，同样 GDP 中钢铁消费强度大大下降，且随着科技进步特别是制造业的进步，钢铁消费强度也在降低，用钢高强化、用钢减量化趋势已越来越明显。

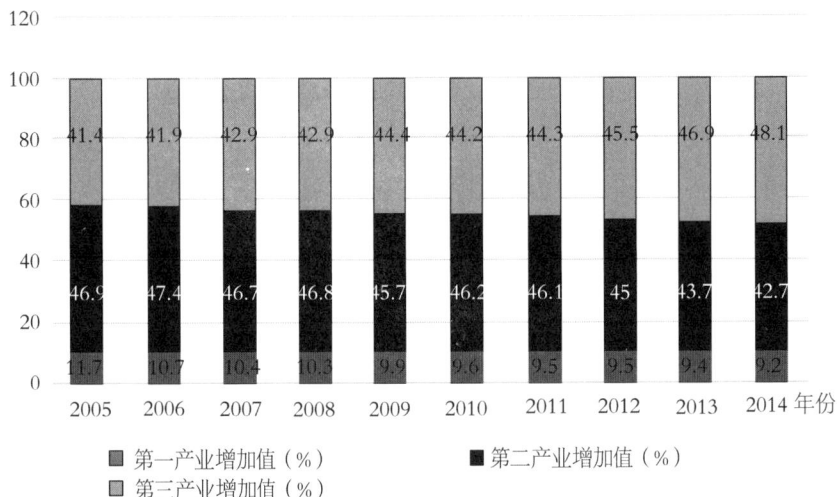

图 5-13　中国 2005—2014 年三次产业构成

引入万元 GDP 耗钢量这个概念，根据上述历年的 GDP 数据和粗钢产量，算出 2005—2014 年万元 GDP 耗钢量。万元 GDP 耗钢量总体处于下降趋势，从 2005 年的万元 GDP 消耗钢材 190.02 千克，一直下降到 2014 年的 129.31 千克，而这正是由于 GDP 构成和投资构成的变化，使中国钢材消费强度不断降低，GDP 逐步由以往依靠投资拉动向依靠消费拉动转变。对钢铁行业而言，依靠现有的消费结构是难以坐等化解钢铁产业矛盾的。所以，必须从供给侧改革入手，减少无效和低端供给，扩大有效和中高端供给。

与发达国家相比，中国钢铁工业集中度依然过低，企业数量多、规模小、布局分散的局面尚未得到根本改变，是造成钢铁行业运营成本居高不下、钢铁企业效益较差的重要原因。近年来，虽然中国以宝钢、曹妃甸、鞍钢鲅鱼圈为代表的钢铁产业沿海型布局战略逐步推动。但从总体上来看，中国真正临海、临江的钢铁企业仍然较少、比重小，钢铁产业仍是以内陆型企业为主导的格局。

中国钢铁工业布局多是利用国内资源和靠近铁矿原料产地的原则展开的，不但分散，而且相当一批钢铁产能远离市场，大量的钢材需要经过长距离运输，企业的物流成本增加。钢铁企业中很大一部分位于城市，甚至在省会城市或地区中心城市，"城市型"钢厂特点明显。在生态文明建设及经济"新常态"背景下，中国钢铁区域产业布局长期存在的不合理现象愈发明显。规模上应对钢铁企业进行联合重组。组建大型有实力的钢铁集团是未来我国钢铁业的重头戏，预计2025年，前10家钢铁企业（集团）粗钢产量应占全国比重不低于60%，形成3~5家超大型钢铁企业集团。利用进口资源优先在沿海、沿边地区布局的特点，引导生产要素向沿海集聚，打造一批具有国际竞争力的制造企业是未来钢铁业增长的基本保证。

20世纪初的美国钢铁产业与我国现阶段类似，企业数量过多，缺乏规模效益，生产分散，市场秩序混乱，技术水平低下，产能严重过剩，众多中小企业存在较高风险。美国钢铁产业出现了第一次整合，合并了近785家钢铁企业，组建成美国钢铁公司，控制了美国钢铁业近70%的产量，奠定了美国钢铁霸主的地位。日本政府在淘汰落后产能、完成技术升级改造的同时，通过兼并整合做大产业，结构升级做强产业，成功实现其由钢铁大国向钢铁强国的转变，形成了从上游资源控制到钢铁销售终端的完整产业链，实现市场稳定化与有序化发展。我国钢铁业产能分散、企业数量过多的问题可以通过提高产业集中度、促进企业收购兼并的方式完成。

鞍钢股份合并本钢板材、抚顺特钢等公司，形成一个东北地区的钢铁集团，通过整合来有效提高钢铁行业的产业集中度，促进钢铁行业实现规模化、集约化经营，构建结构合理、规范有序的市场竞争格局。发展钢铁产业必须走规模经济的道路，通过集团生产设备大型化及集团成员企业规模的扩大来提高经济效益，推进钢铁产品生产系列化和专业化。鼓励支持企业向集团化方向发展，通过强强联合、兼并重组、互相持股等方式进行战略重组，减少钢铁生产企业数量，实现钢铁产业组织结构调整和优化，构造钢铁工业发展新板块，形成东北经济新的增长极。

第 6 章　港口行业上市公司研究

本章主要利用统计学原理，选取财务指标对港口 17 家上市公司财务效率进行研究。我国沿海 1.8 万公里漫长的海岸线上有环渤海港口群、长三角港口群和珠三角港口群，这三大区域拥有众多的上市公司。环渤海港口群中的上市公司包括天津港、大连港、日照港、营口港、唐山港、锦州港；长三角港口群包括上海港、宁波港、芜湖港、连云港和南京港；珠三角港口群包括盐田港、深赤湾港等。

6.1　港口行业上市公司总资产概况

港口行业 17 家上市公司总资产指标如图 6-1 所示。

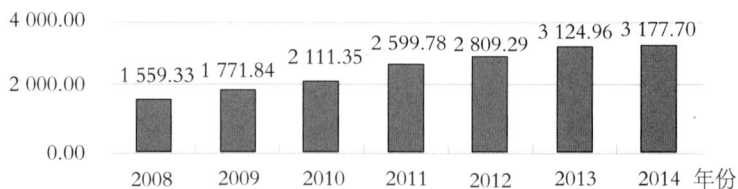

图 6-1　港口行业 2008—2014 年总资产（单位：亿元）

港口行业 17 家上市公司在 2008—2014 年的规模是不断扩大的，从 2008 年的 1 559.33 亿元上升到 2014 年的 3 177.7 亿元，共增长 1 618.37 亿元。2014 年的行业资产总值是 2008 年行业资产总值的 2.04 倍。2010 年开始港口业上市公司总资产迈入了 2 000 亿元的门槛，2013 年起整个港口行业彻底进入了 3 000 亿元的梯队。由此可以看出，港口业在适度超前的政策指导下 7 年间投资不断，一直致力于扩大规模，总资产逐年攀升，2014 年还无停歇的征兆。不间断地扩大规模，享受了规模效益，抢占市场份额，在为未来可能出现的需求打基础的同时，也成为港口业产能过剩的隐患。

港口行业 17 家上市公司 2008—2014 年的总资产平均数也从 2008 年的 91.73 亿元逐年递增到了 2014 年的 186.92 亿元。研究表明，增长势头非常明显，7 年间未曾有过减少，与总资产总值增长势头一致。2011 年度的行业均值增长率达到了峰值 23.13%，2012 年迅速跌落至 8.06%，随后增长速度减慢，2014 年已降到了 1.69%。参见图 6-2，总资产均值增长率虽在短时间跨度内有上升的表现，但整体呈现阶梯式下滑的趋势。

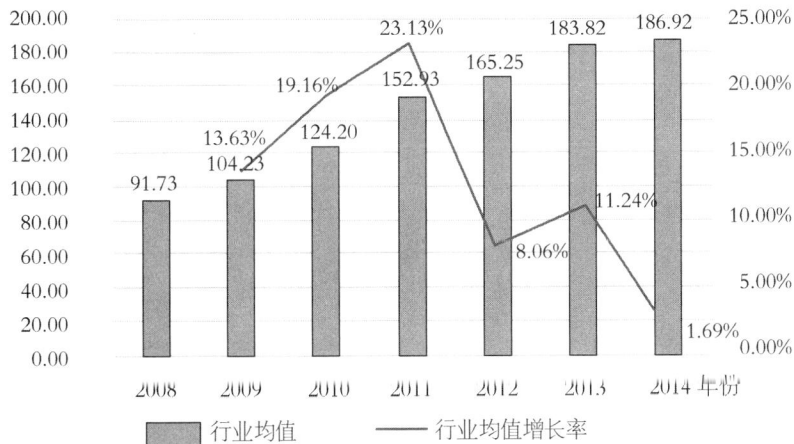

图 6-2 港口行业 17 家上市公司 2008—2014 年总资产均值及增长率

从规模最大值与最小值信息可以看到，港口行业 17 家上市公司规模差别非常大。7 年间上港集团的总资产排名稳居第一，占 17 家上市公司总资产的 1/3；2014 年达到了 942.80 亿元，总资产比排名第二的宁波港（449.09 亿元）多 500.71 亿元，可见上港集团总资产是宁波港的 2 倍还多。2008 年上港集团作为规模最大的港口，总资产为 590.81 亿元，同年规模最小的北部湾港仅有 6.37 亿元，相差 584.44 亿元。到 2014 年上港集团总资产已达到 942.80 亿元，而同年南京港仅有 10.55 亿元，规模是南京港的 89.36 倍。港口行业 2008—2014 年总资产最大值与最小值持续保持非常大的差距，且极差呈上升趋势。2008 年极差为 584.44 亿元，到 2014 年已增至 932.24 亿元，递增趋势明显。另外，港口业还有一个 2014 年在中国香港上市的青岛港，青岛港 2013 年的总资产为 194.88 亿元，2014 年的总资产为 283.27 亿元，规模超过了日照港，与大连港相仿。仅从青岛港 2013 年、2014 年的动作来看，一年间总资产就扩大了 88.39 亿元，可见青岛港在中国香港上市后也继续不断扩建。广州港作为一个国内知名港口，其 2014 年总资产规模已达到 179.69 亿元，略高于日照港，仅次于大连港。但 2014 年青岛港、广州港这两个港口距离上港集团总资产仍分别有 659.53 亿元、763.11 亿元的差距，规模不在一个数量级上。

在 2000 年铁矿石骤增的背景下，青岛港力挽狂澜的壮举收获了巨额利润，大连港配合青岛港处理余下的铁矿石船也有不小的收益。各大港口及地方政府认识到了港口建设的重要性，走向了港口大规模扩张的道路。

人们发现，港口业的中位数与均值差距也较大。以 2008 年为例，行业均值达到了 91.73 亿元，但是有 50% 的企业总资产都是低于 43.09 亿元的，只有上港集团、宁波港、天津港和大连港 4 家港口总资产在百亿元以上，可见行业均值很大程度上是由这 4 家港口拉起来的。到 2014 年，行业均值为 198.92 亿元，行业中位数仅为 85.96 亿元，两者相差 100.96 亿元，超过 186 亿元的仍为上港集团、宁波港、天津港、大连港，可以得出行业均值依旧是由这 4 家大港口提上来的。全行业均值的方差表明，方差在 2008—2014 年不断增大，样本离散程度不断增大，各大港口发展不平均。

就总资产看，2008 年全国港口业总资产为 1 559.33 亿元，其中长三角的港口总和为 845 096 亿元，占比 54%，环渤海地区占比 34%，两者共占港口业的 89%，随后 2009—2014 年环渤海港口群总资产占行业总量的比重分别为 37%、36%、37%、36%、39%，情况相对平稳。长三角地区的比重也十分平稳，最高不超过 54%，最低不低于 48%，但 2012—2014 年长三角地区是呈小幅度下滑趋势的，而 2013—2014 年环渤海港口群有小幅上升的势头，说明 2013—2014 年环渤海的投资势头比长三角地区旺盛，可能面临更为严重的重复建设。

6.2　港口行业上市公司总收入概况

总体来说，港口行业 17 家上市公司的收入呈增长趋势（见图 6-3）。2008 年 17 家港口上市公司行业营业收入总值仅为 502.00 亿元，2014 年增大到 1 307.90 亿元，除了 2009 年向下波动了 28.1 亿元外，每年都在增长，共增长 805.9 亿元，与 7 年前相比增加了 1.61 倍。

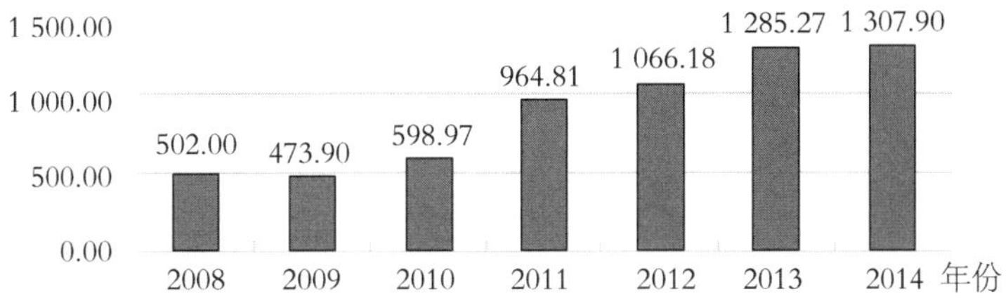

图 6-3　港口行业 2008—2014 年营业总收入（单位：亿元）

营业总收入指标结果说明：2011 年港口上市公司营业收入大幅上升，随后在 2012 年迈入了千亿元收入的大关，并在 2012—2014 年将营业总收入维持在千亿元的水平之上，可见在仅考虑总资产与总收入这两个指标的情况下，随着总资产规模的扩大，港口行业的收入也的确有一定程度的提升。

由行业均值可以看出，2008 年港口行业的营业总收入均值为 29.53 亿元，2014 年增至 76.94 亿元，7 年间营业收入均值共增长了 1.61 倍；在相对数上似乎较为可观，但 2014 年的数值与 2008 年相比，共增长了 47.41 亿元，在收入上看平均每年增长不足 7 亿元，由此绝对数可见增长幅度并不大。由图 6-2 可以看出港口行业 17 家上市公司 2008—2014

年总资产均值及增长率总体的上升趋势，尤其在 2010—2013 年，上升得非常迅猛，增加了 40.37 亿元，占全部增长数的 85.91%，可见这 7 年间的增长主要是集中在 2010—2013 年。图 6-4 将这一情况传达得更加清晰：2009 年呈负增长状态，比上年下降了 5.60%；2011 年与总资产类似，营业收入也骤增，环比增长率高达 61.08%；随后增长速度减慢，但也十分可观，2012 年的年均值增长率为 10.51%，2011 年回升至 20.55%，到 2014 年趋于平稳仅为 1.76%，这也与总资产增长趋势类似。统计显示，虽然曲线上升势头明显，但不能忽略基数小、绝对值改变不大的事实。

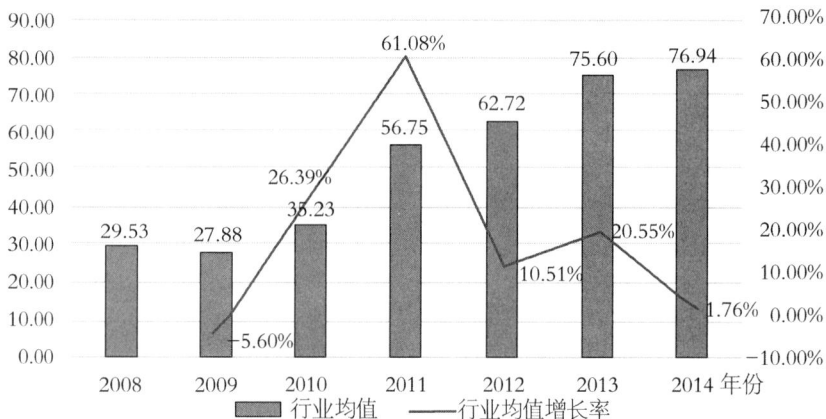

图 6-4　港口业 17 家上市公司 2008—2014 年营业总收入均值及增长率

行业内营业收入两极分化严重。2008 年上港集团营业总收入为 181.4 亿元，稳居该年 17 家公司之首，但同年行业最小值仅有 1.34 亿元，为南京港，上港集团的营业总收入是南京港的 135.37 倍。2014 年上港集团的营业总收入上升至 287.79 亿元，仍为行业之首，而 2014 年最小值南京港仅为 1.5 亿元，两者相差 286.29 亿元，上港集团是南京港的 191.86 倍。2008—2014 年南京港增长了 11.94%，而上港集团作为收入第一大港则增加了 58.65%，可见南京港的发展速度远远被上港集团甩在后面，两者之间的差距只会越来越大。港口行业收入分布情况非常不平均，几乎每年的最大营业总收入都是由上港集团完成的，除了 2011 年和 2013 年被皖江物流（芜湖港）反超。

从均值和中位数来看，中位数与均值之间的差距也较为明显。以2008年为例，半数以上的港口营业总收入在15.87亿元以下，而均值却已经达到了29.53亿元，只有上港集团、宁波港和天津港的收入是超过29.53亿元的。到2014年情况有所好转，虽然收入均值76.94亿元几乎是中位数42.38亿元的2倍，但只有上港集团、宁波港、天津港、皖江物流这4家港口是超过均值的，大连港营业总收入为79.42亿元，略低于行业均值。结合该期间内的数据可以认为，营业总收入这一指标与总资产类似，也是主要靠几大港口集团提升均值。

方差反映了港口上市公司间的波动情况。方差这一指标大体上是增长的，于2013年达到峰值，2014年略有下降，但大体上可以看出，样本离散程度也在增大，说明港口各上市集团发展很不均衡。

长三角地区、环渤海地区和珠三角三大港口群的收入占到国内港口收入的绝大多数。2008年占行业总收入的85%，随后3年逐步提升到92%的峰值，后逐渐回落至86%。可以看出，我国港口上市公司虽有17家，但仅11家就足以支撑几乎全部的营业收入，对比环渤海港口群和长三角港口群，两大港口群有共同的特点。

6.3　港口行业上市公司净利润概况

港口行业上市公司的净利润指标如图6-5和图6-6所示。

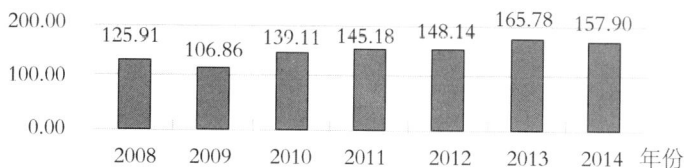

图6-5　港口行业2008—2014年净利润总值（单位：亿元）

港口行业17家上市公司的净利润指标不乐观。在营业总收入增长的势头下，净利润这一指标并未能保持增长趋势。行业净利润总值2008—2014年有增有减，最小值在2009年，为106.86亿元，最大值出现在2013年，为165.78亿元，最大值与最小值之间仅相差58.92亿元，

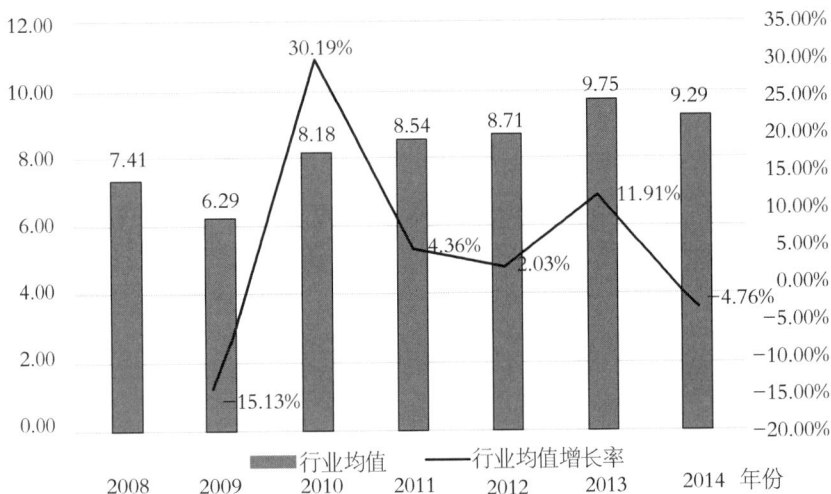

图 6-6　港口行业 17 家上市公司 2008—2014 年净利润均值及增长率

而统计时间的起点与终点的净利润总值仅相差 31.99 亿元，可见 7 年间变化得十分平缓。此外，这 7 年净利润总值均保持在 100 亿元以上，并且在 2008 年就已经突破了百亿元，但直至 2013 年净利润总值才勉强达到 150 亿元。从净利润总值和营业总收入总值来看，净利润并不能赶上收入增长的趋势，说明收入费用配比不合适，即使总资产不断扩大，市场份额扩大，也不能使利润同步增长，盈利步伐举步维艰。

研究发现，2008—2014 年均值变化趋势大约呈对号，最低点在 2009 年，为 6.29 亿元，在 2010 年后变化得更为缓慢，2013 年突破 9 亿元，达到峰值 9.75 亿元，2014 年又回落到 9.29 亿元，最高点与最低点相差 3.46 亿元；虽然 2010 年有高达 30.10% 的增长率，但由于基数过小，实际上 2010 年仅比 2009 年增加 1.89 亿元，实际上的变动绝对数非常小，与收入变动难以配比，到 2014 年不仅没有在净利润上提升，反而呈现负增长的状态，下降了 4.76%，而该年收入均值是上升的，净利润均值指标难以令人乐观。

行业内 17 家上市公司净利润分配非常不均匀，最大值与最小值差距非常大。2008 年行业内净利润最大值为 60.30 亿元，是由上港集团创造的，而最小值南京港的净利润仅为 0.12 亿元，两者相差超过 60 亿元，上港集团创造的收益是南京港的 502.5 倍。到 2014 年最大值上港集团为 78.48 亿元，皖江物流亏损 22.74 亿元，两者相差 101.12 亿元，差距又进一步扩大，近乎 2 倍。可以看出，南京港无论是营业总收入还是净利润都十分微小，难以跟上港集团竞争。南京港 2008—2014 年很难达到 0.3 亿元，而上港集团同期基本都在 60 亿元以上。南京港、皖江物流、大连港、营口港、锦州港、北部湾港、重庆港、盐田港、连云港、珠海港、厦门港等多家港口净利润均为个位数。2008—2013 年港口行业净利润极差相对平稳，都维持在 60 亿元左右，但是 2014 年极差骤增，从 60 亿元的水平突破 100 亿元，达到 101.11 亿元，两极分化严重。

从均值与中位数看出，两者差距明显。2008 年行业均值达到 7.41 亿元，而该年半数的上市公司所创造的净利润不及 1.68 亿元，仅有上港集团、宁波港、天津港和深赤湾港 4 家港口净利润超过均值。2014 年港口行业净利润均值为 9.29 亿元，与中位数 5.30 亿元相差 3.99 亿元，17 家上市港口中只有上港集团、宁波港、天津港和唐山港各自的净利润超过行业均值水平，可以看出行业均值依旧是由几家大型港口贡献的。

方差显示，净利润方差先抑后扬，波动频繁，样本离散规律不明显。截至 2014 年，方差达到了 7 年的最大值。从港口上市公司的区域性分析，环渤海和长三角港口群占行业净利润总值的比例每年都在 85% 以上，2008 年是最小值 85%，经过 7 年，逐渐增长到 87%，说明这两大港口群的贡献度依旧强势。对比环渤海与长三角这两个港口群，能看出在盈利能力上环渤海港口群是有上升势头的。虽然环渤海港口群的份额相对长三角港口群还有一定的差距，2008 年环渤海港口群的净利润份额仅为 22%，同年长三角港口群的份额已经达到了 63%，两者相差 41%；随着环渤海港口群 7 年的稳步上升以及长三角港口群的饱和增长，两者的差距在 2014 年缩小到 24%，环渤海港口群的盈利能力逐步增强。

6.4 港口行业上市公司净利润率概况

净利润率是公司净利润与营业总收入的比率，该指标反映公司运营过程中实现的净利润水平。该指标越高，说明公司获取收益的能力越强。从图 6-7 可以看出，港口行业 17 家上市公司的净利润率在 2008—2014 年呈下降趋势。2008 年行业的净利润率均值为 25.08%，相对较高，2009 年下降到 22.55%，2010 年有所回升，至 23.23%，但到了 2014 年却降至 12.07%，比 2008 年低了 13.01%，减少了超过一半。净利润率趋势显示，虽然营业总收入连年增加，净利润也依旧呈上升趋势，但随着总规模的扩大，成本费用的配比进一步失调，反映盈利能力的净利润率指标非常不乐观，增多的收入中赚取的利润并不同比上升，净利润率却连续下降。大部分随着总资产增多带来的收入都是无效收入，净利润率屡创新低，2011 年出现高达 35.21% 的跌幅，港口业盈利艰难。

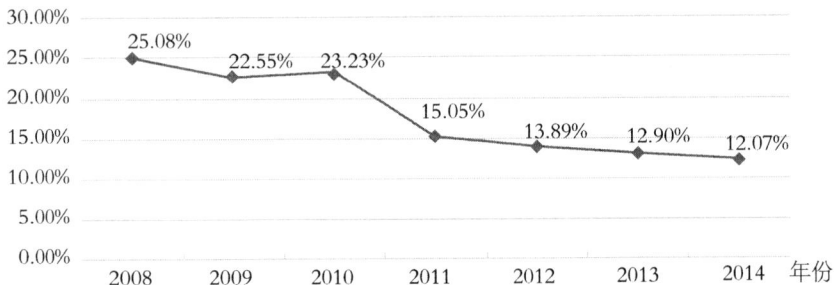

图 6-7　港口行业 17 家上市公司 2008—2014 年净利润率平均数

净利润率这一指标的中位数表现与 ROA、ROE 不同，2011 年、2012 年和 2014 年的中位数反超均值，说明行业中个别几家经营不善的公司致使均值指标偏低，但总体来说均值和中位数相差不大。以 2008 年为例，行业均值为 25.08%，高出中位数 9.42%，上港集团、宁波港、深赤湾港、盐田港 4 家港口高于均值，这是两者差距最大的一年。发展到 2011 年，行业均值为 15.05%，有半数以上的企业净利润率高于16.12%，超过均值的企业有上港集团、宁波港、大连港、营口港、锦州港、唐山港、深赤湾港、盐田港、珠海港和南京港 10 家，可见 17 家港口上市公司销售净利润率这一指标的分布相对均匀，断层现象相对不明显。

比较 17 家港口上市公司的最大值与最小值，2008—2014 年的差距普遍很大。以 2008 年为例，最大值为盐田港的 146.93%，最小值为珠海港的 5.08%，两者相差了 141.85%。到 2014 年，两者差距进一步拉大，最大值为盐田港的 157.37%，最小值为皖江物流的 −11.72%，两者相差 169.09%，差距悬殊。2008—2014 年的净利润率差距值居高不下，虽然 2008—2010 年差距有所缩小，2010 年已缩小至 111.54%，但是 2011 年、2012 年迅速回升，2013 年小幅下跌后又骤增了 31.19%，于 2014 年达到 169.09%，差距扩大的趋势十分严峻。

仅从净利润率这个指标来看，盐田港的表现十分优秀，盈利能力一直位列行业第一，2008—2014 年先降后升，远超其他港口。上港集团、宁波港、天津港几大港口虽然在下降，但相对平稳；大连港下降得就十分明显，共下降 38.33%，2014 年的净利润率仅为 7.63%，不足 2008 年的 1/6。北部湾港、皖江物流、珠海港和南京港 4 个港口的净利润率在 2008—2014 年剧烈波动，可见经营得并不十分稳定，港口企业时好时坏。

6.5 港口行业上市公司净资产收益率概况

港口行业的净资产收益率是指一定时期企业净利润与股东权益的比率，该比率越高说明公司的盈利能力越强。如图 6-8 所示，2008—2014 年行业 ROE 均值是呈下降趋势的，单位股本获取的报酬越来越低，2008 年行业 ROE 水平达到 13.57%，但截至 2014 年，行业 ROE 仅为 8.21%，7 年的时间共下降了 5.36%，近乎四成。港口行业 17 家上市公司 2008—2014 年的 ROE 均值，2010 年有所回升，上升到 11.10%，但 2011 年迅速跌落至 9.43%，2013 年 ROE 也有小幅上涨，2014 年重新跌至 8.21%。均值增长率这一指标也表明只有 2010 年、2013 年这两年的增长率为正值，但远不及负值年份的大小。

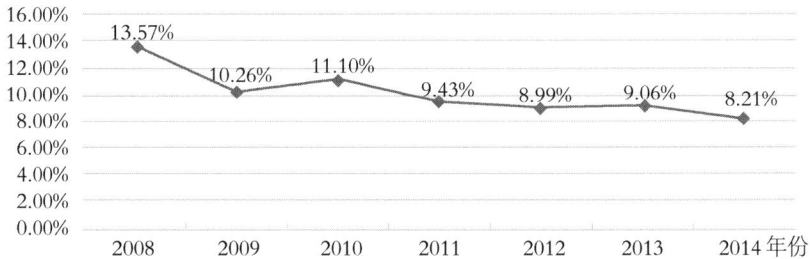

图 6-8　港口行业 17 家上市公司 2008—2014 年 ROE 均值

行业内最大值与最小值差距显著。2008 年行业 ROE 最大值达到了28.38%，为深赤湾港，而同年最小值南京港仅为 2.24%，两者相差了26.14%，南京港的 ROE 不足深赤湾港的 1/10。2008—2013 年每年ROE 的最高值都落在深赤湾港，而最小值则不断变化，2008 年为南京港的 2.24%，2011 年为营口港的 5.12%，其余各年份均落在皖江物流上。相对而言，2008—2010 年的最大值、最小值更大；2011—2013年差距略微减少，都控制在 15% 以内，主要在 11% 上下波动；到2014 年情况急转直下，最大值北部湾港相较于上年只增大了 1.76%，达到了 17.05%，但最小值骤降到了 -63.89%，皖江物流运营得非常不好，导致行业内差距骤然提升。2008—2013 年虽波动不断，但波动范围都在 15.3% 以内，而 2014 年由于皖江物流经营不善，出现了ROE 的降低，造成了极差的骤增，将 7 年间极差的总变动幅度提高至70.11%。

对比行业均值与行业中位数，行业均值与中位数差距也在不断地波动。2008 年行业均值为 13.57%，而半数企业的 ROE 都是低于 9.31%的，说明个别盈利能力较强的港口在均值计算上发挥了作用，只有上港集团、深赤湾港和盐田港这 3 个港口的 ROE 在均值水平之上，中位数以 4.26% 低于均值。到 2014 年，行业均值为 8.21%，行业中位数为6.45%，上港集团、宁波港、天津港、唐山港、深赤湾港、厦门港 6 个港口各自的 ROE 指标值高于均值，可见此时的 ROE 比 2008 年分布得较为均匀，个别港口的作用减缓，其中 2012 年的 ROE 均值与 ROE 中位数差距较为突出，仅为 0.14%，为 7 年中的最低值。

具体到个别样本，皖江物流、锦州港、南京港的 ROE 7 年间变化得较为频繁。皖江物流 7 年间峰值达到 10.70%，而最低值低至 -63.89%；锦州港的情况同样不乐观，2008 年锦州港的 ROE 为 10.65%，随后至 2013 年，锦州港的 ROE 仅为 2.98%，不足 2008 年的 1/3，颓势十分明显。而天津港和重庆港运营得较好。天津港基本上稳定在 8.5% 左右，重庆港则是稳定在 3.8% 左右。另外，宁波港、大连港、日照港和营口港的下降趋势也十分明显。大连港从 2008 年的 10.59% 跌至 2014 年的 4.04%，2013 年略有上浮，但并没有阻止下跌的势头。营口港 2008 年 ROE 为 9.79%，2014 年仅为 5.47%，虽然相比前一年略有好转，但依旧远低于该港早期水平和该年众港的平均水平。

港口样本的离散程度为 U 形，先降后升，但是 2014 年呈现出了骤增，离散程度相对较大。

6.6 港口行业上市公司总资产收益率概况

总资产报酬率（return of asset，ROA）是公司一定时期的净利润与总资产之间的比率，反映公司的盈利能力以及资产的利用效率。总体上来说，港口上市公司的 ROA 在趋势上与 ROE 非常类似。ROA 在总体上是连年下跌的趋势。2008 年港口行业 17 家上市公司的 ROE 均值为 8.07%，随后连年下跌；虽然 2010 年轻微上浮至 6.59%，但 2011 年后的大幅下降迅速成为主要趋势；截至 2014 年，港口行业 17 家上市公司的 ROA 为 4.97%，相比 2008 年下降了 3.1%。从图 6-9 中可以很清晰地看出下降的趋势。可见在不断扩大规模的同时，资产的利用效率并不高，在经营管理中存在严重问题。总资产报酬率、净资产收益率和净利润率这 3 个企业的核心财务指标都在 7 年间呈现出下降的趋势，可见规模的扩大并没有为企业获取规模效益带来足够的超额收益，很大程度上总资产的不断投资和扩建是徒劳的，超前建设的政策受到质疑，效果并不是积极向上的。

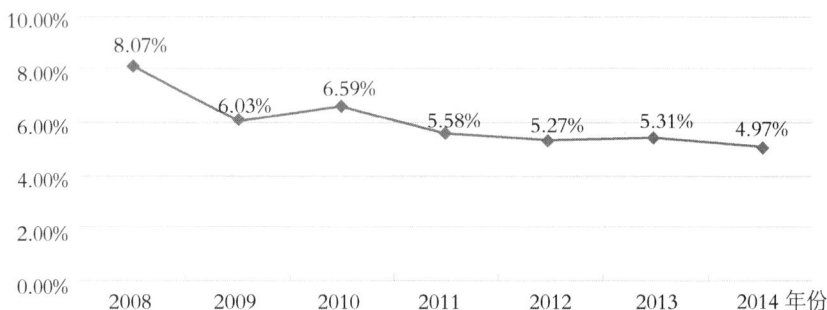

图 6-9　港口行业 17 家上市公司 2008—2014 年 ROA 平均数

港口行业 ROA 最大值、最小值相差得也十分大。2008 年两者相差 19.96%，随后 5 年在总体上有所下降，截至 2013 年，差距已经缩小到了 8.56%，形势较为明朗，但是 2014 年极差的数值骤然加大。2014 年最大值为 8.32%，由上港集团创造，最小值为皖江物流，仅有−30.92%，因此 2014 年极差增至 39.24%。纵观 7 年的最大值，可以看出，2008 年港口业 17 家上市公司 ROA 的最大值为 18.43%，为深赤湾港，且后续的 5 年行业最大值都由深赤湾港创造，仅在 2014 年被上港集团反超。7 年来总体上来说港口行业 ROA 最大值指标是在稳步下降，而最小值的波动则非常剧烈，最小值落在重庆港及皖江物流两家上市公司上，总体趋势先降后升再降，总波动高达 32.81%。

比较均值与中位数，2008 年行业均值为 8.07%，但是该年有 50% 的港口上市公司的总资产报酬率是低于 4.92% 的，半数以上上市公司都很难达到行业平均水平，仅有上港集团、宁波港、深赤湾港和盐田港 4 家超过了行业均值，说明均值很大程度由这 4 家上市公司大幅提升。但随后的 6 年，两者的差距在进一步缩小。2014 年行业均值为 4.97%，同时半数的公司 ROA 是在 4.10% 的水平之上，两者仅相差 0.87%，上港集团、宁波港、唐山港、北部湾港、深赤湾港、盐田港和厦门港 7 家港口上市公司超过行业平均水平，可见此时样本分布得更加均匀。

珠海港、厦门港和皖江物流 3 家上市公司 2008—2014 年总资产报酬率波动得比较剧烈，可见公司经营不稳定，经营管理混乱，公司需要警醒。而大连港在 2008—2014 年连年下降。2008 年 ROA 为 6.91%，随后每年都向下波动，虽然 2013 年上浮了 0.41%，但依旧没有阻止下降的趋势，2014 年已降至 2.18%，不足 2008 年 ROA 的 1/3。在 17 家上市公司中，唐山港有着稳步上升的趋势，比较突出。2008 年唐山港总资产报酬率为 3.78%，2008—2014 年上涨了 4.02%，翻了 1 倍，2014 年达到了 7.8%。在离散型方面仍为 2014 年方差骤增，整体来说 ROA 各指标的情况都与 ROE 十分类似。

6.7　港口行业上市公司总资产周转率概况

总资产周转率常被用来分析公司全部资产的使用效率，是收入与资产的比值，该指标越高代表公司资产使用效率越高。总体来看，港口行业 17 家上市公司的总资产周转率先降后升，但上升的幅度非常有限，且基数很小（见图 6-10）。2008 年行业总资产周转率仅为 0.32，第二年下跌至 0.27，随后开始了逐年上升的进程。但是虽然连年上升，2008—2014 年行业均值水平最高仅于 2013 年、2014 两年达到 0.41。这说明在这 7 年总资产周转率最高的时点也仍有近 60% 的资产闲置率，在2009 年行业总资产周转率均值更是低至 0.27，七成以上的总资产没有得到有效利用，整个行业的总资产周转得慢如黄牛，资产管理利用效率低下。

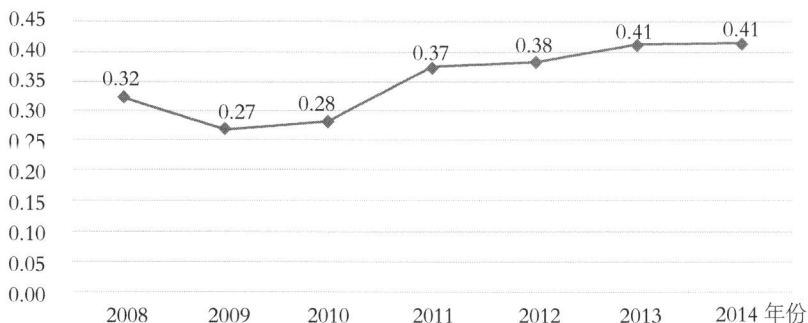

图 6-10　港口行业 17 家上市公司 2008—2014 年总资产周转率平均数

比较行业均值与行业中位数可以发现，2008—2010 年行业均值与中位数比较接近，相差均不足 0.02，2010 年更是两者持平，为 0.28。但从 2011 年起，中位数与均值差距拉大，以 2013 年为例，行业均值水平为 0.41，但有半数的港口上市公司总资产周转率低于 0.27，仅有天津港、北部湾港、皖江物流、厦门港 4 家超过了行业平均水平，可见均值的上升很大程度上是因这四大港口发挥作用。这说明虽然行业均值相较于上年有所提升，但并不是行业整体水平普遍提升，而是由于个别几家公司的作用，行业水平不容乐观，闲置现象非常普遍。2008—2014 年总资产的扩建造成了全行业的产能过剩，无论是盈利能力还是营运能力都没有随着总资产的扩建而同步增强。

在港口行业内，各家上市公司的最大值与最小值差距悬殊。2008 年珠海港的总资产周转率达到 0.98，而盐田港仅为 0.09，两者相差了 0.89，盐田港的总资产周转率不及珠海港的 1/10。到 2014 年，行业总资产周转率最大值为皖江物流的 2.64，而同年盐田港总资产周转率仅为 0.04。2008—2014 年，每年的总资产周转率最小值都落在盐田港上，可见盐田港整个港口的开工效率一直奇差，多年来没有起色，而且盐田港在基数很低的情况下 7 年来一直下降，2008 年为 0.08，2014 年已经降至 0.04。由图 6-10 可以看出，2008—2014 年行业极差先降后升、再降再升。2008—2009 年下降了 0.44，2009 年的总资产周转率极差仅为 2008 年的 1/2；2010 年的总资产周转率与 2009 年持平，说明整个行业的差距有所减少，虽然幅度有限；2011 年总资产周转率极差骤增，翻了近四番，达到了 1.69，随后再次小幅缩小差距，于 2014 年又激增，达到 7 年的峰值 2.59，可见此时行业内大港口与小港口之间的差距已经非常大，难以逾越。

17 家港口上市公司中，皖江物流的总资产周转率上升得非常迅速，从 2008 年的 0.24 上升至 2014 年的 2.64。天津港的表现非常优秀，2008 年就已经达到 0.57 的总资产周转率，2008—2014 年没有大的波动，到 2014 年已稳步上升到 0.76。除了天津港、厦门港、皖江物流、珠海港这 4 家外，其余的各大港口总资产周转率都在 0.3 及以下挣扎，多年没有起色，总资产利用效率非常低。而这 4 家港口内，厦门港和珠海港 2008—2014 年总资产周转率波动较为剧烈，说明这两个港口运营得不稳定，并没有找到一个适合自己的运营模式，公司内部尚存在一定隐患。上港集团、营口港 2008—2014 年表现得比较稳定，虽有波动但幅度微小，上港集团主要在 0.31 上下波动，营口港水平较低，主要在 0.22 上下波动。此类港口稳定但不高效，连年总资产利用效率低下。2011 年行业方差骤增，样本离散程度忽然加大，各大港口的发展不均衡。

第7章 辽宁省港口上市公司财务效率研究

　　本章采用财务分析的方法清晰明了地分析辽宁省3家港口上市公司（大连港、营口港和锦州港）的财务状况，数据摘自三大上市公司在A股市场披露的各年年报。

　　本章研究从偿债能力比率、营运能力比率、盈利能力比率和创造市场价值能力比率4个方面开始进行。偿债能力选取的指标有流动比率、速动比率、现金比率、资产负债率和产权比率。营运能力方面选取了应收账款周转率、存货周转率、流动资产周转率、固定资产周转率、总资产周转率来分析。盈利能力的指标包含每股盈利、ROA、ROE和销售净利润率。分析创造市场价值能力的指标有总资产增长率、净资产增长率、营业额增长率和净利润增长率。3个港口的每项指标均与作为行业均值的中国上市港口的统计数据进行对比研究，以此来揭示辽宁省各港口上市公司的财务本质。

7.1 偿债能力比率及分析

7.1.1 流动比率

流动比率的计算公式为:

流动比率＝流动资产／流动负债

该比率越高,说明公司短期偿债能力越强,流动负债得到清偿的保障倍数越高,债权人的风险也就越小。如果比率过高,则说明该公司存在过多的流动资产,公司资源未得到充分利用,影响公司的获利能力。

从图 7-1 来看,大连港的流动比率从 2010 年的 0.91 到 2011 年的 1.41 呈大幅度上升趋势,再到 2013 年的 0.91 呈下降趋势,从 2013 年的 0.91 到 2014 年的 1.36 又有所上涨,只有 2011 年和 2012 年与行业平均值持平,其余年份都低于平均值。这说明大连港流动比率不高,短期偿债能力较弱。

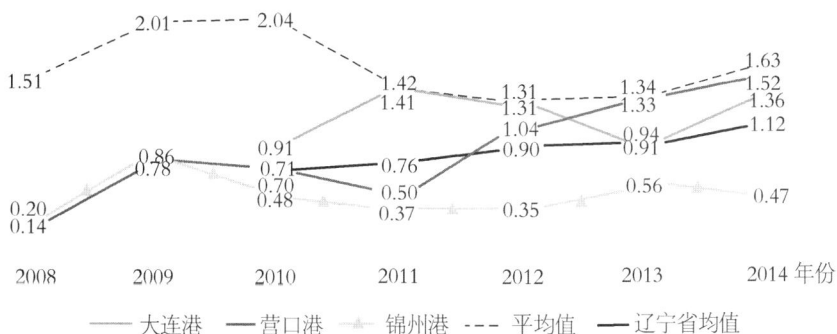

图 7-1 2008—2014 年辽宁省港口上市公司流动比率

营口港流动比率 2008—2009 年从 0.14 涨到 0.78,变动很大。2009—2011 年则逐年下降,到 2011 年只有 0.50。2011—2014 年又一路上涨,2014 年实现历史最高水平 1.52。与行业平均值来比较,只有 2013 年的 1.33 最接近行业平均值 1.34,2014 年的 1.52 与平均值 1.63 较接近,其余年份都大幅度低于行业平均值。营口港的短期偿债能力逐年增强,走势看好。

锦州港的流动比率从 2008 年的 0.20 到 2009 年的 0.86 呈极速上升趋势，之后的 3 年间一直在下降，2012 年只有 0.35，达到历史最低。从 2012 年的 0.35 到 2013 年的 0.56 有小幅上升，从 2013 年的 0.56 到 2014 年的 0.47 有小幅下降。从总体上来看，锦州港一直远远低于行业平均值，说明其短期偿债能力非常弱。

比较辽宁省的 3 个港口，锦州港的流动比率是最弱的，只有 2008 年的 0.20 和 2009 年的 0.86 小幅高于营口港，之后的 5 年都是最低的。大连港从 2010 年上市开始连续 3 年是 3 个港口中最高的，而 2013 年和 2014 年被营口港超越。总体来说，3 个港口的流动比率不高。大连港的流动比率只有 2013 年略低于辽宁省均值，而其余年份均大于辽宁省均值。锦州港常年在辽宁省均值之下。营口港在 2012 年开始超越均值且直线上升，逐年拉大，高于辽宁省均值。

7.1.2 速动比率

速动比率的公式为：

速动比率＝（流动资产－存货）／流动负债

该比率过低，表明公司短期偿债能力弱，风险大；比率过高，则表明公司滞留在现金或近似于现金上的资产过多，利用效率差，会影响到公司的盈利能力。

从图 7-2 来看，大连港从 2010 年的 0.90 到 2011 年的 1.38 呈上升趋势，从 2011 年的 1.38 到 2013 年的 0.83 呈下降趋势，从 2013 年的 0.83 到 2014 年的 1.13 又有所上涨，一直低于行业平均值，而且幅度较大，2014 年相差达到最大，说明速动比率不高。与流动比率对比，存货量不大，说明辽宁省港口企业对库存管控的力度适中。

营口港从 2008 年的 0.12 到 2009 年的 0.69 呈极速上升趋势，从 2009 年到 2011 年一路小幅下降至 0.40，从 2011 年的 0.40 到 2014 年的 1.49 一直呈上升势态，也在一步步追赶上行业平均值。虽然营口港只有 2013 年超越行业均值 0.01，但是短期偿债能力不存在问题，总体来说趋势良好。

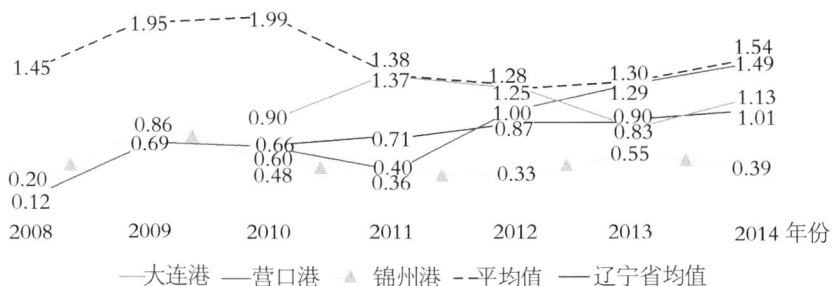

图 7-2　2008—2014 年辽宁省港口上市公司速动比率

锦州港从 2008 年的 0.20 到 2009 年的 0.86，增长幅度比较大，接下来的 4 年一直小幅度下滑至 0.33，从 2012 年的 0.33 到 2013 年的 0.55 有所上升，而后 2014 年又下降至 0.39，一直大幅度低于行业平均值，短期偿债能力较弱。

比较辽宁省的 3 个港口，锦州港的速动比率是最弱的，只有 2008 年的 0.20 和 2009 年的 0.86，由于没有存货，小幅高于营口港，之后的 5 年是 3 个港口中最低的。大连港从 2010 年上市开始连续 3 年是 3 个港口中最高的，而 2013 年和 2014 年被营口港超越。总体来说 3 个港口的速动比率不高，辽宁省均值常年位于全国均值之下。大连港的速动比率只有 2013 年略低于辽宁省均值，而其余年份均大于辽宁省均值。锦州港也常年在辽宁省均值之下。营口港在 2012 年开始超越均值且直线上升。

7.1.3　现金比率

现金比率是评价公司流动资产中的现金、银行存款和短期证券用于偿还流动负债能力的指标，是对流动比率和速动比率的进一步分析。一般来说，现金比率倾向于较高的比率，说明短期偿债能力较强；偏低则说明企业缺乏足够的现金流。如果指标太高，则说明企业拥有大量不能盈利的现金和银行存款，公司的资产未得到有效的利用，影响流动资产的盈利能力。

现金比率的公式为：

现金比率＝现金／流动负债

从图 7-3 来看，大连港从 2010 年的 0.69 到 2011 年的 0.81，呈上升趋势；从 2011 年的 0.81 到 2013 年的 0.43，呈下降趋势；从 2013 年的 0.43 到 2014 年的 0.56，又有所上涨。大连港的现金比率一直低于行业平均值，2012 年是最接近的一年，但后来又滑落，说明库存现金量不够大，可能出现现金短缺的现象。

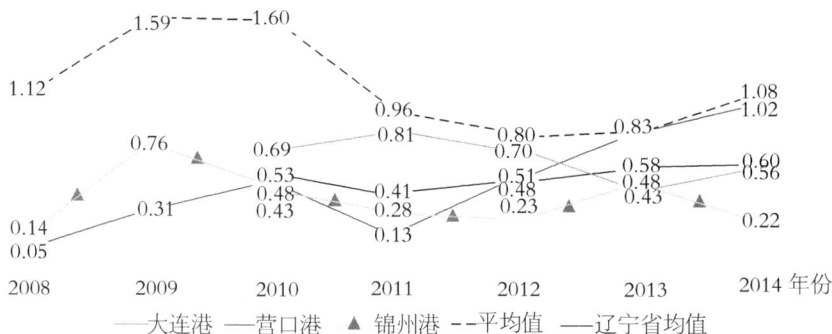

图 7-3 2008—2014 年辽宁省港口上市公司现金比率

营口港的现金比率 2008—2010 年不乐观，从 2008 年极低的 0.05 经过两年上涨至 0.48，接下来一年又跌落至 0.13. 然后从 2011 年的 0.13 连续 4 年大幅上涨至 2014 年的 1.12，2013—2014 年基本与平均值持平，现金流出现较大幅度的好转。

锦州港的现金比率从 2008 年的 0.14 大幅增长到 2009 年的 0.76，之后的 4 年到 2012 年的 0.23 一直呈下降势头，然后 2013 年上升至 0.48，而 2014 年又下降到 0.22，连续 7 年大幅度低于行业均值，情况不容乐观。

比较辽宁省的 3 个港口，综合看锦州港的现金比率是最弱的；大连港从 2010 年上市开始，连续 3 年是 3 个港口中最高的；虽然营口港在 2008 年和 2011 年比值很低，但其 2012—2014 年的趋势非常好。总体来说，3 个港口的现金比率不高，辽宁省均值常年位于全国均值以下，说明短期偿债能力不是很强。锦州港一直处于辽宁省均值之下，且有逐步拉大差距的趋势。大连港的现金比率 2010—2012 年处于辽宁省 3 个港口中的领先位置，2013—2014 年被营口港替代超越，且营口港超越辽宁省均值的幅度越来越大。

7.1.4　资产负债率

资产负债率的公式为：

资产负债率＝负债总额／资产总额×100%

以债权人的观点看，该比率反映了公司资产对负债的担保能力。按世界 500 强的一般经验判断，资产负债率在 50%比较合适；若该比率高于 50%，则表明担保每 1 元负债的自有资金不足 1 元钱，债权人风险加大。以投资人的观点看，资产负债率高可以减少发行股票筹资的量，使原股东容易保持对公司的控制权。

从图 7-4 来看，大连港的资产负债率从 2010 年的 45.55%到 2011 年的 49.81%呈上升趋势，从 2011 年的 49.81%到 2013 年的 46.15%呈下降趋势，从 2013 年的 46.15%到 2014 年的 46.20%又有所上涨，虽然波动，但幅度不大。这说明大连港负债的比例与整个辽宁省港口上市公司比较，债务把控能力相对较强，风险较低，长期偿债能力处于低风险的水平。

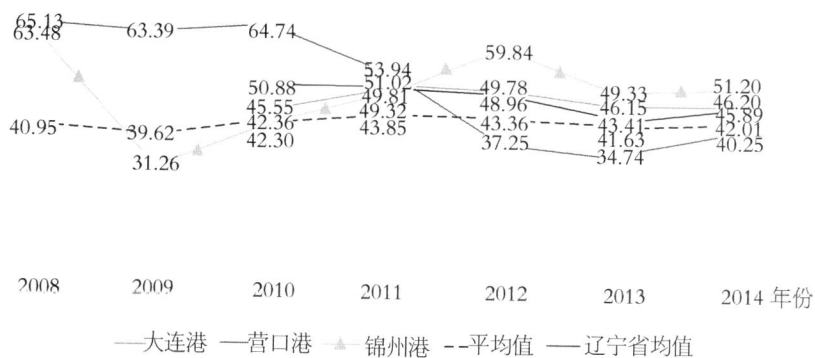

图 7-4　2008—2014 年辽宁省港口上市公司资产负债率

营口港的资产负债率从 2008 年的 65.13%到 2010 年的 64.74%，一直处于较高状态，远远高于辽宁省均值，说明负债占总资产的比重很大。但其从 2010 年起连续 3 年下降至 34.74%，更在 2012 年首次低于辽宁省均值，之后 2014 年上升到低于均值的 40.25%，说明营口港的资产负债率有所改观，长期偿债能力在大幅改善。

锦州港的资产负债率 2008—2009 年由 63.48%骤降至 31.26%，然后又在之后的 3 年连续上升，2012 年达到 59.84%，接着 2013 年又下滑为 49.33%，然后又上升到 2014 年的 51.20%，从走势上看波动性很大，但整体情况还算乐观，说明长期偿债能力处于完全可以控制的水平。

综合辽宁省的 3 个港口，大连港的波动性最小，稳定地高于均值 5 个百分点左右，营口港 2008—2011 年大幅高于均值，但 2012—2014 年的资产负债率有了质的改善，一直低于均值。锦州港的资产负债率波动性很大，且只有 2009 年低于均值，其余年份高于均值，但看不出长期偿债能力存在太大风险。辽宁省均值的走势基本与大连港的走势相同，一直处于全国均值之上。锦州港从 2011 年起由低变高，而营口港则由高变低。辽宁省港口上市公司的长期债务处于安全边界内。

7.1.5 产权比率

产权比率是负债总额与股东权益总额的比率，它反映债权人提供的资金与股东提供的资金的相对关系，是公司财务结构稳健与否的重要标志，说明了债权人投入资金受到股东权益保障的程度。公司在评价产权比率适度与否时，应从提高获利能力和增强偿债能力两个方面综合进行，在保障债务偿还安全的前提下，尽可能提高产权比率。

产权比率的公式为：

产权比率＝负债总额/股东权益总额

从图 7-5 来看，大连港的产权比率从 2010 年的 0.84 到 2011 年的 0.99 呈上升趋势，从 2011 年的 0.99 到 2013 年的 0.86 呈下降趋势，2013 年的 0.86 与 2014 年的 0.86 是持平的，几乎与行业的均值一致，说明债务和所有者权益的比例结构合理。

营口港 2008—2010 年产权比率一度大幅高于行业平均值，幅度达到 1。然而从 2011 年开始，从 1.17 连续下降 2 年至 0.53，2014 年又回升至 0.67，接近均值的 0.76。锦州港的产权比率 2008—2009 年由 1.74 骤降至 0.45，然后又在之后的 3 年连续上升，2012 年达到 1.49，接着 2013 年又下滑为 0.97，然后又上升到 2014 年的 1.05，从走势上看波动性很大，离行业均值忽远忽近，说明锦州港处于相对调整的变化期内。

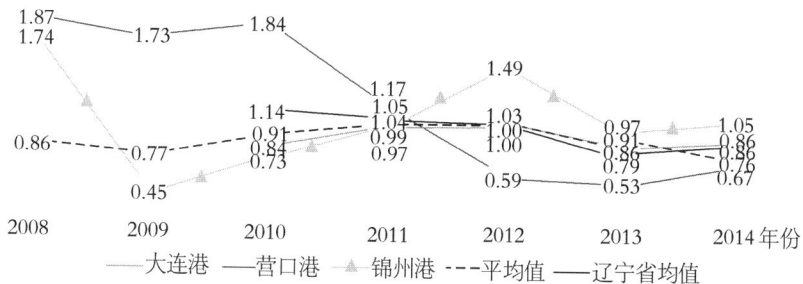

图 7-5　2008—2014 年辽宁省港口上市公司的产权比率

　　综合辽宁省的 3 个港口，大连港的波动性最小，且与行业均值非常吻合，营口港 2008—2010 年大幅高于均值，但 2012—2014 年的产权比率一直下降，低于均值。锦州港的资产负债率波动性很大，说明资本结构不稳定。辽宁省均值与全国均值和大连港的产权比率相似，2011 年是一个转折点，锦州港从低于辽宁省均值到高于辽宁省均值，营口港则相反。

7.2　营运能力研究

7.2.1　应收账款周转率

　　应收账款周转率反映了公司在一定时期应收账款回收额与应收账款的关系。应收账款周转率是考核应收账款变现能力的重要指标，反映了应收账款转化为货币资金的平均次数。一般来说，应收账款周转率越高，收账速度越快，发生坏账的可能性就越小。

　　应收账款周转率＝营业额／应收账款

　　从图 7-6 来看，大连港的应收账款周转率从 2011 年的 10.18 经过 2012 年的 10.22 小幅度上升到 2013 年的 14.31，然后又下降到 2014 年的 11.86，2013 年和 2014 年跟行业均值基本一致，比 2011 年和 2012 年的趋势差了许多。

图 7-6 2009—2014 年应收账款周转率

营口港的应收账款周转率从 2009 年的 17.52 逐年下降至 2012 年的 9.50，再上升至 2014 年的 12.72，接近行业均值的 12.91。营口港应收账款周转率逐年上升，说明其管理应收账款的能力和水平在逐步提高。

锦州港的应收账款周转率从 2009 年的 24.32 下降至 2012 年的 11.78，再上升至 2014 年的 23.12，只有 2012 年的应收账款周转率低于均值，其余年份均大幅度超过均值，说明收账速度快，发生坏账的可能性小。

综合比较辽宁省 3 个港口发现，大连港和营口港的趋势是趋近于均值，而锦州港是超过行业均值，说明锦州港的收账速度较快，发生坏账的可能性较小。辽宁省均值在 2013 年实现从低于全国均值到高于全国均值，其中锦州港的贡献非常大。总体上来看，辽宁省港口上市公司的应收账款周转率相对较快，大连港的回收期大约在 30 天左右，而锦州港则只有 20 天左右，营口港放账的时间相对要长一些，但基本都在 35 天左右，账龄不算太长。

7.2.2 存货周转率

存货周转率是指公司一定时期内的销售成本与存货之间的比率，用来反映存货周转速度。一般来说，存货周转率越高，周转期越短，存货周转速度就越快，利用效率也就越好。但存货周转率过高有可能是存货太少或库存经常不足所致，这样就会导致经常缺货，延误生产，或者产品脱销，丧失销售机会，或者采购次数频繁，增加营业成本。

存货周转率＝营业成本／存货

从图 7-7 来看，大连港的存货周转率从 2011 年的 34.67 逐年缓慢下降至 2014 年的 9.52，与行业均值的走势背道而驰，说明大连港的存货周转率出现速度放慢的现象，而且周转时间放长，效率由高到低，出现转折。

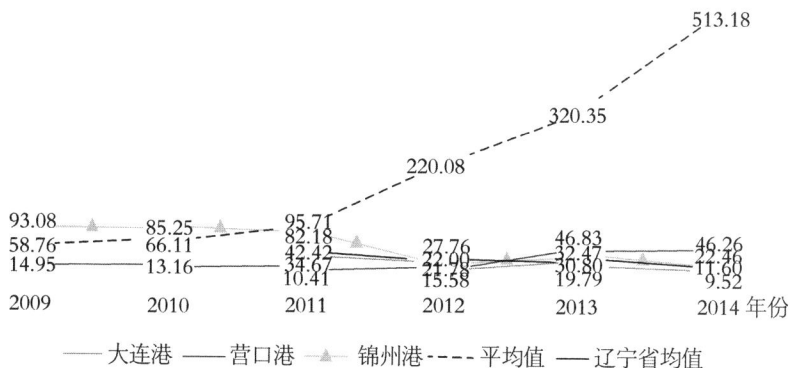

图 7-7　2009—2014 年辽宁省港口上市公司存货周转率

营口港的存货周转率从 2009 年的 14.95 先连续两年小幅下降至 2011 年 10.41，再连续 3 年小幅增长至 2013 年的 46.83，2014 年小幅下降至 46.26。营口港的存货周转在加速，说明效率在提高。

锦州港的存货周转率从 2009 年的 93.08 逐年缓慢下降至 2014 年的 11.60，一路下降，与行业均值相差越来越大，说明锦州港的存货周转率出现了明显的放缓。锦州港应该及时作出调整，改变现在存货周转率低下的局面。

对比辽宁省 3 个港口，大连港和锦州港由周转期很短一路下降，营口港虽然有小幅度的增长，但辽宁省 3 个港口相比于全国行业均值相差很大，辽宁省均值一直低于全国水平，且差距越来越大。辽宁省 3 个港口应该及时作出调整，增加存货的周转速度，增加利用效率。

7.2.3　流动资产周转率

流动资产周转率是销售收入与流动资产的比率。该指标反映流动资产的周转速度和营运能力。一般来说，该指标越高，说明公司的流动资产周转速度越快，单位流动资产为公司带来的利益越多，资源利用效率越好，会相对节约流动资金，增强公司的盈利能力；反之，周转速度越慢，则其资产所占用的资金越多，会造成资金浪费，降低公司的盈利能力。

　　流动资产周转率＝销售收入／流动资产

　　从图 7-8 来看，大连港的流动资产周转率从 2011 年的 0.97 到 2014 年的 1.46，4 年间一直小幅稳步上升，但低于行业均值，说明流动资产周转速度慢，资源利用不够理想。营口港的流动资产周转率 6 年间整体呈下降趋势，除了 2012 年比 2011 年略有上涨之外，从 2009 年的 2.83 一直下滑到 2014 年的 1.46，本来高于行业均值很多，2014 年却降到均值之下，说明营口港流动资产周转率迎来低效率时期。锦州港的流动资产周转率从 2009 年起 6 年呈现 M 形变化，增长和下降交替变化。

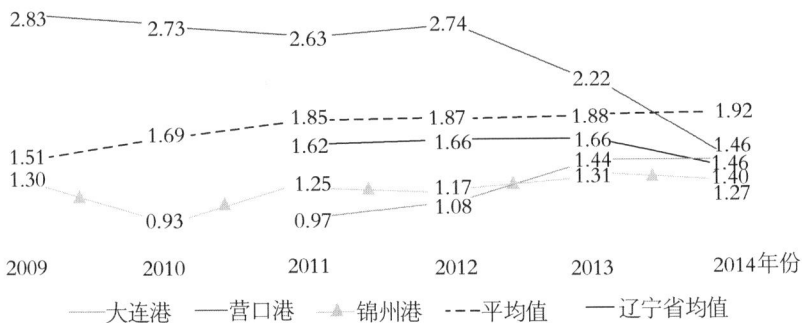

图 7-8　2009—2014 年辽宁省港口上市公司流动资产周转率

　　对比辽宁省 3 个港口，无论是呈上升趋势的大连港还是呈下降趋势的营口港，抑或是波动性的锦州港，2014 年的流动资产周转率都不高，低于行业平均水平，并且辽宁省 3 个港口的均值常年低于全国平均水平，相差幅度越来越大，大连港和锦州港更是常年处于辽宁省均值下端，提高资产周转的能力和资源的利用效率是不容忽视的。

7.2.4 固定资产周转率

固定资产周转率是销售收入与固定资产的比率。该指标反映了固定资产的周转速度和营运能力。一般来说，该指标越高，说明公司的固定资产周转速度越快，资源利用效率越好，增强了公司的盈利能力；反之，周转速度越慢，则资产需要占用更多的资金，造成资金浪费，降低了公司的盈利能力。

固定资产周转率＝销售收入／固定资产

从图 7-9 来看，大连港的固定资产周转率从 2011 年的 0.38 次到 2014 年的 0.55 次，4 年间小幅缓慢增长，但大幅低于行业均值，说明固定资产周转速度慢，资源利用效率低。这一判断基本与总资产周转率的研究结果相吻合。

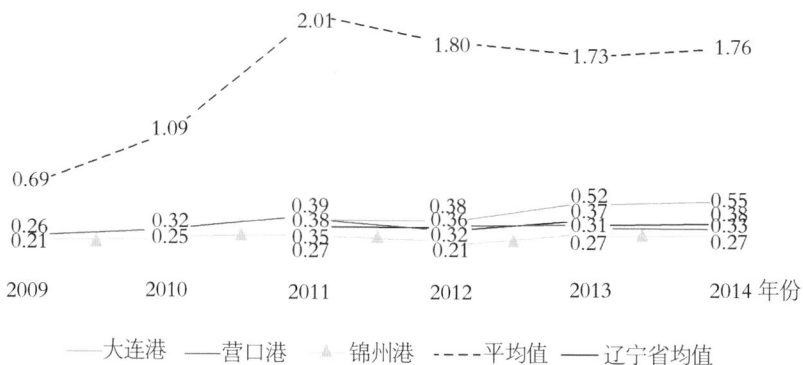

图 7-9　2009—2014 年辽宁省港口上市公司固定资产周转率

营口港的固定资产周转率从 2009 年的 0.26 先小幅增长至 2011 年的 0.39，再降低到 2014 年的 0.27，长期处于均值之下，说明固定资产周转率低，进而利用资源的效率也低。

锦州港的固定资产周转率从 2009 年起 6 年呈小范围变化，从 2009 年的 0.21 到 2011 年的 0.27，再到 2012 年的 0.21，再到 2014 年的 0.27，期间波动的范围很小，也大幅低于行业均值，固定资产周转速度偏低。

对于交通运输业而言，固定资产的使用效率如何关系到交通运输业的经济效益。交通运输业的生产设备就是运载工具，固定资产周转率是考核运载工具效率的重要指标。港口固定资产周转率偏低，使用效率不足 25%，说明大约有近 75% 的固定资产设备处于闲置状态。对比辽宁省 3 个港口，固定资产周转率变化都是很微小的，且彼此接近，远远低于全国港口设备的固定资产使用效率，说明辽宁省港口存在过剩危机。危机的存在是由辽宁省港口的投资过度引起的，对于辽宁省的 3 个港口，去库存化、消除产能过剩任重道远。

7.2.5 总资产周转率

总资产周转率是最经常使用的指标之一，通常被用来分析公司全部资产的使用效率，从理论上说，总资产周转率越快，资产管理效率越高。实际上，这一指标的大小与行业性质密切相关，通常资本密集型行业的总资产周转率较低，劳动密集型行业的总资产周转率较高。因此，应将公司的总资产周转率与行业平均的总资产周转率进行比较，以判断公司资产的使用效率。

总资产周转率＝销售收入／总资产

从图 7-10 来看，大连港的总资产周转率从 2011 年的 0.16 到 2014 年的 0.29，4 年间总资产的使用效率在提高。但大连港的总资产使用效率一直低于全国的行业均值，这说明大连港存在过多的资产没有被使用，也说明大连港没有多少货物装卸。总资产周转速度慢，资源利用效率低，上述判断可能是比较接近实际状况的。

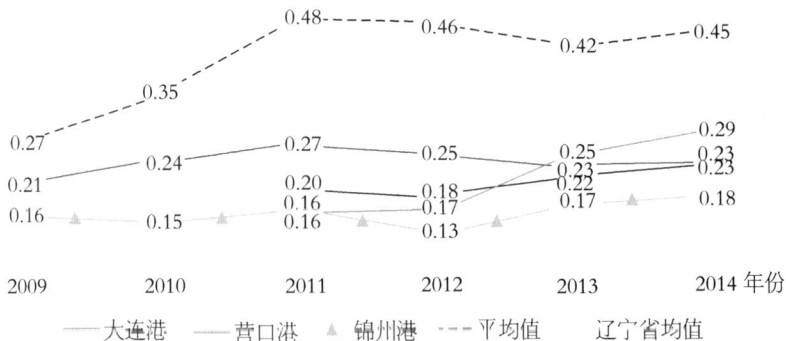

图 7-10 2009—2014 年辽宁省港口上市公司总资产周转率

营口港的总资产周转率从 2009 年的 0.21 先小幅增长至 2011 年的

0.27，再降低到 2014 年的 0.23，长期处于均值之下，说明总资产周转率低，进而利用资源的效率偏低。

锦州港的总资产周转率从 2009 年起 6 年呈小范围变化，说明锦州港的资产利用率多年没有提高，一直徘徊在 0.15 次/年左右。从 2009 年的 0.16 到 2010 年的 0.15，再到 2011 年的 0.16，再到 2012 年的 0.13，再到 2014 年的 0.18，其间波动的范围很小，大幅低于行业均值，总资产周转率低。

7.3 盈利能力研究

7.3.1 每股盈利

每股盈利是指普通股股东每持有一股所能享有的公司净利润或需承担的公司净亏损。每股收益通常被用于反映公司的经营成果，衡量普通股的获利水平及投资风险，是投资者等信息使用者据以评价公司盈利能力、预测公司成长潜力进而作出相关经济决策的重要财务指标之一。该比率反映了每股创造的税后利润，比率越高，表明每股股票所创造的利润越多，股东的投资效益越好。

每股盈利＝净利润／发行在外的普通股股数

从图 7-11 来看，大连港的每股盈利从 2010 年的 0.22 连续两年下降至 2012 年的 0.14，再小幅上升至 2013 年的 0.15，又在 2014 年下降到 0.12，一直低于行业的平均值，从趋势上来看是下跌态势，说明股东的投资效益水平逐步恶化。

营口港的每股收益呈现曲折走势。2008 年位于最高的 0.55，然后一年间下降至 0.18，在之后的 4 年中缓慢匀速增长到 2013 年的 0.24，2014 年又下降到最低点 0.08，说明营口港的每股盈利没有维持好原来良好的势头，且近况不容乐观。

锦州港的每股收益基本与行业均值走势一致，波动范围在 0.08，最高的 2011 年为 0.16，最低的 2012 年为 0.08。但其一直低于行业平均值较大的水平，可见锦州港的每股盈利值较低，每股股票创造的利

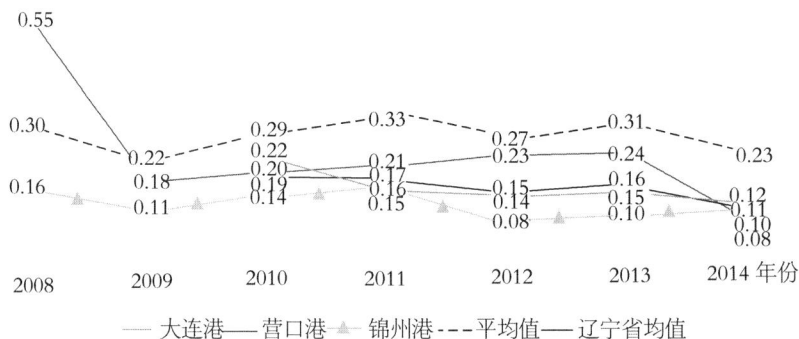

图 7-11　2008—2014 年辽宁省港口上市公司每股盈利

润少。

综合来看辽宁省 3 个港口，营口港的每股盈利处于领先水平，大连港的每股盈利不能使股东和市场满意，大连港和营口港近两年的每股盈利均呈下降态势，锦州港每股盈利常年处于较低水平。辽宁省港口均值始终低于全国港口每股盈利的均值，说明辽宁省港口上市公司的利润状况常年不如我国其他沿海港口上市公司。

7.3.2　总资产报酬率

总资产报酬率反映了公司所拥有的资源创造价值的能力，是公司一定时期的净利润与资产总额之间的比率。只从该指标本身并看不出其盈利率的高低，要判断它的高低通常要与该公司前期、与同行业平均水平和先进水平进行比较，从而可以了解公司的资产利用效率，发现其经营管理中存在的问题，以便采取措施，加强经营管理。

总资产报酬率＝净利润/总资产×100%

大连港的总资产报酬率从 2010 年 3.73% 连续两年下降至 2012 年的 2.46%，接着 2013 年小幅上升至 2.78%，然后再下降到 2014 年的 2.18%（见图 7-12）。2010 年起整体处于下降态势，并且一直低于行业平均水平，说明总资产的获利不高，资产总体效率不高。

营口港总资产报酬率从 2008 年的 3.41% 下降到 2009 年的 2.21%，然后连续 4 年逐步上升到 2013 年的 4.22%，2014 年又回落至 3.27%，

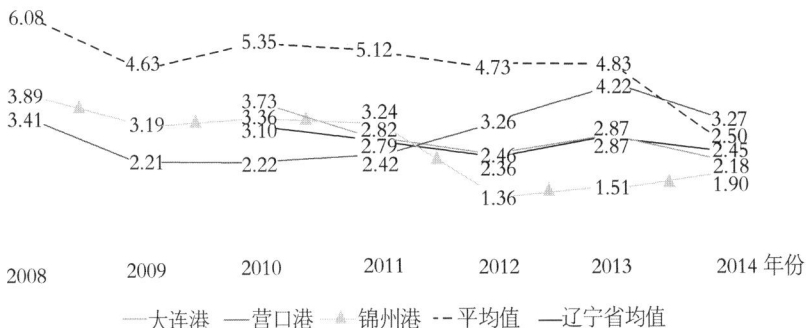

图 7-12　2008—2014 年辽宁省港口上市公司总资产报酬率

虽然 2014 年下降，但首次高于整个行业均值，高于大连港的总资产报酬率，特别是 2012—2014 年的总资产盈利状况较好。

锦州港的总资产报酬率从整体上看呈下降趋势，2008—2011 年的总资产报酬率一直处于较高水平，但到 2012—2014 年，总资产报酬率一路下滑，跌至历史最低水平。锦州港进入衰退通道。

对比辽宁省 3 个上市港口，大连港和锦州港的整体趋势是下降的，且从未高于行业均值；营口港整体为上升势态，且 2014 年高于均值。辽宁省港口均值与大连港的走势相近，锦州港从高于均值到低于均值，而营口港从低于均值到高于均值，整个港口行业的总资产报酬率都在下降。

7.3.3　净资产收益率

净资产收益率又叫权益报酬率，是指一定时期企业净利润与股东权益总额的比率。

净资产收益率＝净利润／所有者权益×100%

净资产收益率是一个综合性很强的评价指标，反映公司股东获取投资报酬的高低。该比率越高，说明公司的净资产收益状况越好。

从图 7-13 来看，大连港的净资产收益率从 2010 年的 6.85%连续两年下降至 2012 年的 4.94%，接着 2013 年小幅上升至 5.33%，然后再下降到 2014 年的 4.04%。2010 年起整体处于下降态势，说明股东获取投资报酬的能力不行，且在逐年下降。

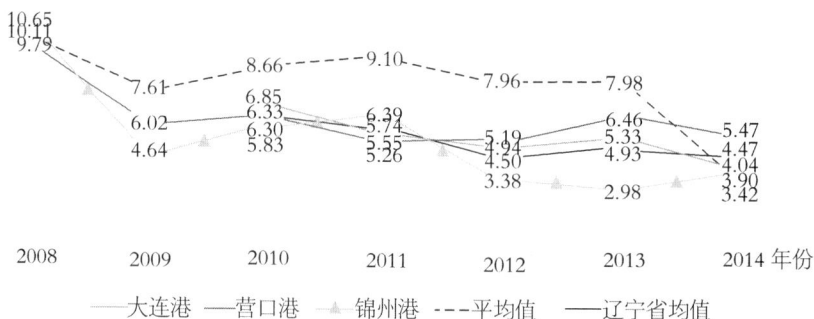

图 7-13　2008—2014 年辽宁省港口上市公司净资产收益率

营口港的净资产收益率从 2008 年的 9.79%下降到 2009 年的 6.02%。然后 5 年间小幅度起伏变化，虽然从 2013 年的 6.46%下降到 2014 年的 5.47%，但首次高于整个行业的平均值，前景还是比较乐观的。

锦州港的净资产收益率从整体上看呈下降趋势，2008 年的 10.65% 是历史最高水平，然后 2009 年骤降至 4.64%，然而到 2011 年又连续两年上升到 2011 年的 6.39%，转而又开始连续两年下降到 2013 年的 2.98%，到 2014 年回升至 3.90%。

辽宁省 3 个上市港口的净资产收益率均值与大连港的走势相似，锦州港由高于均值变为低于均值，营口港由低于均值变为高于均值。整个港口行业的净资产收益率都在下降，2014 年的全国行业水平创历史最低，且低于辽宁省 3 个港口的净资产收益率，应该及时探讨补救措施。

7.3.4　销售净利润率

销售净利润率是公司净利润与销售收入的比率。其反映公司通过营业活动实现的净利润水平。该指标越高，说明公司获取收益的能力越强。

销售净利润率＝净利润／销售收入×100%

从图 7-14 来看，大连港的销售净利润率 2010—2014 年呈直线下降趋势，从 2010 年的 25.38%一路降至 2014 年的 7.63%，销售净利润率实在不容乐观，说明公司获利能力在逐年变差。

25.75 23.69 25.62 25.85 22.87 21.78 20.66
21.15 22.49 25.38 21.38 18.47
15.66 22.49 25.01 19.15 15.20 12.95 14.40
       10.65 20.23 16.65 14.74 11.20 10.98
              9.67 9.43 13.95 9.16 10.90
                          11.90   7.63

2008   2009   2010   2011   2012   2013   2014 年份

—— 大连港 —— 营口港 ▲ 锦州港 - - - 平均值 —— 辽宁省均值

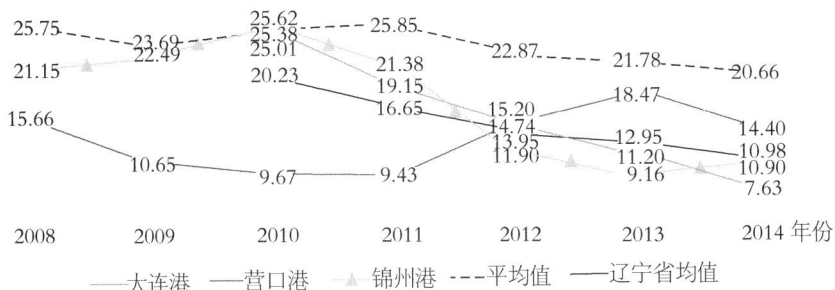

图 7-14　2008—2014 年辽宁省港口上市公司销售净利率

营口港的销售净利润率是先下降再上升再下降的趋势，从 2008 年的 15.66%连续 3 年下降至 2011 年的 9.43%，再连续两年上升至 2013 年的 18.47%，再下降到 2014 年的 14.40%，形成 V 形。营口港面临如何维持增长的瓶颈。

锦州港的销售净利润率是先上升再下降再上升的趋势，从 2008 年的 21.15%连续上升两年至 2010 年的 25.62%，再下降至 2013 年的 9.16%，最后小幅回升到 2014 年的 10.90%，总体来说公司的盈利能力在变差，但净利润率高于营口港和大连港。

总体看辽宁省 3 个上市港口的销售净利润率情况，大连港 5 年间直线下降，利润增长率在辽宁省 3 个港口中垫底，利润率令市场忧虑；营口港先下降后上升再下降，呈 V 形，净利润率及其他重要财务指标有超越大连港的趋势，令市场猜想较多；锦州港先上升再下降再上升，利润率高于营口港和大连港。3 个港口利润率大幅低于全国港口上市公司的利润率，说明辽宁省三大港口的成本过高，竞争激烈，谈判议价能力低下。

7.4　辽宁省港口上市公司增长潜力判断

7.4.1　总资产增长率

总资产增长率即本年总资产与上年总资产之差再除以上年总资产的比值。总资产增幅越大，表明公司经营管理越好，公司成长能力越好，市场竞争能力越强；反之，总资产增幅越小，甚至出现负增长，说明成长能力差，公司的经营管理也面临问题。

总资产增长率＝（期末总资产−期初总资产）/期初总资产×100%

从图 7-15 来看，大连港的总资产增长率从 2011 年的 19.76%连续两年下滑至 2013 年的−2.17%，出现负增长，2014 年又有所回升，总的来看一直低于行业平均值，但 2014 年的回升说明未来仍不明朗。

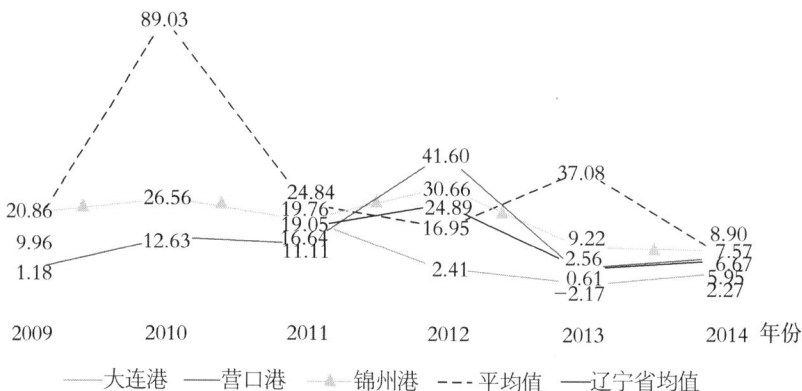

图 7-15　2009—2014 年辽宁省港口上市公司总资产增长率

营口港的总资产增长率呈现减速的现象。2009—2011 年一直处于平稳的低增长状态，2013 年突然猛增至 41.60%，然后一年间又大幅滑落至 0.61%，2014 年稍有小幅回升。营口港想长期保持稳定增长还需改善投资管理。

锦州港的总资产增长率相对较为缓和，2009—2012 年呈小幅波动状态，2013 年则有较大幅度的滑落，2014 年基本与 2013 年持平，可以说整体的增长能力与自身相比下降了。

对比辽宁省 3 个上市港口，能够看出大连港的总资产增长率一直偏低，主要是大连港已整体上市，上市公司和集团之间的资产运作基本结束。营口港和锦州港的资产增长步伐减速太快；营口港尚未整体上市，优化资产结构，是营口港面临的首要任务。

7.4.2　净资产增长率

净资产增长率即本年净资产与上年净资产之差再除以上年净资产的

比值。在企业经营中，净资产收益率较高代表了较强的生命力。如果在较高净资产收益率的情况下，又保持较高的净资产增长率，则表示企业未来发展更加强劲。

净资产增长率=（期末净资产-期初净资产）/期初净资产×100%

从图 7-16 来看，大连港的净资产从 2011 年的 10.39% 到 2014 年的 2.17% 一直处于低水平的波动增长状态，低于行业均值，说明净资产的增长步伐较小。

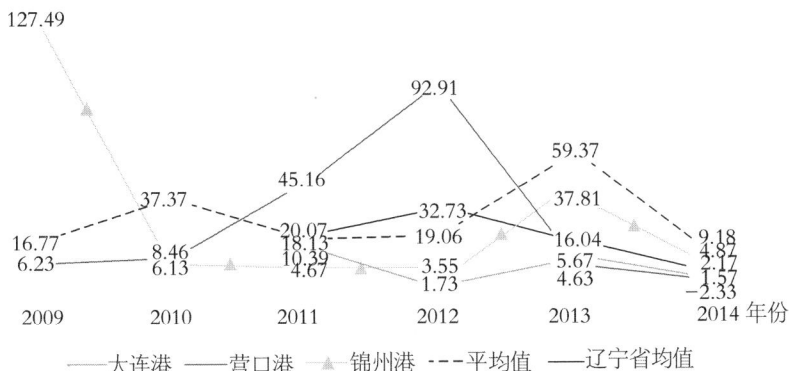

图 7-16   2009—2014 年辽宁省港口上市公司净资产增长率

营口港的净资产增长率波动颇大。2009—2010 年其一直处于平稳的低增长状态，2010—2012 年连续两年大幅增长至 92.91%，可是说净资产近乎翻番；但在 2013 年一年间跌落到 4.63%，2014 年进一步滑落至 -2.33%，呈现负增长的趋势。营口港的净资产增长率波动较大的原因是营口港负债率较高，其通过增加权益的方式大幅增加净资产，以降低负债率，降低杠杆度，反映出资产结构处于大幅调整阶段。

锦州港的净资产增长率 2009 年达到最高的 127.49%，然而一年间跌落到 6.13%，说明 2009 年在所有者的筹资方面有大幅的提升，但从 2010 年起连续 3 年超低水平增长，从 2012 年的 3.55% 到 2013 年的 37.81%，锦州港又出现一个较大幅度增长，接着 2014 年又下降至 2.17%。可以说锦州港的净资产增长处于动态时期。

对比辽宁省 3 个上市港口，能够看出大连港的净资产增长率长期处于低速增长状态，营口港和锦州港分别在 2012 年和 2009 年实现大幅度增长。辽宁省均值先是高于全国均值，从 2013 年起低于全国均值，3个港口都应该查找问题，争取实现持续稳定增长。而从整个行业来看，2014 年是行业均值的最低点，应及时作出调整。

7.4.3 营业额增长率

营业额增长率即本年营业额与上年营业额之差再除以上年营业额的比值。其是评价企业成长状况和发展能力的重要指标。营业额增幅较大，表明公司经营业绩突出，企业市场前景越好；反之，营业额增幅小，甚至出现负增长，成长面临新危机。

营业额增长率=（期末营业额－期初营业额）/期初营业额×100%

大连港的营业额呈大幅增长波动趋势（见图 7-17），从 2011 年的18.53%下降到 2012 年的 17.42%，再上升到 2013 年的 50.33%，再下降到 2014 年的 13.76%，这说明大连港的营业额没有形成稳定增长的模式，有待于进一步改善状况。

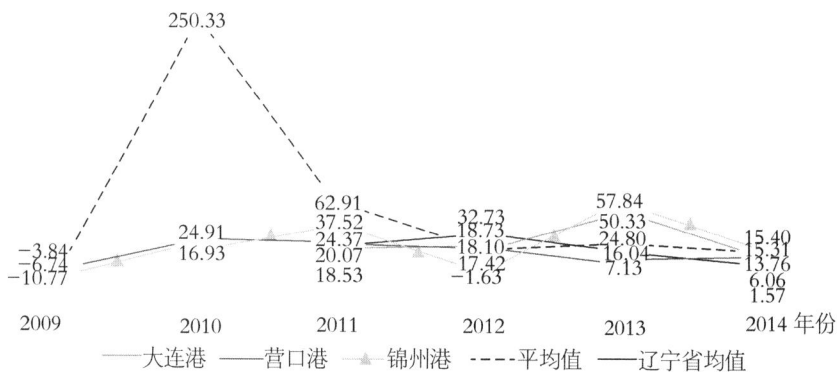

图 7-17　2009—2014 年辽宁省港口上市公司营业额增长率

营口港的营业额增长率从 2009 年的－3.84%增长到 2014 年的6.08%，营业额增长举步维艰。营口港投资建设了大型泊位，添置了大量固定资产，但营业额增长始终没有起色，说明营口港的货源和增长量仍是其需要认真规划的问题。

锦州港的营业额增长率也是处于波动的状态，从 2009 年

的 −6.74% 先增长到 2011 年的 37.53%，再下降至 2012 年的 −1.63%，再上升至 2013 年的 57.84%，再下降至 2014 年的 15.31%。这说明锦州港的营业额已进入 W 形增长的通道，大起大落，没有形成稳定增长模式。

对比辽宁省 3 个上市港口，大连港和锦州港的营业额增长率均处于波动性较大的阶段，说明辽宁省港口增长乏力，增长似乎已接近极限。营口港的营业额增长率增长相对平稳，但增幅较小，说明营口港的营业收入在拥有大规模投资的资产后，资产利用率不理想，腹地缺乏足够的增长货源。营业收入增长乏力是三大港口面临的共同困惑。

7.4.4　净利润增长率

净利润是公司经营业绩的最终结果。净利润的增长是公司成长性的基本特征，净利润增幅较大，表明公司经营业绩突出，市场竞争能力强；反之，净利润增幅小，甚至出现负增长，也就谈不上具有成长性。

净利润增长率=（期末净利润−期初净利润）/期初净利润×100%

从图 7-18 来看，大连港的净利润增长率从 2011 年的 −10.55% 增长到 2012 年的 −9.60%，再上升到 2013 年的 14.20%，再下降 2014 年到 −22.55%，说明大连港净利润增长率没有形成稳定增长的模式，而且 2014 年出现历史最低，公司成长能力不乐观。同时，大连港的营业规模在增长，总资产在增长，净利润增长率在逐步下降，特别是在 2011—2014 年，大连港的平均净利润增长率逐年下降。尤其是令人不解的是，大连港从 2010 年开始接受大连市和辽宁省政府的补贴，披露的集装箱箱量增长突破 1 000 万标箱，而利润却下降得如此令人惊讶，2014 年净利润增长率下降了 22.5%，最可能的解释就是用利润增长率来换取集装箱箱量的增长。

营口港的净利润增长率 2009—2014 年是先增长后下降的，从 2009 年的 −34.63% 上升到 2012 年的 90.33%，再下降到 2014 年的 −17.32%，6 年里有 2 年出现利润增长率的下降，4 年间出现利润增长率高达 90.33% 的增长，说明营口港正在经历脱胎换骨的重生过程。

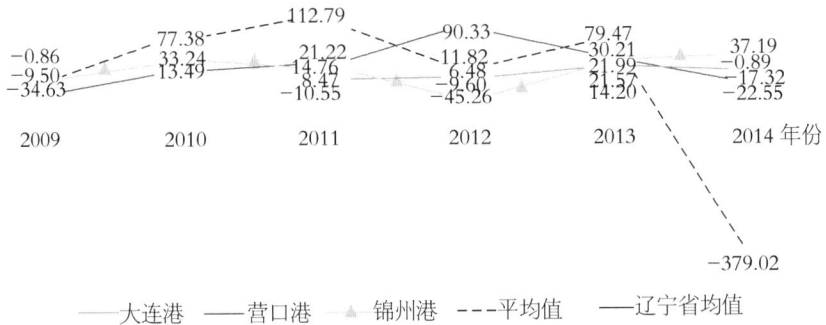

图 7-18　2009—2014 年辽宁省港口上市公司净利润增长率（%）

　　锦州港的净利润增长率从 2009 年的 −0.86% 先增长到 2010 年的 33.24%，再连续 2 年下降至 2012 年的 −45.26%，再上升至 2014 年的 37.19%，说明锦州港净利润增长率没有形成稳定增长的模式，但 2013—2014 年一直增长，2014 年实现历史最高，说明趋势是良好的。

　　对比辽宁省 3 个上市港口，能够看出大连港的利润增长率 4 年间 1 年上升、3 年下降，下降幅度之大令人瞠目结舌。股东希望对于这种怪异行为，大连港能给市场一个体面的说法。营口港的净利润增长率先上升后下降，先进步再退步，而锦州港则是先下降后上升，出现好的势头。纵观整体港口行业，2014 年行业均值大幅下降，难以出现升高的势头。

第8章 国外上市公司股权结构研究

本章主要是从股权结构的角度出发对国际重工业行业的现状及问题进行研究，样本行业均为世界 500 强中发展较好的重工业企业，样本选取其中 18 家企业进行研究，试图说明国际重工业行业的股权结构状况。本书的数据来源是 Yahoo Finance 网站。在研究中选取的指标有 8 个：持股总数、持股比例、股价总额、净利润、总资产、总资产报酬率、净资产收益率及资产负债率。通过对样本的股权结构的分析，找出最佳股权结构，期盼对东北地区重工业企业和全国的重工业企业发挥指南针的作用，以实现东北地区经济的快速发展。

8.1 国际重工业上市公司股权结构总体情况

从图 8-1 可以看出国际重工业发展较好公司的前五大股东持股比例总和的股权结构状况，不同公司的股权结构大不相同。前五大股东持股比例最高的为美国约翰逊控制公司，其持股比例为 37.93%，股权相对来讲比较集中。持股比例最低的为美国德州仪器公司，其前五大股东持股总和仅为 0.73%，仅为美国约翰逊控制公司的 1/50，股权结构相当分散。18 家样本公司前五大股东持股总数为 41.73 亿股，股价总值为 1 725.92 亿美元，持股平均值为 2.32 亿股，股价总和均值为 95.88 亿美元，相比于国内公司而言股价较高，同时持股比例均值为 21.16%，与国内前五大股东持股比例相比，数值较低。

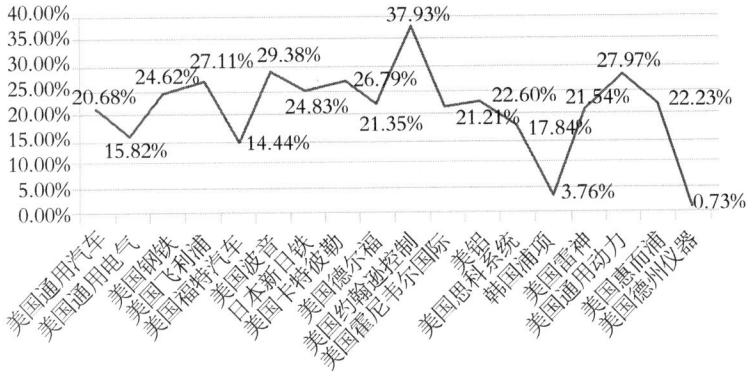

图 8-1 样本公司前五大股东持股比例的股权信息

由图 8-2 可以看出，美国通用电气公司持股数较多，为 16 亿股；美国思科系统公司持股数也相对较多，为 9.06 亿股；美国福特汽车公司持股数最少，仅为 0.01 亿股。发行在外股数越多，表明公司股票越利于流通，给公司带来的价值也会越高。同时，美国通用电气公司股价总值也较大，公司规模较大，在样本企业中发展较好。

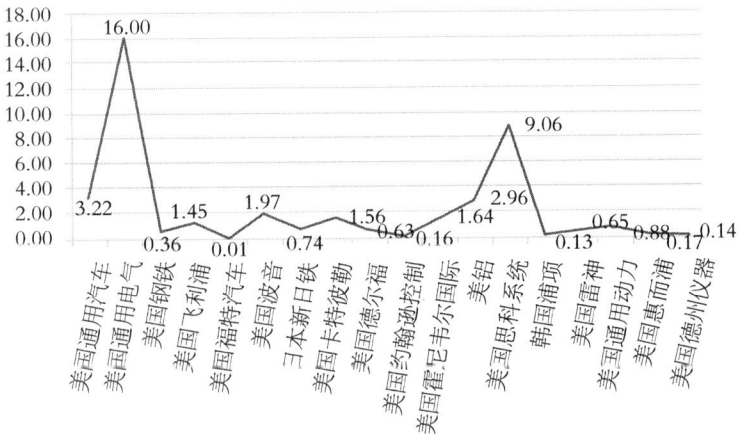

图 8-2 样本公司前五大股东持股总数的股权信息（单位：亿股）

8.2 各样本公司股权结构情况分析

8.2.1 美国通用汽车公司股权结构分析

从图 8-3 中可以看出,美国通用汽车 2015 年的前五大股东的股权结构情况为:第一、第二、第五大股东为企业持股,第二及第三大股东为银行持股。美国通用汽车的前五大股东持股数总和为 3.22 亿股,股价总和为 96.64 亿美元,前五大股东持股比例总和为 20.68%。第一大股东为美国先锋集团,持股数为 0.82 亿股,占公司持股总数的 5.27%,股价总值为 24.61 亿美元。第二大股东为美国普拉达公司,持股数略低于第一大股东,为 0.81 亿股,持股比例为 5.20%,股票价值为 24.30 亿美元。第三大股东为美国道富银行,其持股比例为 3.72%,持股数为 0.58 亿股,股票价值为 17.40 亿美元,相比于第一及第二大股东持股数,第三大股东明显有所减少。第四大股东为美国摩根大通银行,依然为银行业,持股数为 0.51 亿股,所占比例为 3.28%,股票价值为 15.33 亿美元。第五大股东为美国伯克希尔·哈撒韦公司,其持股数与第四大股东相当,为 0.5 亿股,所占比例为 3.21%,股票价值为 15.01 亿美元。若认为除前五大股东的持股比例之外为公众持股比例,则美国通用汽车的公众持股比例为 79.32%,表明本公司的股权相对分散,而非像国内大多数企业那样具有较高的股权集中度,这更利于公司制定相关制度及监管公司等。美国通用汽车在 2009 年破产后,政府大举介入,持股比例很大。经过几年的调整,政府逐步退出,到 2015 年年底,通用汽车已看不到政府的持股。政府主动退出,使通用汽车重新换发活力。

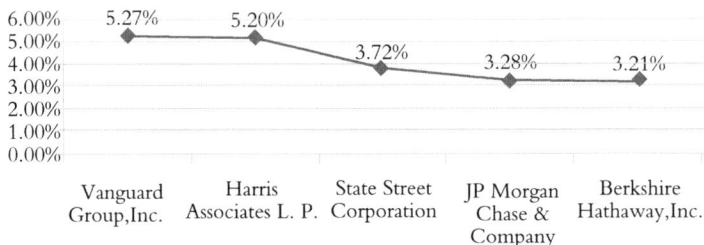

图 8-3　美国通用汽车公司 2015 年股权结构趋势图

资料来源：根据 Yahoo Finance 网站相关内容整理。

8.2.2　美国通用电气公司股权结构分析

从图 8-4 中可以看出，美国通用电气 2015 年的前五大股东的股权结构为：第一及第四大股东为企业持股，第二大股东为银行，第三大股东为信托公司，第五大股东为投资公司。第一到第五大股东的持股比例变动幅度还是很大的。美国通用电气的前五大股东持股数总和为 16 亿股，远远高于美国通用汽车的持股数；股价总和为 403.53 亿美元，总体上该值还是很大的；前五大股东持股比例总和为 15.82%。第一大股东依然为美国先锋集团，持股数为 5.75 亿股，占公司持股总数的 5.69%，股价总值为 145.06 亿美元，远远高于其他股东的股价总值。第二大股东为美国道富银行，持股数远低于第一大股东，为 3.70 亿股，持股比例为 3.66%，其股价总值为 93.41 亿美元。第三大股东为美国贝莱德机构信托公司，其持股比例为 2.54%，持股数为 2.57 亿股，股票价值为 64.88 亿美元。第四大股东为美国百富环球公司，持股数为 2.23 亿股，所占比例为 2.2%，股票价值为 56.18 亿美元。第五大股东为投资公司，其持股数相比于第四大股东有所减少，为 1.74 亿股，所占比例为 1.73%，股票价值为 44 亿美元。美国通用电气公司前五大股东股权比例之和占到总值的 15.82%，公众持股比例为 84.18%，表明本公司的股权相对较分散，相比于美国通用汽车公司有着更高的股权分散度，同时这将更利于公司对于相关制度的制定及公司的监管等。

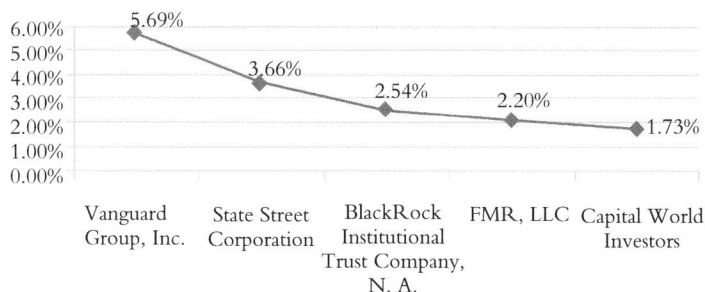

图 8-4　美国通用电气公司 2015 年股权结构趋势图

8.2.3　美国钢铁公司股权结构分析

美国钢铁公司 2015 年的前五大股东的股权结构情况是：第一大股东为资本公司，第二、第三大股东为企业，第四大股东为银行企业，第五大股东为银行。由图 8-5 可以看出，美国钢铁公司的前五大股东的股权结构变动趋势不大。美国钢铁公司的前五大股东持股数总和为 0.36亿股，远远低于美国通用汽车及美国通用电气的持股数；股价总和为 3.75 亿美元，依然远远低于美国通用电气公司及美国通用汽车公司；前五大股东持股比例总和为 24.62%，与美国通用电气公司相比有更为集中的股权结构。第一大股东为一家私营企业，持股数为 0.12 亿股，占公司持股总数的 8.46%，股价总值为 1.29 亿美元，可以看出股价总值不是很高，但第一大股东的持股比例却很大。第二大股东为美国先锋集团，持股数稍低于第一大股东，为 0.09 亿股，持股比例为 6.47%，其股价总值为 0.99 亿美元。第三大股东为美国摩根士丹利公司，其持股比例为 3.33%，持股数为 0.05 亿股，股票价值为 0.51 亿美元。第四大股东为美国贝莱德基金管理公司，持股数为 0.05 亿股，所占比例为 3.21%，股票价值为 0.49 亿美元。第五大股东为美国道富银行，其持股数与第四大股东基本持平，为 0.05 亿股，所占比例为 3.15%，股票价值为 0.48 亿美元。美国钢铁公司前五大股东股权比例之和占到总值的 24.62%，公众持股比例为 75.38%，表明本公司的股权相对较集中，且均为非国有股，相比于美国通用汽车公司有更高的股权集中度，可能会出现公司由少部分股东控制的状况。

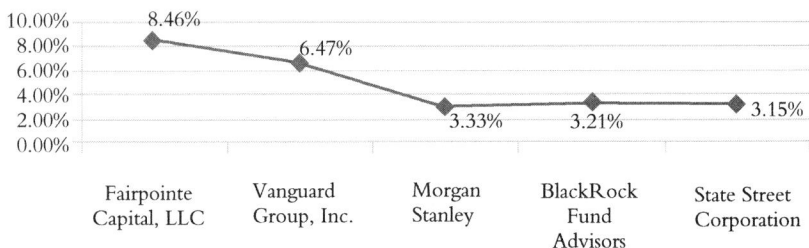

图 8-5　美国钢铁公司 2015 年股权结构趋势图

8.2.4　美国飞利浦公司股权结构分析

美国飞利浦公司 2015 年的前五大股东的股权结构情况是：第一、第三及第五大股东为企业，第二大股东为银行，第四大股东为信托机构，各大股东持股比例变动幅度不是很大。由图 8-6 可以看出，飞利浦公司的前五大股东的股权结构变动趋势有所波动，但是总体上波动不是很大。飞利浦公司的前五大股东持股数总和为 1.45 亿股，其依然远远低于美国通用汽车及通用电气公司的持股数，相比于美国钢铁公司则增长许多；股价总和为 111.10 亿美元，依然远远低于通用电气及通用汽车公司，远高于美国钢铁公司；前五大股东持股比例总和为 27.11%，与美国通用电气公司相比有更为集中的股权结构，与美国钢铁公司基本维持一致。第一大股东为美国伯克希尔·哈撒韦公司，持股数为 0.61 亿股，占公司持股总数的 11.53%，股价总值为 47.25 亿美元；第一大股东的持股比例还是很大的，同时股价总值相对也较大。第二大股东为美国先锋集团，持股数与第一大股东相比变动较大，为 0.32 亿股，持股比例为 5.96%，其股价总值为 24.42 亿美元。第三大股东为美国道富银行，持股比例为 4.29%，持股数为 0.23 亿股，股票价值为 17.60 亿美元。第四大股东为美国贝尔斯登有限公司，持股数为 0.16 亿股，所占比例为 2.91%，股票价值为 11.94 亿美元。第五大股东为美国贝莱德机构信托公司，其持股数略少于第四大股东，为 0.13 亿股，所占比例为 2.42%，股票价值为 9.90 亿美元。美国钢铁公司前五大股东股权比例之和占到总值的 27.11%，公众持股比例为 72.89%，表明本公司的股权相对较集中，且均为非国有股，基本为金融机构等私营公司持股，相比于美国通用汽车公司有更高的股权集中度，将会对公司制度的制定及公司监管等不利。

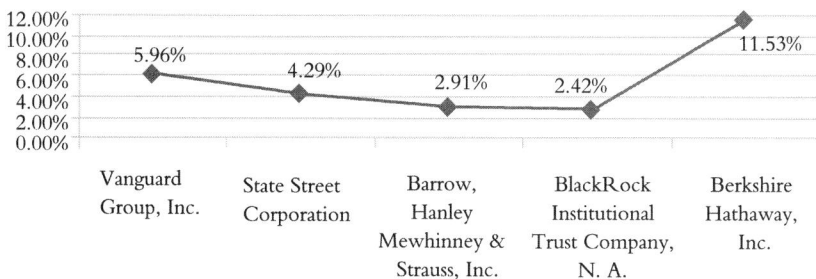

图 8-6　美国飞利浦公司 2015 年股权结构趋势图

8.2.5　美国福特汽车公司股权结构分析

美国福特汽车公司 2015 年的前五大股东的股权结构情况是：各大股东持股比例变动幅度不是很大，第一至第三大股东有着较大的股权比例，第四、第五大股东股权比例则较小；第一及第三大股东为企业持股，第二大股东为信托公司，第四大股东为金融机构，第五大股东为政府。由图 8-7 可以看出，美国福特汽车公司的前五大股东的股权结构变动趋势有所波动，但是总体上波动不是很大。美国福特汽车公司的前五大股东持股数总和为 125 万股，其为所选样本企业中股份数最少的一家企业，远远低于其他样本公司；股价总和为 0.017 亿美元，依然远远低于其他样本公司的股票价值之和；前五大股东持股比例总和为 14.44%，与美国通用电气公司等相比有相对分散的股权结构。第一大股东为文艺复兴科技公司，持股数为 53 万股，占公司持股总数的 6.21%，股价总值为 73 万美元，第一大股东的持股比例相对较大，但股价及持股数相对较低。第二大股东为贝莱德机构信托公司，持股数为 47 万股，持股比例为 5.5%，股价总值为 64.7 万美元。第三大股东为美国先锋集团，其持股比例为 2.25%，持股数为 19.5 万股，股票价值为 26.5 万美元。第四大股东为金融公司，持股数为 2.1 万股，所占比例为 0.25%，股票价值为 2.9 万美元。第五大股东为加利福尼亚州公共雇员退休系统，其持股数与第四大股东相当，远小于前三大股东，为 1.97 万股，所占比例为 0.23%，股票价值为 2.68 万美元。美国福特汽车公司前五大股东股权比例之和占到总值的 14.44%，公众持股比例为 85.56%，表明本公司的股权相对分散，且均为非国有股，金融机构等私营公司持股相对较大，股权分散较利于公司的治理，但是福特汽车公司股东价值太小，发行在外的股数较少，不利于公司的发展。

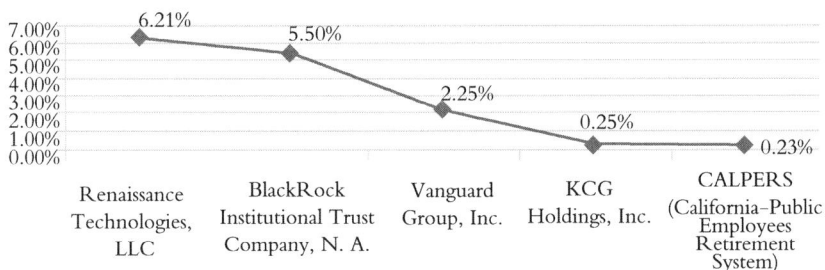

图 8-7　美国福特汽车公司 2015 年股权结构趋势图

8.2.6　美国波音公司股权结构分析

美国波音公司 2015 年的前五大股东的股权结构情况是：各大股东持股比例变动幅度不是很大，从第一到第四大股东持股比例基本保持稳定；第一、第二及第三大股东为金融投资机构，第四大股东为企业，第五大股东为银行。由图 8-8 可以看出，波音公司的前五大股东的股权结构变动趋势基本平稳，总体上波动不大。波音公司的前五大股东持股数总和为 1.97 亿股，远远高于福特汽车公司；股价总和为 257.77 亿美元，股价总和较高；前五大股东持股比例总和为 29.38%，较高，股权较为集中。第一大股东为投资公司，持股数为 0.46 亿股，占公司持股总数的 6.92%，股价总值为 60.69 亿美元。第一大股东的持股比例较大，股价也较高，但流通在外的股数较少，每股价格则较高，可能会不利于股票的流通。第二大股东为信托公司，持股数为 0.43 亿股，持股比例为 6.46%，其股票价值为 56.70 亿美元，与第一大股东相差不大。第三大股东为金融公司，其持股比例为 6.15%，持股数为 0.41 亿股，股票价值为 53.98 亿美元。第四大股东为美国先锋集团，持股数为 0.38 亿股，所占比例为 5.65%，股票价值为 49.58 亿美元。第五大股东为美国道富银行，持股数为 0.28 亿股，所占比例为 4.2%，股票价值为 36.82 亿美元。波音公司前五大股东股权比例之和占到总值的 29.38%，公众持股比例为 70.62%，表明本公司的股权相对较集中，且均为非国有股，大部分为金融机构、信托公司及银行企业等，股权集中不利于公司的治理，但是波音公司股东价值可观，发行在外的股数却较少，公司的每股股票价值可能会很大。

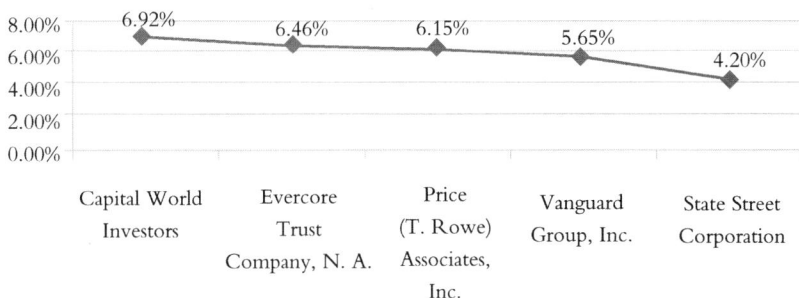

图 8-8　美国波音公司 2015 年股权结构趋势图

8.2.7　日本新日铁公司股权结构分析

日本新日铁公司 2015 年的前五大股东的股权结构情况是：各大股东持股比例变动幅度不是很大，第一及第二大股东持股比例较高，第三至第五大股东持股比例则相对较低；第一、第四及第五大股东为投资信托机构，第二大股东为企业，第三大股东为银行（见图 8-9）。日本新日铁公司的前五人股东的股权结构变动趋势有所浮动，总体上波动不是很大。日本新日铁公司的前五大股东持股数总和为 0.74 亿股，股价总和为 56.63 亿美元，不是很高；持股比例总和为 24.83%，较高，股权较为集中。第一大股东依然为投资公司，持股数为 0.26 亿股，占公司持股总数的 8.84%，股票价值为 20.17 亿美元。第一大股东的持股比例较高，股价也较高，但流通在外的股数较少。第二大股东为美国先锋公司，持股数为 0.19 亿股，持股比例为 6.29%，股票价值为 14.35 亿美元。第三大股东为美国道富银行，其持股比例为 3.95%，持股数为 0.12 亿股，股票价值为 9 亿美元，与第一、第二大股东相差较大。第四大股

东为投资公司，持股数为 0.09 亿股，所占比例为 3.07%，股票价值为
7.01 亿美元。第五大股东为贝莱德机构信托公司，持股数为 0.08 亿
股，所占比例为 2.68%，股票价值为 6.11 亿美元。日本新日铁公司前
五大股东股权比例之和占到总值的 24.83%，公众持股比例为
75.17%，表明本公司的股权较集中。大多数股东为银行、信托公司、
基金公司等金融机构，股东价值相对来讲不是很高，流通股股数又较
少，股权集中，不利于公司制度等的制定，公司权利可能会集中于少
数股东手中。

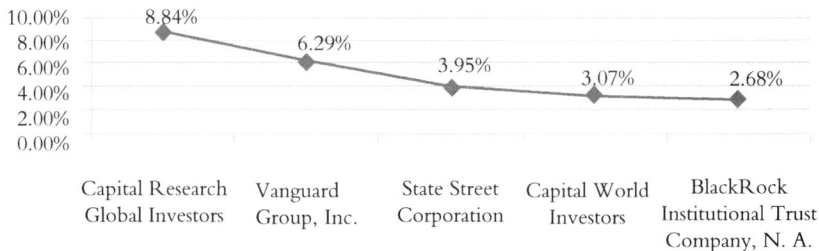

图 8-9　日本新日铁公司 2015 年股权结构趋势图

8.2.8　美国卡特彼勒公司股权结构分析

美国卡特彼勒公司 2015 年的前五大股东的股权结构情况是：各大
股东持股比例变动幅度不是很大，第一大股东持股比例相对较高；第
一大股东为银行，第二及第五大股东为企业，第三及第四大股东为投
资保险公司。由图 8-10 可以看出，卡特彼勒公司的前五大股东的股
权结构变动趋势基本平稳，呈现平缓下降的趋势，总体上波动不是很
大。卡特彼勒公司的前五大股东持股数总和为 1.56 亿股，远远高于
福特汽车公司，与波音公司相差不大；股价总和为 101.98 亿美元，
不是很高，与波音公司相比相差较大；前五大股东持股比例总和为
26.79%，股权较为集中。第一大股东为美国道富银行，持股数为 0.57
亿股，占公司持股总数的 9.77%，股价总值为 37.19 亿美元。第一大
股东的持股比例相对较大，股价也相对较高。第二大股东为美国先锋
集团，持股数为 0.37 亿股，持股比例为 6.41%，股票价值为 24.39 亿

美元，相比于第一大股东有所减少。第三大股东为投资公司，其持股比例为 4.45%，持股数为 0.26 亿股，股票价值为 16.93 亿美元。第四大股东为保险公司，持股数为 0.2 亿股，所占比例为 3.38%，股票价值为 12.88 亿美元。第五大股东为合伙公司，持股数为 0.16 亿股，所占比例为 2.78%，股票价值为 10.58 亿美元。卡特彼勒公司前五大股东股权比例之和占到总值的 26.79%，公众持股比例为 73.21%，表明本公司的股权相对较集中，银行、保险公司等金融机构持股比例较大。

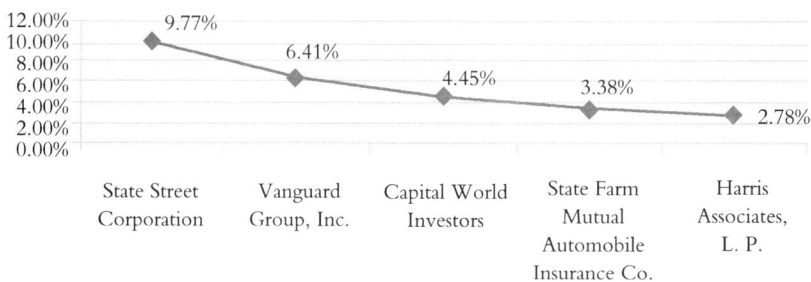

图 8-10　美国卡特彼勒公司 2015 年股权结构趋势图

8.2.9　美国德尔福公司股权结构分析

由图 8-11 中可以看出美国德尔福公司 2015 年的前五大股东的股权结构情况，第一、第四及第五大股东为企业，第二大股东为金融公司，第三大股东为银行。德尔福公司的前五大股东的股权结构变动趋势是有所波动的，但是总体上波动不是很大，图像走势也较为平缓。德尔福公司的前五大股东持股数总和为 0.63 亿股，远远低于其他样本公司；股价总和为 48.05 亿美元，依然低于其他样本公司的股票价值之和；前五大股东持股比例总和为 21.35%。第一大股东为美国先锋集团，持股数为 0.19 亿股，占公司持股总数的 6.54%，股票价值为 14.73 亿美元。第二大股东为金融服务公司，持股数为 0.14 亿股，持股比例为 4.69%，股票价值为 10.55 万美元。第三大股东为美国道富银行，其持股比例为 3.78%，持股数为 0.11 亿股，股票价值为 8.50 亿美元。第四大股东为金融公司，持股数为 0.09 亿股，所占比例为 3.21%，股票价值为 7.22 美元。第五大股东为合伙私营公司，其持股数与第四大股东相当，为 0.09 亿股，所占比例为 3.13%，股票价值为 7.04 亿美元。德尔福公司为汽车零件公司，前五大股东股权比例之和占到总值的 21.35%，公众持股比例为 78.65%，这表明本公司的股权相对较分散，且均为非国有股，金融机构持股比例较大。

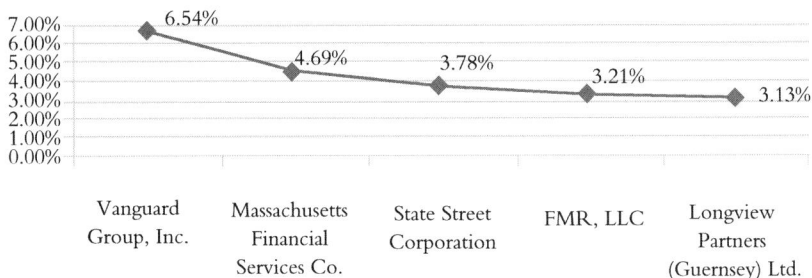

图 8-11　美国德尔福公司 2015 年股权结构趋势图

8.2.10　美国约翰逊控制公司股权结构分析

美国约翰逊控制公司 2015 年的前五大股东的股权结构情况是：各大股东持股比例变动幅度较小，相差不大；第一大股东为资本公司，第二及第五大股东为基金公司，第三大股东为投资集团，第四大股东为企业。由图 8-12 可以看出，美国约翰逊控制公司的前五大股东的股权结构变动趋势是有所波动的，但是总体上图像走势较为平缓。美国约翰逊控制公司的前五大股东持股数总和为 0.16 亿股，远远低于同行业的美国德尔福公司，股票价值为 0.53 亿美元，与德尔福公司相比依然远远低于其股东价值，前五大股东持股比例总和为 37.93%，股权相对较为集中。第一大股东为合伙公司，持股数为 0.04 亿股，占公司持股总数的 9.94%，股价总值为 0.14 亿美元，股东持股比例较高，但股东价值却较低。第二大股东为基金咨询公司，持股数与第一大股东相似，为 0.04 亿股，持股比例为 8.37%，股票价值为 0.12 亿美元。第三大股东为投资集团，其持股比例为 7.06%，持股数为 0.03 亿股，股票价值为 0.1 亿美元。第四大股东为金融资产管理公司，持股数为 0.03 亿股，所占比例为 6.79%，股票价值为 0.1 亿美元，总体与第三大股东相当。第五大股东为基金咨询公司，持股数略低于第四大股东，为 0.02 亿股，所占比例为 5.77%，股票价值为 0.08 亿美元。美国约翰逊控制公司也为汽车零件公司，前五大股东股权比例之和占到总值的 37.93%，公众持股比例为 62.07%，表明本公司的股权结构十分集中，同时股东价值又很低，流通股股数也不高，股权过于集中可能不利于公司进一步的发展。

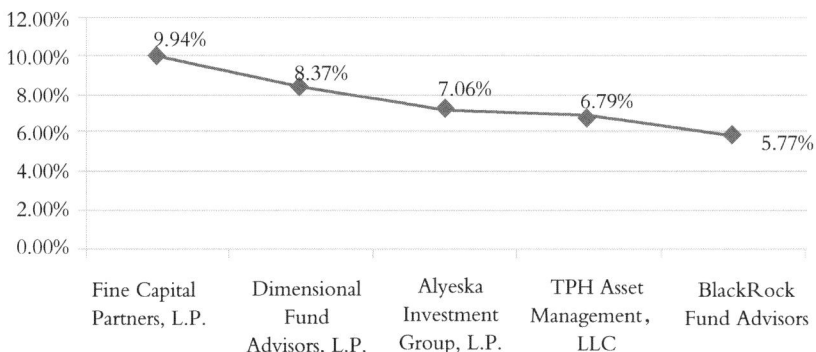

图 8-12　美国约翰逊控制公司 2015 年股权结构趋势图

8.2.11　美国霍尼韦尔国际公司股权结构分析

美国霍尼韦尔国际公司为美国航天国防类知名公司，其 2015 年的前五大股东的持股比例变动幅度不是很大，从第一到第五大股东持股比例基本保持稳定，第一大股东持股比例也不是很高；第一、第三、第四及第五大股东为企业，第二大股东为金融服务公司。由图 8-13 可以看出，霍尼韦尔国际公司的前五大股东的股权结构变动趋势基本平稳，上下波动幅度不大。其前五大股东持股数总和为 1.64 亿股，股票价值为154.85 亿美元，股价总和较高；前五大股东持股比例总和为 21.21%，股权不是很集中。第一大股东为美国先锋集团，持股数为 0.41 亿股，占公司持股总数的 5.37%，股票价值为 39.22 亿美元，第一大股东的持股比例不大。第二大股东为金融服务公司，持股数为 0.37 亿股，持股比例为 4.84%，股票价值为 35.35 亿美元，与第一大股东相差不太大。第三大股东为管理公司，其持股比例为 3.86%，持股数为 0.30 亿股，股票价值为 28.19 亿美元。第四大股东为美国道富银行，持股数为 0.28 亿股，所占比例为 3.63%，股票价值为 26.48 亿美元。第五大股东为银行企业，持股数为 0.27 亿股，所占比例为 3.51%，股票价值为 25.60 亿美元。美国霍尼韦尔国际公司前五大股东股权比例之和占到总值的 21.21%，公众持股比例为 78.79%，总体上表明本公司的股权相对较分散，大部分股东均为金融机构、信托公司及银行企业等，同时该公司的股价较高，流通股数也相对较多。

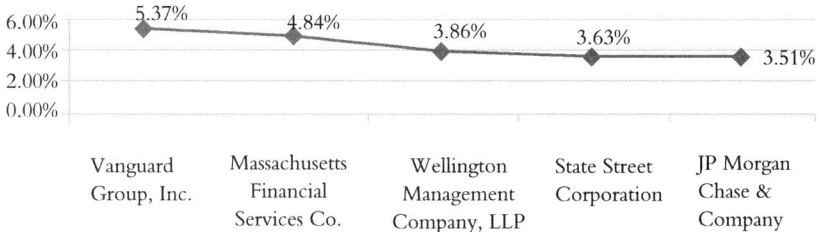

图 8-13 美国霍尼韦尔国际公司 2015 年股权结构趋势图

8.2.12 美铝公司股权结构分析

美铝公司为美国金属公司，其 2015 年第一大股东持股比例相对较高，第一、第二、第三大股东均为企业持股，第四大股东为咨询公司，第五大股东为信托公司。由图 8-14 可以看出，美铝公司的前五大股东的股权结构变动幅度不大，但是第一大股东与第二大股东之间的变动幅度较大。美铝公司的前五大股东持股数总和为 2.96 亿股；股票价值为 28.59 亿美元，不是很高；前五大股东持股比例总和为 22.60%，股权不是很集中。第一大股东为美国先锋集团，持股数为 1.08 亿股，占公司持股总数的 8.21%，股票价值为 10.38 亿美元。第一大股东的持股比例相对较高，股票价值也相对较大。第二大股东为美国道富银行，持股数为 0.53 亿股，持股比例为 4.08%，股票价值为 5.16 亿美元，与第一大股东相差较大，第一大股东的股价总值为第二大股东的 2.01 倍。第三大股东为鲍波斯特投资公司，其持股比例为 3.99%，持股数为 0.52 亿股，股票价值为 5.05 亿美元，总体上与第二大股东的持股情况近似。第四大股东为顾问公司，持股数为 0.48 亿股，所占比例为 3.64%，股票价值为 4.6 亿美元。第五大股东为信托公司，持股数为 0.35 亿股，所占比例为 2.68%，股票价值为 3.39 亿美元。美铝公司前五大股东股权比例之和占到总值的 22.60%，公众持股比例为 77.40%，与美国霍尼韦尔国际公司持股情况基本一致，总体上表明本公司的股权相对较分散，同时大部分股东均为金融机构、信托公司及银行企业等。

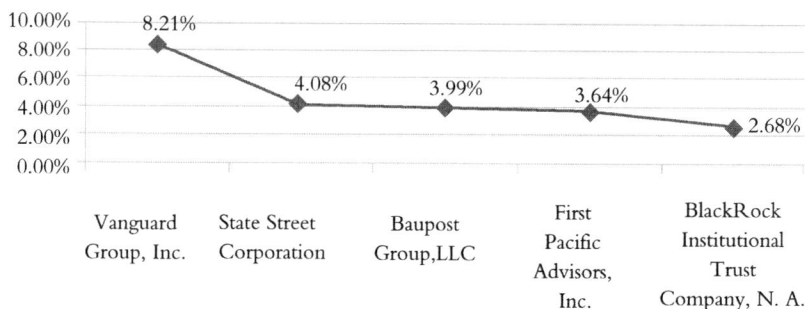

图 8-14　美铝公司 2015 年股权结构趋势图

8.2.13　美国思科系统公司股权结构分析

美国思科系统公司为美国网络通信设备公司，其 2015 年的前五大股东的持股比例变动幅度不大，第一大股东持股比例也相对较低；第一、第二及第三大股东为企业，第四大股东为信托公司，第五大股东为银行（见图 8-15）。思科系统公司的前五大股东持股数总和为 9.06 亿股，较高；股票价值为 237.70 亿美元，较大；前五大股东持股比例总和为 17.84%，股权结构较为分散。第一大股东为美国先锋集团，持股数为 2.95 亿股，占公司持股总数的 5.81%，股价总值为 77.40 亿美元。第一大股东的持股比例不是很高，但是股票价值却较大。第二大股东为美国道富银行，持股数为 2 亿股，持股比例为 3.93%；股票价值为 52.39 亿美元，较大。第三大股东为管理公司，其持股比例为 3.16%，持股数为 1.60 亿股；股票价值为 42.05 亿美元，与第二大股东相比有所降低，但幅度不大。第四大股东为信托公司，持股数为 1.36 亿股，所占比例为 2.68%；股票价值为 35.77 亿美元，相比于前几大股东有所减少。第五大股东为银行企业，持股数为 1.15 亿股，所占比例为 2.26%，股票价值为 30.08 亿美元。思科系统公司前五大股东股权比例之和占到总值的 17.84%，公众持股比例为 82.16%，与其他公司相比，股权结构更加分散，同时股票价值相对较高，发行股票数额较大，表明公司发展较好。

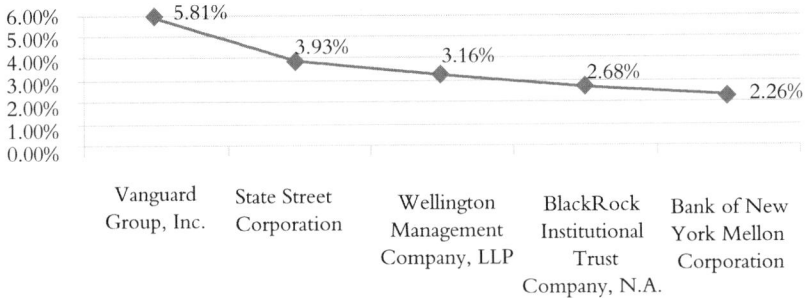

图 8-15　美国思科系统公司 2015 年股权结构趋势图

8.2.14　韩国浦项公司股权结构分析

韩国浦项公司为韩国发展较好的知名钢铁公司，其第一大股东持股比例较低，前五大股东持股比例变动不大，第一大股东为投资公司，第二大股东为基金公司，第三至第五大股东为企业。由图 8-16 可以看出，韩国浦项公司的前三大股东持股比例变动幅度相对较大，第四及第五大股东的持股比例变动幅度不大，较为平稳。韩国浦项公司的前五大股东持股数总和为 0.13 亿股，股价总和为 4.61 亿美元，持股数较少，同时股票价值也较低，与思科系统公司相比差距较大，前五大股东持股比例总和占 3.76%，股权结构非常分散。第一大股东为投资管理公司，持股数为 0.04 亿股，占公司持股总数的 1.27%，股票价值为 1.55 亿美元。第一大股东的持股比例不是很高，股票价值也相对较低。第二大股东为基金顾问公司，持股数为 0.03 亿股，持股比例为 0.96%，股票价值为 1.18 亿美元。第三大股东为私营合伙公司，其持股比例为 0.61%，持股数为 0.02 亿股，较少；股票价值为 0.75 亿美元，与第二大股东相比有所降低，但幅度不大。第四大股东为富兰克林资源公司，持股数为 0.02 亿股，与第三大股东基本一致，所占比例为 0.47%，股票价值为 0.58 亿美元。第五大股东为合伙公司，持股数为 0.02 亿股，所占比例为 0.45%，股票价值为 0.55 亿美元。韩国浦项公司的前五大股东股权比例之和占到总值的 17.84%；公众持股比例为 82.16%；股票价值为 4.61

亿美元，较低。与其他公司相比，该公司的股权结构更加分散，这更有利于公司制度规范等的制定。

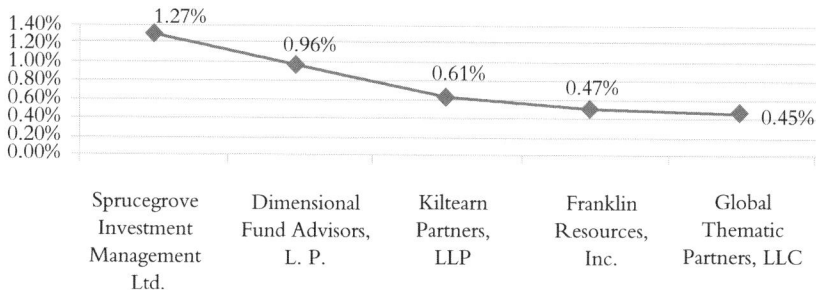

图 8-16 韩国浦项公司 2015 年股权结构趋势图

8.2.15 美国雷神公司股权结构分析

美国雷神公司为美国知名航天国防公司，其 2015 年前五大股东中的第一大股东持股比例较高，后四大股东股权比例变动不大，基本维持稳定；第一至第四大股东均为企业控股，第五大股东为银行。由图 8-17 可以看出，美国雷神公司的第一与第二大股东持股比例的变动幅度较大，后几大股东持股比例波动幅度不大，较为平稳。美国雷神公司的前五大股东持股数总和为 0.65 亿股，较低；股票价值为 70.84 亿美元，较高；前五大股东持股比例总和为 21.54%，股权结构较为集中。第一大股东为美国先锋集团，持股数为 0.19 亿股，占公司持股总数的 6.24%，持股比例相对较大；股票价值为 20.52 亿美元，相比于其他股东也较大。第二大股东为美国道富银行，持股数为 0.12 亿股，持股比例为 3.95%，股票价值为 13 亿美元，与第一大股东相比，变化较大，降低的速度也较快。第三大股东为贝尔斯登公司，其持股比例为 3.90%，持股数为 0.12 亿股，股票价值为 12.84 亿美元，与第二大股东相比变化不大。第四大股东为管理公司，持股数为 0.11 亿股，与第三大股东相比有所减少，所占比例为 3.77%，股票价值为 12.39 亿美元。第五大股东为美国银行，持股数为 0.11 亿股，所占比例为 3.68%，股票价值为 12.10 亿美元，与第四大股东的股权状况相似，变动不大。美国雷神公司前五大股东股权比例之和占到总值的 21.54%，公众持股比例总和为 78.46%，股权相对较分散。

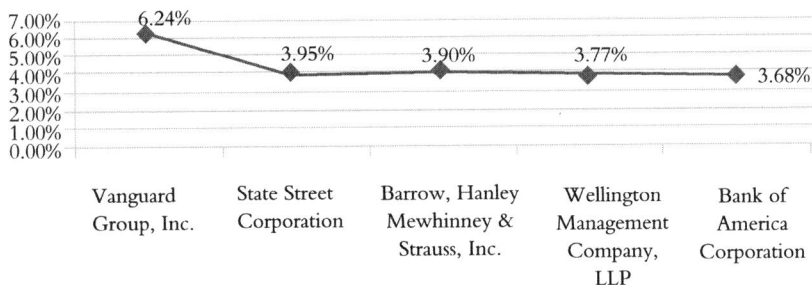

图 8-17 美国雷神公司 2015 年股权结构趋势图

8.2.16 美国通用动力公司股权结构分析

美国通用动力公司也为美国知名航天国防公司，其 2015 年前五大股东中的第一与第二大股东持股比例相当，均较高，后三大股东股权比例相对较低；第一大股东为资本投资公司，第二大股东为信托公司，第三及第四大股东为企业，第五大股东为信托公司。由图 8-18 可以看出，美国通用动力公司的前五大股东的股权结构总体波动不大，第一与第二大股东持股比例的变动幅度不大，第二到第四大股东持股比例下降明显，总体较为稳定。美国通用动力公司的前五大股东持股数总和为 0.88 亿股，较低；股票价值为 121.97 亿美元，较高；前五大股东持股比例总和为 27.97%，股权结构比美国雷神公司更集中。第一大股东为投资公司，持股数为 0.25 亿股，占公司持股总数的 7.78%，股票价值为 33.93 亿美元。第二大股东为信托公司，持股数为 0.24 亿股，持股比例为 7.68%；股票价值为 33.51 亿美元，与第一大股东相比，变化不大，基本上维持稳定。第三大股东为美国先锋集团，其持股比例为 5.74%，持股数为 0.18 亿股，股票价值为 25.03 亿美元，与第二大股东相比降低较明显。第四大股东为美国道富银行，持股数为 0.12 亿股，所占比例为 3.88%；股票价值为 16.91 亿美元，与第三大股东相比有所减少。第五大股东为信托公司，持股数为 0.09 亿股，所占比例为 2.89%，股票价值为 12.60 亿美元。美国通用动力公司的股权相对较集中，与美国雷神公司相比，股价总值相对较高，流通在外的股票总数相对较少。

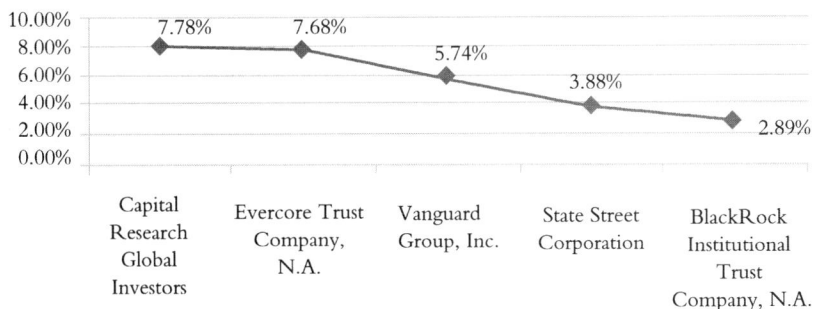

图 8-18　美国通用动力公司 2015 年股权结构趋势图

8.2.17　美国惠而浦公司股权结构分析

美国惠而浦公司是美国电子电气设备公司，其 2015 年前五大股东中的第一大股东持股比例较高，后四大股东持股比例近似，变化不大；第一、第二、第四及第五大股东均为企业，第三大股东为资本公司。由图 8-19 可以看出美国惠而浦公司的前五大股东的股权结构变动情况，第一、第二大股东下降幅度较大，第二至第五大股东总体波动不大，总体较为稳定。美国惠而浦公司的前五大股东持股总数为 0.17 亿股，持股数较少；股票价值为 25.60 亿美元，依然较低；前五大股东持股比例总和为 22.23%，股权结构相对分散。第一大股东为美国先锋集团，持股数为 0.06 亿股，占公司持股总数的 8.03%，股价总值为 9.24 亿美元，持股比例较大，但持股数较少。第二大股东为美国道富银行，持股数为 0.03 亿股，持股比例为 4.32%，股票价值为 4.97 亿美元，与第一大股东相比，变化较大。第三大股东为资本公司，持股比例为 3.65%，持股数为 0.03 亿股，股票价值为 4.21 亿美元，与第二大股东情况相似。第四大股东为联合公司，持股数为 0.03 亿股，所占比例为 3.32%，股票价值为 3.83 亿美元，与第二及第三人股东相似。第五人股东为贝尔斯登公司，持股数为 0.02 亿股，所占比例为 2.91%，股票价值为 3.35 亿美元。美国惠而浦公司前五大股东股权比例之和占到总值的 22.23%，公众持股比例总和为 77.77%，股价总值为 25.60 亿美元，发行股票数 0.17 亿股，股权相对分散，与美国通用动力公司相比，股价总值较低，同时股权结构也更分散。

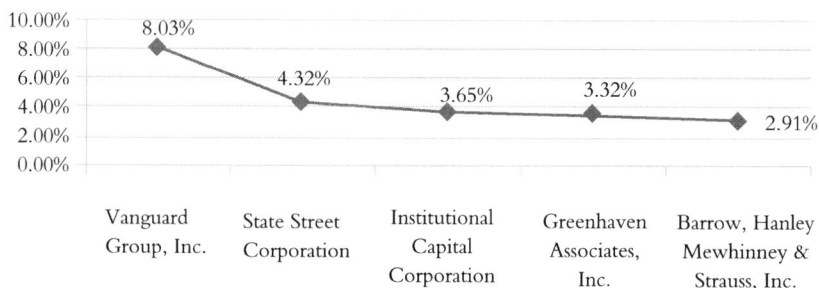

图 8-19　美国惠而浦公司 2015 年股权结构趋势图

8.2.18　美国德州仪器公司股权结构分析

美国德州仪器公司是美国半导体及其他元器件公司，其 2015 年前五大股东中的第一到第五大股东持股比例相似，均在 0.3%以下，股权十分分散；第一及第二大股东为投资公司，第三大股东为基金公司，第四及第五大股东为企业。由图 8-20 可以看出德州仪器公司的前五大股东的股权结构变动情况，第二到第四大股东下降幅度较大。德州仪器公司的前五大股东持股总数为 0.14 亿股，较少；股价总和为 1.76 亿美元，较低；前五大股东持股比例总和为 0.73%，股权结构相当分散。第一大股东为投资合伙公司，持股数为 0.04 亿股，较少；占公司持股总数的 0.23%，较低；股价总值为 0.55 亿美元。第二大股东为投资管理公司，持股数为 0.04 亿股，与第一大股东持股数相当，持股比例为 0.22%，股票价值为 0.53 亿美元，同样较低。第三大股东为基金顾问公司，持股比例为 0.13%，持股数为 0.03 亿股，股票价值为 0.32 亿美元，与第二大股东情况相比，减少幅度较大。第四大股东为摩根大通集团，持股数为 0.02 亿股，所占比例为 0.08%，股票价值为 0.19 亿美元。第五大股东为摩根士丹利公司，持股数为 0.01 亿股，所占比例为 0.07%，股票价值为 0.17 亿美元。德州仪器公司前五大股东股权比例之和占到总值的 0.73%，公众持股比例总和为 99.27%，公众持股比例非常高，股价总值为 1.76 亿美元，发行股票数 0.14 亿股，股权相当分散，其为样本公司中股权最为分散的公司，这非常有利于股东共同治理公司。

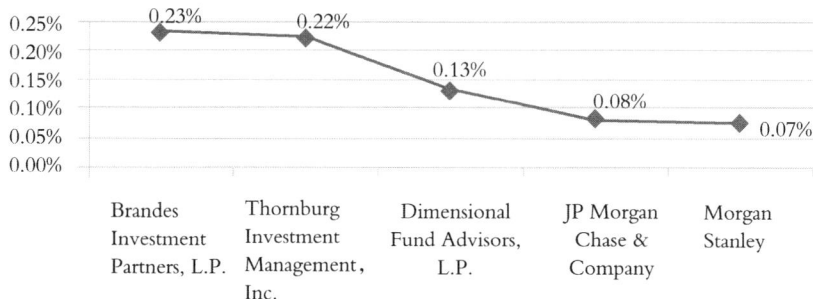

图 8-20　美国德州仪器公司 2015 年股权结构趋势图

8.3　股权结构研究结论

通过上述分析可以综合得出，所选样本中，美国通用电气公司、飞利浦公司、波音公司、卡特彼勒公司、霍尼韦尔国际公司、思科系统公司、通用动力公司等这些样本公司股价总值高于 100 亿美元，利用股权筹资能力较强。而美国的钢铁公司、福特汽车公司、约翰逊控制公司、德州仪器公司以及韩国浦项公司等样本公司的前五大股东股价总值均未超过 10 亿美元，表明这些公司利用股权获得筹资的能力较差。股价总值最高的为通用电气公司，总值为 403.53 亿美元；最低的为福特汽车公司，其总值只为 0.02 亿美元，差距悬殊。

同时各大公司持股总数也不尽相同，美国通用汽车公司、通用电气公司、飞利浦公司、波音公司、卡特彼勒公司、霍尼韦尔国际公司、美铝公司、思科系统公司等样本公司的前五大股东的持股总值较高，均高于 1 亿股，而美国的钢铁公司、福特汽车公司、德尔福公司、约翰逊控制公司、雷神公司、通用动力公司、惠而浦公司、德州仪器公司，以及日本新日铁公司和韩国浦项公司等持股总值均小于 1 亿股，发行股数较低不利于公司股票的流通，无法为企业带来更多的利益。同时持股数最少的为美国福特汽车公司，其前五大股东持股总数仅为 0.01 亿股；持股数最多的为美国通用电气公司，其前五大股东持股总数为 16 亿股，是福特汽车公司的 1 600

倍，差距很大。

对于持股比例而言，大多数样本公司的前五大股东持股比例保持在20%左右，持股比例最高的公司为美国约翰逊控制公司，达到37.93%，比例较高；美国最低的为德州仪器公司，仅为0.73%，相差悬殊。同时各大公司的公众持股比例均较高，总体上大于60%。同时从图8-21中可以看出各样本公司的第一大股东持股比例均小于10%，最高的为美国约翰逊控制公司，持股比例为9.94%；最少的为美国德州仪器公司，持股比例为0.23%。各公司的第一大股东持股比例不应过大，防止"一股独大"的现象产生，影响公司正常发展。国际公司的前五大股东多为企业、资本公司、信托机构、基金公司及银行等，不像东北地区股权多为政府掌控。国际公司的股权比例也较为适宜，东北地区上市公司国有股比例过高，大多数公司的第一大股东持股比例过高，且多为政府持股，导致经济效益较差。通过对国际公司股权结构的分析与整理，国内公司尤其东北地区上市公司可以仿照国际公司，适当调整其股权结构，减少前五大股东持股比例，控制第一大股东的持股比例，减少政府对其有效治理的控制程度，增加公众持股比例，以使企业的盈利能力大幅增长。

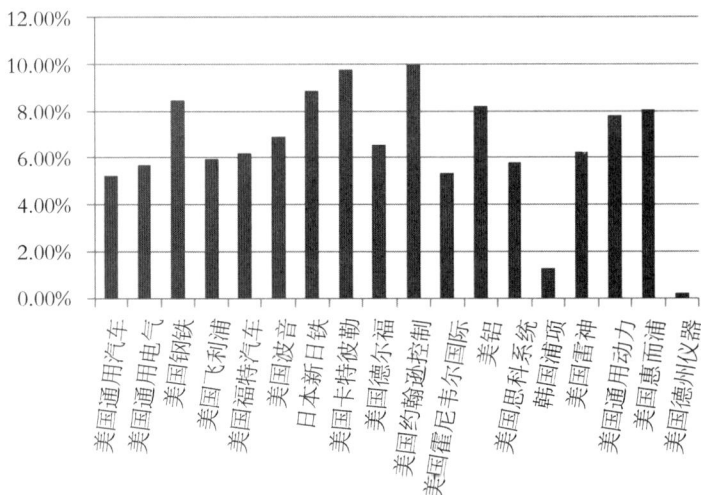

图 8-21　各样本公司第一大股东持股比例情况图

8.4 各样本公司财务情况分析

8.4.1 各样本公司净利润情况

由图 8-22 可以看出美国的通用电气公司、思科系统公司、通用汽车公司、波音公司及霍尼韦尔国际公司的净利润较多，公司发展较好。18 家公司的净利润各不相同，相差也较大。通用汽车公司 2013—2015 年净利润变动还是较大的，2015 年净利润实现 96.87 亿美元，增长较快。通用电气公司的净利润变动幅度不是很大，但是其规模很大，2013 年为 136.41 亿美元，2015 年增长到 152.33 亿美元，净利润的基数是非常大的。以上两家公司的发展是很好的。美国钢铁公司的净利润则较差，2012 年和 2013 年净利润均为负值，到 2014 年才扭亏为盈，但盈利也非常少。飞利浦公司的发展也是非常稳定的，2012 年为 41.24 亿美元，到 2014 年增长到 47.62 亿美元，净利润的增长还是很多的。福特汽车公司净利润总体上还是可观的，但是其变动幅度是巨大的，2013 年净利润为 119.53 亿美元，2014 年仅为 12.31 亿美元，降低的幅度非常大，2015 年有所上升，达到 73.73 亿美元，总体上波动较大。波音公司的净利润每年均很稳定，基本维持在 50 亿美元，发展较好。日本新日铁公司的发展也不是很稳定，变动幅度较大，2012 年净利润为 5.01 亿美元，2013 年降为负值，2014 年又增长至 20.78 亿美元。卡特彼勒公司的发展比日本新日铁公司好很多，但净利润还是有所降低，由 37.89 亿美元降为 21.02 亿美元。德尔福公司净利润基数较小，但一直保持增长的状态，2012 年为 12.12 亿美元，2013 年有所增长，为 13.51 亿美元，2014 年增长到 14.5 亿美元，总体发展较好。约翰逊控制公司发展很差，净利润最大值只有 0.2 亿美元，以后两年持续为负值。霍尼韦尔国际公司发展则较好，净利润持续增长，且基数较大，到 2015 年已经增长到 47.68 亿美元。美铝公司变动较大，2013 年为 -22.85 亿美元，亏损较为严重。思科系统公司净利润基数较大，但是也有所降低，2013 年为 99.83 亿美元，2014 年降为 78.53 亿美元，降低的幅度还是较大的，总体上发展较好。韩国浦项公司发展也较差，净利润每年持续降低，由 2012 年的 22.02 亿美元降低至 2014 年的 5.13 亿美元，波动较大。雷神公司的净利润也是很稳定的，基本维持在 20 亿美元，发展较好。通用动力公司的净利润每年持续增长，由 2013 年的 23.57 亿美元增长至 2015 年的 29.65 亿美元，发展也很稳定。惠而浦公司净利润较少，低于 10 亿美元，发展的规模还是很小。德州仪器公司发展也很不稳定，2012 年的净利润为 -16.84 亿美元，亏损较严重，2013 年有所增长，但依然为负值，2014 年增长至 23.72 亿美元。综上所述，美国的通用汽车、通用电气、飞利浦、波音、德尔福、霍尼韦尔国际、思科系统及通用动力公司发展较好。

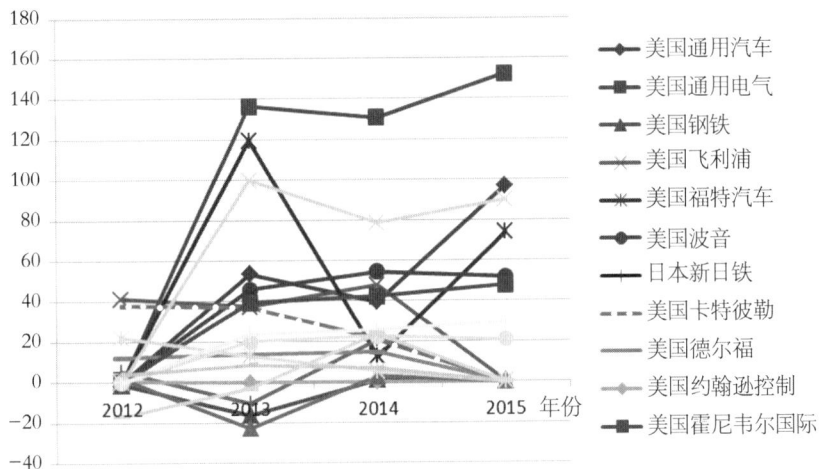

图 8-22　各公司净利润情况图（单位：亿美元）

8.4.2　各样本公司总资产情况

由图 8-23 可以看出，通用电气公司的总资产份额遥遥领先于其他样本公司，同时福特汽车、通用汽车及思科系统公司的总资产份额也相对较大，约翰逊控制公司的总资产份额则是最低的。从总体上可以看出，每个公司的总资产份额的年变动额均较少，基本上呈现直线的状态。通用汽车公司的总资产份额较大，一直呈现上升的趋势，由 2013 年的 1 663.44 亿美元增长至 2015 年的 1 945.20 亿美元，增长幅度较大。通用电气公司的总资产份额相比于其他样本公司而言是十分巨大的，但是总资产有降低的趋势，由 2013 年的 6 849.99 亿美元降低至 2015 年的 6 483.49 亿美元，基数非常大。美国钢铁公司的总资产份额则较少，呈现逐渐减少的态势，由 2012 年的 152.17 亿美元减少至 2014 年的 123.14 亿美元，幅度很大。飞利浦公司的总资产份额还是很稳定的，基本维持在 480 亿～490 亿美元，规模也相对较大。福特汽车公司的总资产规模是很大的，2013 年总资产达到 2 021.79 亿美元，到 2015 年已经增长至 2 249.25 亿美元，增幅很大。波音公司的总资产规模也较大，呈现递增的趋势，由 2013 年的 926.63 亿美元增长至 2015 年的 944.08 亿美元。日本新日铁公司的总资产规模也相对较大，2012 年为 421.56 亿美元，至 2014 年增长至 606.26 亿美元。卡特彼勒公司的规模也是很大的，但是总资产却逐年减少，2013 年为 848.96 亿美元，至 2015 年已经减少至 784.97 亿美元，减幅较大。德尔福公司的总资产规模较小，基本维持在 110 亿美元左右。约翰逊控制公司为总资产规模最小的公司，仅为 15 亿美元。霍尼韦尔国际公司的总资产规模较大，且相对稳定，到 2015 年达到 493.16 亿美元。美铝公司的总资产是逐年减少的，由 401.79 亿美元减少至 2015 年的 373.99 亿美元。思科系统公司的总资产规模较大，且增长趋势明显，由 2013 年的 1 011.91 亿美元增长至 2015 年的 1 134.81 亿美元，增幅很大。韩国浦项公司的总资产值还是很大的，2012 年为 740.40 亿美元，2013 年为 803.91 亿美元，到 2014 年降低到 781 亿美元，变动相对较大。雷神公司的总资产规模一直呈增长的状态，由 2013 年的 259.67 亿美元增长至 2015 年的 292.81 亿美元。通用动力公司的总资产规模则呈现缩小的状态，由 2013 年的 354.94 亿美元减少至 2015 年的 319.97 亿美元，减幅很大。惠而浦公司的总资产规模较小，但一直呈现增长的状态，由 2012 年的 153.96 亿美元增长至 2014 年的 200.02 亿美元。德州仪器公司的总资产份额还是很大的，但是呈现逐渐减少的状态，由 2012 年的 1 022.49 亿美元减少至 2014 年的 865.81 亿美元，减幅很大。

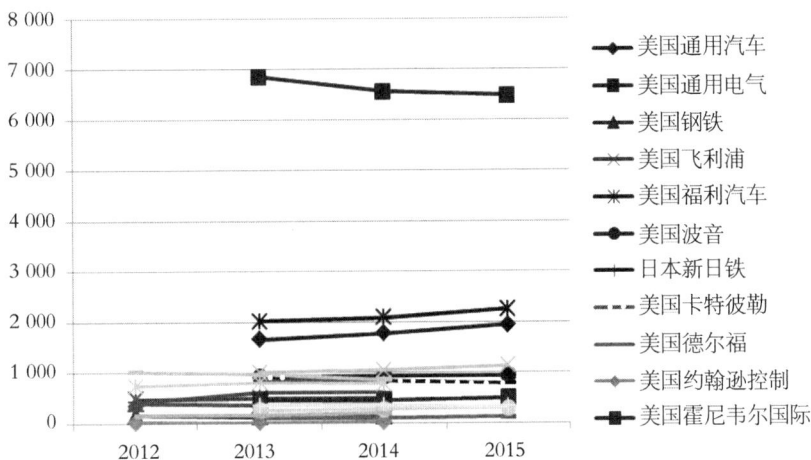

图 8-23 各公司总资产情况图（单位：亿美元）

8.4.3 各样本公司总资产报酬率情况

由图 8-24 可以看出美国德尔福、霍尼韦尔国际、飞利浦、思科系统、雷神及通用动力公司的总资产报酬率均较高，美国钢铁公司、美铝公司及约翰逊控制公司的总资产报酬率则较低。通用汽车公司的总资产报酬率维持在 2%~5%。通用电气公司的总资产报酬率相对较低，由 2013 年的 1.99% 增长至 2015 年的 2.35%，增幅比较大。美国钢铁公司的总资产报酬率较差，2012 年及 2013 年均为负值，2014 年增长至 0.83%，也较低。飞利浦公司的总资产报酬率较高，2012 年为 8.58%，2013 年有所降低，为 7.48%，到 2014 年增长至 9.77%，表明公司发展较好。福特汽车公司的总资产报酬率的变动幅度较大，2013 年为 5.91%，2014 年减少至 0.59%，到 2015 年又增长至 5.48%，波幅较大。波音公司的总资产报酬率则较稳定，基本维持在 5%~6%，发展较好。日本新日铁公司的波动幅度较大，2012 年为 1.19%，2013 年降为负值，到 2014 年又增至 3.43%。卡特彼勒公司的总资产报酬率相对较高，但呈现下降的趋势，由 2012 年的 4.46% 减少至 2014 年的 2.48%，降幅较大。德尔福公司的总资产报酬率是样本公司中最高的，且呈现逐年递增的状态，由 2012 年的 10.97% 增长至 2014 年的 13.52%，增长较快。约翰逊控制公司 2012 年的总资产报酬率为

1.25%，2013 年降至 −2.33%，2014 年增至 −0.5%，依然为负值。霍尼韦
尔国际公司的该指标则很好，由 2013 年的 8.64%增长至 2015 年的
9.67%，增幅较大。美铝公司该指标的波动幅度则相对较大，在 2013 年
甚至出现 −6.39%，发展不是很好。思科系统公司的该指标也较高，但
是有降低的趋势，由 2013 年的 9.87%降低至 2015 年的 7.91%。韩国浦
项公司的总资产报酬率也相对较小，且逐年递减，由 2012 年的 2.97%
减少至 2014 年的 0.66%，减幅较大。雷神公司又是一个该项指标较高
的公司，2013 年为 7.69%，2014 年为 8.1%，到 2015 年又减至 7.08%。
通用动力公司的总资产报酬率也相对较高，且增长速度较快，由 2013
年的 6.64%增长至 2015 年的 9.27%。惠而浦公司的总资产报酬率也有所
波动，2012 年为 2.6%，2013 年增长至 5.32%，增长超过 1 倍，到 2014
年又减少至 3.25%，所以变动还是较大的。德州仪器公司的总资产报酬
率则较低，2012 年为 −1.65%，2013 年依然为负值，2014 年增长至
2.74%，总体较弱，发展不是很好。

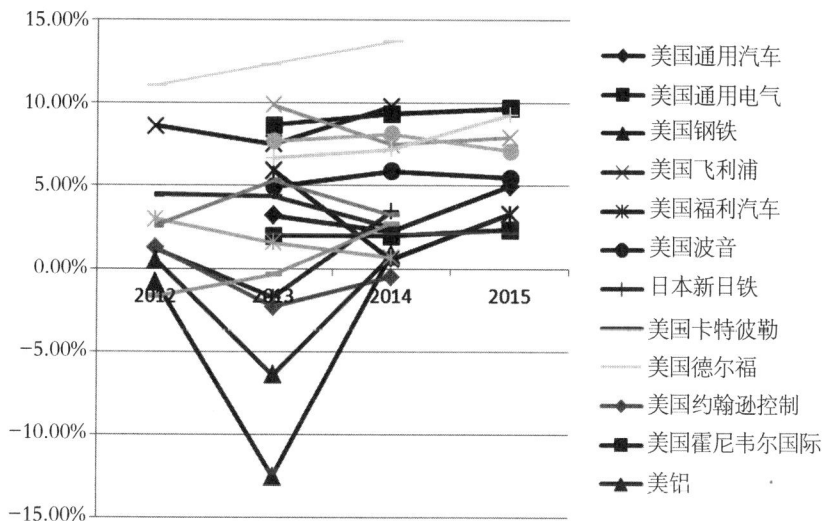

图 8-24　各公司总资产报酬率情况图

8.4.4　各样本公司的净资产收益率情况

由图 8-25 可以看出美国波音公司、德尔福公司、霍尼韦尔国际公

司、飞利浦公司及雷神公司的净资产收益率均较高，表明这些企业的发展相对较好。同时美国钢铁公司、美铝公司及约翰逊控制公司的净资产收益率则较低，表明这几家公司的发展相对较差。通用汽车公司的净资产收益率较高，由 2013 年的 12.55%增长至 2015 年的 24.30%，增幅较大。通用电气公司的净资产收益率则相对稳定，基本维持在 10%～11%的水平上。美国钢铁公司的净利润增长率则较低，2012 年及 2013 年均为负值，2014 年增长较多，但数值依然较小。飞利浦公司的发展较好，2012 年为 19.85%，2013 年有所下降，为 16.97%，2014 年又增长至 22.06%，总体较好。福特汽车公司的净资产收益率的波动较大，2013 年为 45.2%，数值较大，2014 年降低为 4.97%，降幅较大，2015 年又增长至 25.66%，不是很稳定。波音公司的发展更好一些，且呈现出递增的趋势，由 2013 年的 30.82%增长至 2015 年的 81.7%，增幅较大。日本新日铁公司的发展较弱，在 2013 年甚至出现负值，2014 年有所回升。卡特彼勒公司的净资产收益率还是很大的，2012 年为 18.21%，2013 年增长至 22.06%，2014 年降低为 14.19%，表明该公司的该项指标还是有所波动的。德尔福公司的净资产收益率则较大，且呈现出增长的趋势，由 2012 年的 41.64%增长至 2014 年的 64.44%，增长较快。约翰逊控制公司的净资产收益率指标也不高，2013 年及 2014 年均为负值，发展不是很好。霍尼韦尔国际公司的发展较好，净资产收益率也较高，基本维持在 22%～25%。美铝公司的发展则不稳定，2013 年的净资产为负值。思科系统公司的净资产维持在 13%～16%，有降低的趋势。韩国浦项公司的净资产收益率也逐年降低，由 5.98%降低至 1.36%，幅度较大。美国雷神公司的净资产收益率较高，处于 18%～24%。通用动力公司的发展也较好，由 2013 年的 16.25%增长至 2015 年的 27.61%，增长较快。惠而浦公司则基本维持在 9%～16%。德州仪器公司在 2012 年及 2013 年均为负值，发展较差。

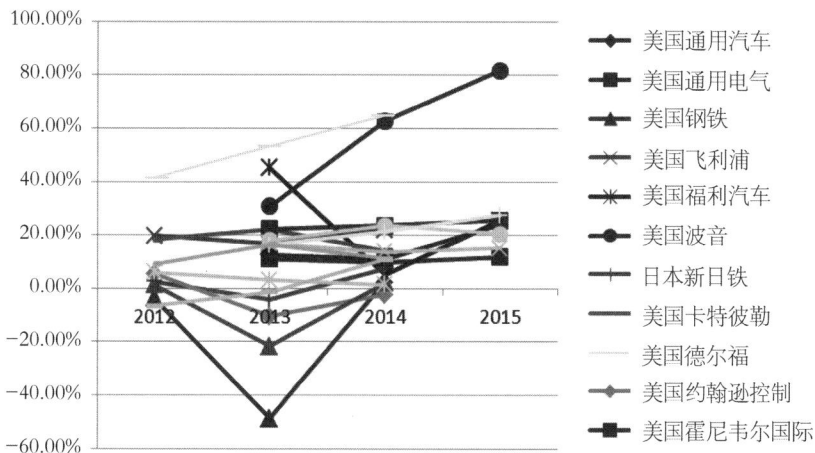

图 8-25　各公司净资产收益率情况图

8.4.5　各样本公司的资产负债率情况

由图 8-26 可以看出美国飞利浦公司和思科系统公司以及韩国浦项公司的资产负债率较为适宜。波音公司、福特汽车公司、通用电气公司、约翰逊控制公司及卡特彼勒公司的资产负债率则较高，表明公司的债务较多。通用汽车公司的资产负债率较高，基本维持在 74%～80%。通用电气公司的该指标依然较高，基本在 80%～82%。美国钢铁公司的资产负债率较高，但是有降低的趋势，由 2012 年的 77.15%降低至 2014 年的 69.15%。飞利浦公司的资产负债率对公司来讲则较为适宜，基本处于 55%～56%。福特汽车公司的资产负债率较高，在 86%～88%。波音公司的资产负债率较高，由 2013 年的 83.95%增长至 2015 年的 93.29%，增长很快，有资不抵债的可能。日本新日铁公司的资产负债率较为正常，负债与权益相当，基本维持在 52%～58%。卡特彼勒公司的资产负债率则相对较高，且呈增长的状态，由 2013 年的 75.49%增长至 2015 年的 81.13%。德尔福公司的资产负债率也相对较高，由 2013 年的 73.65%增长至 2015 年的 81.21%。约翰逊控制公司的资产负债率在 76%～79%。霍尼韦尔国际公司的资产负债率较为适宜，基本在 60%左右。美铝公司的资产负债率在 67%～71%。思科系统公司的资产负债率较低，在 41%～48%，权益与负债相当。韩国浦项公司的资产负债率更为适宜，基本维持在 50% 左右。雷神公司的资产负债率由 2013 年的 57.5% 增长至 2015 年的 64.2%，也相对稳定。通用动力公司的资产负债率在 59%～67%。惠而浦公司的该指标也较稳定，为 70% 左右。德州仪器公司的资产负债率则更高些，基本处于 75% 左右。

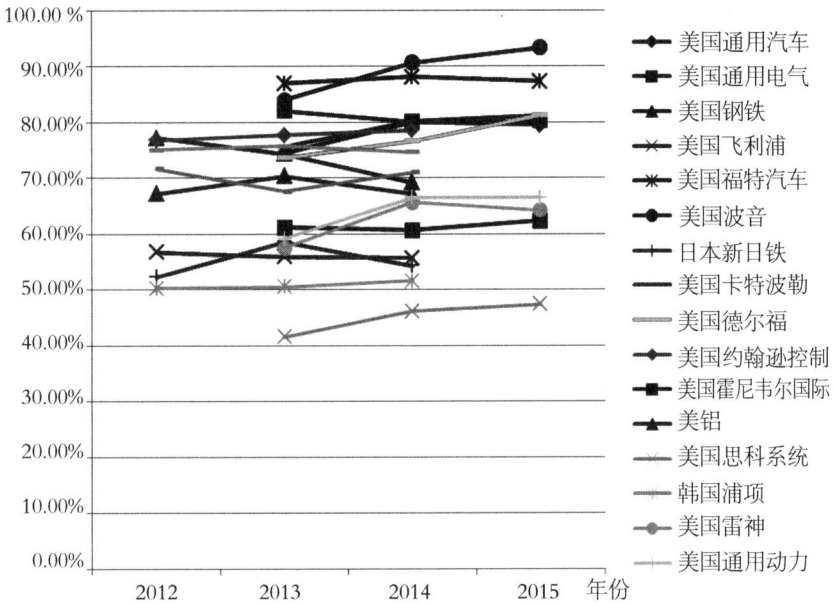

图 8-26　各公司资产负债率情况图

8.4.6　公众持股比例与净利润之间的关系

假设：公众持股比例与净利润呈正相关的关系，即公众持股比例越高，净利润越大。

验证：通过各大样本公司的公众持股比例数据及净利润的数据进行一元线性分析。

由 SPSS 18.0 软件进行的回归分析表明，Sig 值为 0.679 > 0.05，表明自变量解释因变量的结果不显著，即公众持股比例与净利润成正相关关系，但是结果不显著（见表 8-1 至表 8-3）。

表 8-1   **方差分析**

模型		平方和	df	均方	F	Sig.
1	回归	198.682	1	198.682	0.177	0.679
	残差	17 918.235	16	1 119.890		
	总计	18 116.917	17			

注：（1）预测变量：（常量），公众持股比例。（2）因变量：各公司净利润。

表 8-2   **系数**

模型		非标准化系数		标准系数	t	Sig.
		B	标准误差	试用版		
1	（常量）	−0.401	73.708		−0.005	0.996
	公众持股比例	39.151	92.951	0.105	0.421	0.679

注：因变量：各公司净利润。

表 8-3   **残差统计量**

	极小值	极大值	均值	标准偏差	N
预测值	23.9005	38.4647	30.4672	3.41865	18
残差	−32.14844	98.01319	0.00000	32.46558	18
标准预测值	−1.921	2.339	0.000	1.000	18
标准残差	−0.961	2.929	0.000	0.970	18

注：因变量：各公司净利润。

结论：假设不成立，净利润除了与公众持股比例关联外，还与其他因素相关。就单一因素来看，公众持股比例与净利润成正相关关系，即公众持股比例越高，净利润越大。

由表 8-4 和表 8-5 可以看出，股权结构与净利润、总资产收益率、资产负债率均正相关，与总资产、净资产收益率负相关，但是关系不显著，未能通过检验。净利润与总资产成正相关关系，即总资产规模越大，净利润越大。同时总资产报酬率与净资产收益率成正相关关系，即随着总资产报酬率的增大，净资产收益率也是增大的。

表 8-4   相关性

		股权结构	净利润	总资产	总资产报酬率	净资产收益率	资产负债率
股权结构	Pearson 相关性	1	−0.187	−0.196	−0.069	−0.008	0.189
	显著性（双侧）		0.458	0.435	0.787	0.976	0.453
	N	18	18	18	18	18	18
净利润	Pearson 相关性	−0.187	1	0.793**	0.214	0.180	0.003
	显著性（双侧）	0.458		0.000	0.394	0.475	0.991
	N	18	18	18	18	18	18
总资产	Pearson 相关性	−0.196	0.793**	1	−0.238	−0.128	0.293
	显著性（双侧）	0.435	0.000		0.341	0.612	0.239
	N	18	18	18	18	18	18
总资产报酬率	Pearson 相关性	−0.069	0.214	−0.238	1	0.756**	−0.259
	显著性（双侧）	0.787	0.394	0.341		0.000	0.300
	N	18	18	18	18	18	18
净资产收益率	Pearson 相关性	−0.008	0.180	−0.128	0.756**	1	0.268
	显著性（双侧）	0.976	0.475	0.612	0.000		0.282
	N	18	18	18	18	18	18
资产负债率	Pearson 相关性	0.189	0.003	0.293	−0.259	0.268	1
	显著性（双侧）	0.453	0.991	0.239	0.300	0.282	
	N	18	18	18	18	18	18

注：**表示在 0.01 水平（双侧）上显著相关。

表 8-5   系数

模型		非标准化系数		标准系数	t	Sig.
		B	标准误差	试用版		
1	（常量）	−0.004	0.066		−0.060	0.953
	净利润	0.000	0.001	0.438	0.665	0.519
	总资产	−1.232E−5	0.000	−0.728	−1.054	0.313
	总资产报酬率	0.077	0.389	0.120	0.198	0.847
	净资产收益率	−0.057	0.085	−0.416	−0.666	0.518
	资产负债率	0.110	0.094	0.543	1.172	0.264

注：因变量：股权结构。

8.4.7　各样本公司财务情况总结

由以上分析可以看出各大样本公司的财务情况，通用电气公司、通用汽车公司、飞利浦公司、霍尼韦尔国际公司、思科系统公司及通用动力公司的发展较为良好，财务指标相对较强，不论是净利润还是各项财务指标均处于行业前列，同时这些样本公司的股权结构也有着较为相似的特点。通用电气公司的前五大股东持股比例总和为 15.82%，第一大股东为美国先锋集团，持股数为 5.75 亿股，占公司持股总数的 5.69%。通用汽车公司前五大股东持股比例总和为 20.68%，第一大股东为美国先锋集团，持股数为 0.82 亿股，占公司持股总数的 5.27%。波音公司前五大股东持股比例总和为 29.38%，第一大股东为投资公司，占公司持股总数的 6.92%。霍尼韦尔国际公司前五大股东持股比例总和为 21.21%，第一大股东为美国先锋集团，持股数为 0.41 亿股，占公司持股总数的 5.37%。飞利浦公司前五大股东持股比例总和为 27.11%，第一大股东为伯克希尔·哈撒韦公司，持股数为 0.61 亿股，占公司持股总数的 11.53%。思科系统公司前五大股东持股比例总和为 17.84%，第一大股东为美国先锋集团，持股数为 2.95 亿股，占公司持股总数的 5.81%。通用动力公司前五大股东持股比例总和为 27.97%，第一大股东为投资公司，持股数为 0.25 亿股，占公司持股总数的 7.78%。可以得出的结论是，这些发展较好的样本公司的持股比例总和基本在 20%～30%，同时第一大股东的持股比例基本在 5%～7%。同时前五大股东均为企业、信托公司、基金公司及银行等，基本没有政府控制的情况。

这些特点对于改善东北地区上市公司股权结构有较大的帮助。东北地区上市公司大多为政府所控制，很少有企业、银行、基金公司及公众持股的情形，这对东北公司的发展会起到抑制作用，导致企业主要关注的不是利润及经营业绩的问题，对改善东北经济状况的作用不大。为了东北企业获得较大利益，改善东北地区的经济现状，有必要对东北企业进行改革，促进企业间的相互持股，鼓励公众持股，激发企业创造价值的能力。同时东北地区上市公司可以适当降低前五大股东股权比重，分散股权结构，减少政府控制程度，增加透明度，借鉴国际公司的适当的股权结构进行改革，增加东北地区上市公司的竞争力。

参考文献

［1］辽宁统计信息网. http：//www.ln.stats.gov.cn.

［2］吉林统计信息网. http：//tjj.jl.gov.cn.

［3］沈阳统计信息网. http：//www.sysinet.gov.cn/index.aspx.

［4］黑龙江省统计局. http：//www.hlj.stats.gov.cn.

［5］哈尔滨市统计局. http：//www.stats-hlheb.gov.cn.

［6］长春市统计局. http：//www.cctjj.net.

［7］大连市统计局. http：//www.stats.dl.gov.cn.

［8］吉林市人民政府. http：//www.jlcity.gov.cn.

［9］大庆市人民政府. http：//www.daqing.gov.cn.

［10］美国证券交易委员会. http：//www.sec.gov.

后记

　　东北三省坐拥我国三大平原之一的东北平原，以其丰富的自然资源著称于世。它是世界上仅有的三块黑土地之一，物产丰富，人杰地灵。但自 2000 年以来，东北地区经济遭遇到了前所未有的经济发展危机，因此实施了一轮又一轮的振兴计划。在经历了振兴—衰退—再振兴—再衰退的周而复始之后，我们掩卷沉思，是什么让东北经济屡次踏上振兴之路，而又屡次陷入衰退？是经济的周期性作用还是我们振兴不得其法？是我们无法掌握市场规律，还是无法标本兼治，使得东北经济问题积重难返？天行健，君子当自强不息！

　　在经过了一年多的努力之后，大连海事大学世界经济研究所的研究员们终于在使命的感召下完成了这一研究，写出了近 40 万字的研究报告，揭示和分析了东北经济存在的问题。本书是研究报告当中的学术研究部分，在此奉献给东北黑土地上的父老乡亲，以报答东北黑土地的养育之恩。

　　本书第 1 章由王雪撰写，第 2 章由郭娇杰撰写，第 3 章由陈阳撰写，第 4 章由陈虹撰写，第 5 章由刘雪瑶撰写，第 6 章由王佳妮撰写，

第 7 章由张舒晴撰写，第 8 章由陈虹撰写。他们的研究实事求是、态度严谨、精益求精、思路独特、内容丰富、观点犀利，对认识东北地区经济有指导意义。

本书由大连海事大学世界经济研究所刘斌教授提出研究方案、指导研究进程、修改和统稿全书。感谢东北财经大学出版社的蔡丽编辑，她的努力使得本书能够尽早与读者见面。

作 者
2016 年 10 月